"知晓一个社会的灵魂，

就要看它对待孩子的方式。"

——纳尔逊·曼德拉

Parent Nation

Unlocking Every Child's Potential,
Fulfilling Society's Promise

养 育 困 境

孩子大脑、父母的语言与社会支持

[美] 达娜·萨斯金德 (Dana Suskind) ——— 著

任忆　张译心 ——— 译

机械工业出版社
CHINA MACHINE PRESS

本书中文简体字版由 Dutton 通过 Bardon-Chinese Media Agency 授权机械工业出版社仅在中国大陆地区（不包括香港、澳门特别行政区及台湾地区）独家出版发行。未经出版者书面许可，不得以任何方式抄袭、复制或节录本书中的任何部分。

北京市版权局著作权合同登记　图字：01-2023-2376 号。

图书在版编目（CIP）数据

养育困境：孩子大脑、父母的语言与社会支持 / （美）达娜·萨斯金德（Dana Suskind）著；任忆，张译心译 . -- 北京：机械工业出版社，2024. 7. -- ISBN 978-7-111-76166-2

I. G78

中国国家版本馆 CIP 数据核字第 2024CB5969 号

机械工业出版社（北京市百万庄大街 22 号　邮政编码 100037）
策划编辑：欧阳智　　　　　责任编辑：欧阳智
责任校对：张爱妮　李小宝　责任印制：常天培
北京铭成印刷有限公司印刷
2025 年 1 月第 1 版第 1 次印刷
147mm × 210mm · 11.75 印张 · 1 插页 · 231 千字
标准书号：ISBN 978-7-111-76166-2
定价：69.00 元

电话服务　　　　　　　　　　　网络服务
客服电话：010-88361066　　　机 工 官 网：www.cmpbook.com
　　　　　010-88379833　　　机 工 官 博：weibo.com/cmp1952
　　　　　010-68326294　　　金 书 网：www.golden-book.com
封底无防伪标均为盗版　　　机工教育服务网：www.cmpedu.com

赞誉

不论从个人角度还是社会角度，这本书理应成为孩子成长道路上的一本手册或一份宣言。每个爱孩子的人都值得一读。

——安吉拉·达克沃思
宾夕法尼亚大学心理学教授、《纽约时报》（*The New York Times*）畅销书
《坚毅：释放激情与坚持的力量》的作者

当今的美国社会正被严重撕裂，民众处于绝望之中。达娜·萨斯金德博士及时地通过本书告诉我们如何团结起来打破政治分歧，为孩子、家庭和社会谋求福祉。本书用辛酸的故事、明晰的数据和实用的建议，震撼人心地号召我们行动起来。

——克里斯汀·科比斯·杜·梅兹
加尔文大学历史学教授、《纽约时报》畅销书
《耶稣和约翰·韦恩》的作者

本书用科学的方法教会我们如何养育出更健康的孩子、如何让自己成为更幸福的父母、如何构建更具凝聚力的社会。这本书如此美好，意义非凡。我们现在能做的就是为了孩子（和自己）

即刻行动起来。

——艾米丽·奥斯特

布朗大学经济学教授、《纽约时报》畅销书

《好"孕"大数据》《一个经济学家的育儿指南》和《家族企业》的作者

本书表述清晰、意义重大，并且妥善地处理好了个体政治方面的问题。达娜·萨斯金德博士从医学和社会学角度满腔热情地呼吁国家应竭尽全力协助父母实现他们最想做的事情——照顾好他们挚爱的小孩。

——佩里·克拉斯

医学博士，纽约大学儿科学和新闻学教授、《生逢其时》的作者、

《纽约时报》健康检查专栏的作者

达娜·萨斯金德博士撰写的这本书字句优美、科学严谨，同时独具深沉的历史厚重感。这本书呼吁所有家庭团结互助、携手并进。我和儿子作为不同时代的父母——一个是挣扎着也要时刻陪伴在孩子身边的单身母亲，一个是为自己的孩子能够拥有更美好、更公平的明天而终日奔波的父亲——已做好准备，积极响应本书的英明号召。

——韦斯·摩尔

《纽约时报》畅销书《人生分岔的路径》的作者

及其母亲乔伊·托马斯·摩尔《存在感的神奇力量》的作者

本书向我们释放了一个重磅信号：成长早期对于儿童大脑发育至关重要，儿童早期阶段的健康发展关乎社区居民健康素养的提升。为儿童发展提供支持实际上也是为其看护人提供帮助，因此我们要携起手来，呼吁政府凝聚企业力量募集资金，为儿童的

健康成长构建一个和谐优质的发展系统，并为相关基础设施的建设提供必要支持。

——史蒂夫·纳什
美国职业篮球联赛前全明星和最有价值球员、布鲁克林篮网队教练、史蒂夫·纳什儿童健康成长基金会主席

达娜·萨斯金德博士呼吁，为父母群体提供可靠的育儿帮助应该成为国家的头等大事。她怀着同理心，迫切地想要从神经学的角度向大众普及儿童早期发展的重要性。本书号召大家一起行动起来。

——亚历克斯·科特洛维茨
畅销书《此地无小孩》的作者

本书明确指出孩子出生的头三年是大脑快速发育的关键时期，国家应为儿童的健康发展出台支持政策。其实孩子从出生起，就已经开启了学习的旅程，但很遗憾国家的教育支持体系却没能跟上孩子发展的脚步。萨斯金德博士的建议是非常合理且实用的，它为孩子照亮了通向未来的道路——孩子们将在支持性的成长环境中发挥各自潜能。

——阿恩·邓肯
美国前教育部长及《学校的运作》的作者

本书谨献给我的父母莱斯利·勒温特·萨斯金德和罗伯特·萨斯金德。

他们的爱让我总是能看到人性的美丽和潜能。

——达娜·萨斯金德

本书谨献给雅各布、马修和亚历克斯。

他们让我为人母。

——莉迪亚·丹沃斯

目录

孩子出生的前 3 年是大脑发育最快、最关键的阶段，而语言能最大限度地开发大脑。父母和孩子之间充分的对话有助于释放孩子的潜能并塑造更强大的学习型大脑，但养育孩子不能在真空环境下进行，父母虽然掌握塑造孩子大脑的知识和策略，却无法实质性地改变他们的境遇。一个家庭的处境才是更大的现实——工作限制、经济压力、心理健康以及遭遇的不公与厄运，这些都是父母养育孩子时真实具体的困境与艰辛，然而我们的企业组织、社区和社会却未曾提供相应的支持和帮助。

第 2 章 塑造孩子更强大的学习型大脑的根基：父母的语言 / 29

孩子那 3 磅重、极其珍贵的神经组织附带着很有限的指令，而大脑的大部分工作都需要外界的指导去进行。这就是养育困境的问题和根源：大脑会适应周遭的世界，如果大脑所诞生的世界缺乏资源，那么大脑就缺乏资源，并会因此而受苦。我们不能把责任都推到父母身上或是孩子身上。孩子所拥有的是成年人，是他们的父母、社区和整个社会，这些成年人可以携手组成父母联盟来助力孩子成长，把大脑健康发育打造为社会新的北极星，确保每个孩子都能拥有实现其潜力所需的资源。

第 3 章 他乡童年：公平的芬兰教育系统 / 57

从 20 世纪 70 年代开始，芬兰人围绕着"为每个孩子建立一所优秀的公立学校"这一想法团结起来，提出了"芬兰梦"。他们断定实现这一梦想的最佳方法之一就是建立一支世界一流的教学队伍，去培养一支训练有素、报酬丰厚、受人尊敬的师资队伍，让教师们得到尊重、获得权威。在孩子出生前，芬兰政府就帮父母为孩子的大脑发育奠定基础：芬兰父母有优厚的带薪产假，这就覆盖了孩子生命第一年的大部分时间。然后，当孩子长大到大约 9 或 10 个月大时，父母就可以选择公共或私人的早期儿童教育与保育课程，或者他们也可以选择自己在家带孩子，如果这样的话，他们将获得津贴来支持他们所做的选择，津贴会持续发放到他们孩子中最小的孩子满 3 岁为止。

第 4 章　父母是孩子大脑的建筑师：3T 原则构建更强大的学习型大脑　/ 83

无论学历背景、财富和工作，3T 原则为包括父母、看护人、祖父母、保姆在内的每个养育者提供了一个能构建孩子大脑的最佳必要策略。其中最好的地方在哪里呢？那就是和孩子进行简单的对话，关注他们所关注的，和孩子轮流交谈。科学表明，养育者和孩子的每次互动都是培养孩子大脑储蓄的关键组成部分，这有助于确保孩子有能力实现其与生俱来的潜力。

第二部分　养育困境

第 5 章　父母的养育知识和信念，以及女性的养育困境　/ 110

无论父母选择哪种育儿方式，无论谁来照看孩子，只有一种方法可以培养孩子的大脑：与他们互动。父母也非常了解什么事情对大脑发育没帮助，不要停止与孩子互动，不要太安静，也不要忽略孩子。父母需要什么呢？他们需要知道健康的大脑是怎样形成的，他们需要知道有爱心的成人是孩子的大脑建筑师，他们需要相信孩子在生命头几年的经历能为其未来埋下成功的种子，他们需要有一个了解健康大脑发育重要性的社会，他们需要有一个支持父母和看护人作为大脑建筑师这个关键角色的社会，他们需要有一个相信大脑发育是指引我们前进的北极星的社会。

第 6 章 养育环境与养育成本 / 136

在有更多家庭友好政策，例如实施全民育儿或提供带薪家庭假的国家中，贫富家庭孩子之间的语言差距比美国小。由于强大的认知发展源于稳固的早期语言发展，因此这些较小的语言差距可以使该国拥有受过良好教育的劳动力，产生其他积极的公共成果，从而让整个社会受益。这意味着父母面临的挑战影响着我们所有人。如果生存要求父母在外工作，导致他们在孩子醒来的时间很少在家，我们如何能期望父母可以帮助孩子建立大脑呢？我们创造了一个几乎不可能养育子女的环境：除非这些父母是百万富翁，否则没有人能养得起孩子，有 2 个或 3 个孩子可能会让家庭破产。

第 7 章 超越童年逆境：与养育者建立积极、支持性的关系 / 162

为孩子的成长，为其强大的语言和执行功能奠定基础需要平静、稳定的环境，也需要平静、稳定、心理健康的父母。我们知道什么可以保护孩子：与至少一个成年人建立积极、支持性的关系，接触丰富的语言输入，提供一个安全稳定的环境。与看护人有密切关系的孩子能够更好地调节他们对压力情况的情绪反应，也就是执行功能。孩子的压力需要得到缓解，我们需要给他们救生衣，让他们保持漂浮。这意味着我们也需要给孩子生活中的成年人提供救生衣。当我们这样做时，好事就会发生。

第三部分　**父母联盟**

第 8 章　他乡童年：荷兰和挪威体面的保育服务及系统　/ 188

艾伦的朋友黛安和丽贝卡因为工作机会分别搬到了挪威和荷兰，并在那里生了孩子。在这两个国家，女性和她们的丈夫都可以根据自己的喜好安排丰厚的产假。此外，政府鼓励她们休完应享的全部产假，一旦她们重返工作岗位，还能够享受荷兰和挪威强大的保育系统。在获得了更多机构的支持后，她们的压力明显更少，也更快乐。

第 9 章　国家的养育政策是父母联盟的支柱：一分预防胜过十分治疗　/ 211

健康对大脑发育既有长期影响也有短期影响。而且大量证据也将早期认知和行为发展与我们在成人中看到的一些最普遍的健康问题联系起来，例如心血管疾病、中风、高血压、糖尿病和肥胖症，等等。高质量幼教对长期健康大有益处，其积极影响在 40 年后仍有所显现。所有这一切都意味着，从长远来看，尽早解决孩子的生活问题会降低社会成本。娜塔莉·塔基特认为，不管怎样，我们都会付出代价："我们要么现在花点儿小钱完善医保，让人们可以过上更好、更快乐、更有效率和更充满爱的生活，要么等到以后花大笔钱解决问题或者处理不良后果。"

第 10 章　企业和雇主的善良投资：承认员工既是员工也是父母的双重身份，让工作服务家庭　/ 237

超过 75% 的美国家庭"财务脆弱"，组建家庭已经成为一场可怕的赌博，越来越多的年轻美国人选择不参加这场赌博。他们把生孩子的时间往后推，或者选择根本不生孩子。这种现象遍布世界各地。1950 年至 2017 年间，全球生育率几乎减半。2020 年，美国的出生率持续下降，自 2007 年的近期峰值以来下降了约 19%。这些年轻人中的大多数发现，在现今的工作环境中，找不到自己既能做"理想父母"，又能做"理想员工"的出路。此外，女性害怕做母亲带来的惩罚——分娩代表着会失去 20%～60% 的收入。

第 11 章　当务之急：国家出台对父母的友好政策　

人类理想需要我们紧迫起来。30 多年前，世界各国领导人齐聚一堂，制定了《儿童权利公约》，该公约指出，我们必须保护童年这个特殊时期，孩子有权学习、玩耍和有尊严地茁壮成长。这些权利是孩子与生俱来的，但是我们并没有完全尊重他们的这些权利。是时候让每个国家都出台对父母友好的政策了，这样我们才能真正保护孩子，世界各地的父母联盟将联合起来组成一个父母世界。

　　"父母"一词在本书中频繁出现，但为了保证用词的多样性，或以示区别，我也会用"母亲""父亲""祖父母""监护人""儿童护理员""其他成年人"等词来代替"父母"。我想强调的是，"父母"这个概念不单指拥有"父母"这一身份的人，广义上讲，它可以指任何一个心怀"父母之爱"去养育下一代的成年人。在我看来，"父母"这一群体里的每一位都是甘愿在抚育和培养后代中投入爱心与精力的人。

　　读者朋友们，你在此书中遇到的每一位父亲或母亲都是现实生活中真实存在的，但出于隐私保护，我在书中做了相应处理。譬如，在 TMW（Thirty Million Words）早教中心和公共卫生服务中心访问到的几个家庭，我有意隐去了他们的姓。当然也有例外，我保留了某几位父母的全名，这是因为他们的专业背景与本书相关，身份不难识别。另外，杰德一家、贾斯丁、凯瑟琳和艾伦·克拉克的朋友们均采用化名。

第一部分
Part 1

父母的语言

第
1
章

向新的北极星前进，建立父母联盟

> "知晓一个社会的灵魂，就要看它对待孩子的
> 方式，除此之外没有更好的办法。"
>
> ——纳尔逊·曼德拉 [1]（Nelson Mandela）

当我们走到术前等候区和手术室之间的红色警示线时，这对夫妇把孩子交给了我。他们眼含热泪，目光里掺杂着希望和恐惧。这个男婴只有 8 个月大，天生耳聋，需要通过外科手术植入人工耳蜗这个小型电子装置才能获得听力。在他父亲十几岁时，也是由我亲自操刀做的同样的手术。当婴儿融入我的怀抱时，我向一旁紧张无助的父母保证说："我一定会像照顾自己的孩子一样照顾你的孩子。"

直到我把小男孩带到手术室，这对夫妇悬着的心才逐渐平静下来。每周二早上我都会在第四手术室和我的团队并肩工作，每台手术都离不开这个专业医疗团队的默契配合。手术室里监视器发出的嘟嘟声让我踏实放松。两名护士做着术前准备：加里·罗杰斯（Gary Rogers）正确认人工耳蜗和我最常

用的那把钻头是否就位，面神经监测仪是否工作正常，纳尔逊·弗洛雷斯克（Nelson Floresco）正检查显微镜是否工作正常。这款大小如智能汽车的显微镜装置，能够帮我非常清晰地观察到失聪患儿狭小且脆弱的耳道。技术员罗宾·米尔斯（Robin Mills）正在手术台前擦洗和整理一大摞无菌耳科显微手术器械。万事俱备后，小儿麻醉师轻轻地将一个冒着无色气体的面罩罩在婴儿的脸上，婴儿的小脸下意识地左右摆动了两下，很快就睡着了。

正式实施人工耳蜗植入术前，我们会再次检查各项准备工作是否就绪。躺在手术台上的是否为我们的病人？是。植入物和手术器械是否就位？是。病人的药物过敏史我们是否知晓？是。术前抗生素是否注射？是。这套确保手术安全的检查流程可以说是我们的家常便饭。手术室里的每个人都起着至关重要的作用。没人会忘记我们为什么在这里：为了救一个孩子。

对于一名要在距离大脑只有几毫米的地方操作精细外科手术的大夫来说，我并没有犯错的余地。拥有必要的手术器械是很重要，更重要的是，手术中有一个优秀的团队在一旁协助我。如果这个精心设计的手术系统出现差错，无论我有多么高超的技术或美好的愿景，我的手术工作都肯定会变得一团糟。当然，某些困难是能够克服的，比如有些手术器械不见了之类的。但是如果碰上医院停电，我此刻又必须在没有灯光或者氧气的情况下做手术怎么办？或者，如果罗宾、加里和纳尔逊突然离开手术室，只留我一个人在怎么办？这些都会对我不利，手术很有可能中断。

　　成功实施手术与成功养育子女，这两项挑战其实并无太大区别。把子女培养成人，让他们健康快乐、实现自我，除了要有一套精心设计的计划外，还需要一个合适的、安全的环境，一个能够随时向你提供帮助的环境。然而有太多的父母没能在一个最适宜的环境中养育子女。无论是在美国还是其他国家，似乎总有一些缺乏资源的父母，他们正遭受着在无止境的漆黑环境下，无依无靠、孤身一人养育子女的痛苦。

　　20年前，我做了母亲，当时我以为我拥有了一切。然而直到有一天，悲痛的一天，一切都变了。我的丈夫唐在救两个落水男孩时不幸溺亡。一夜间，年纪轻轻的我成了寡妇，三个孩子没了父亲。尽管我们仍有处可住、有饭可吃，似乎比很多家庭都过得好，但是唐的离世狠狠地将我们的生活撕出了一个巨大的洞。

　　他过世后的很长一段时间里，我常常被同一个可怕的噩梦惊醒：梦里，我站在雾茫茫的河岸边，朦胧的月光透过云层，斑驳地洒在不远处停靠在河边的一艘小木船上。三张惊恐的小脸庞——我年幼的孩子们，吉纳维芙、阿舍尔和艾米丽——从木船中往外张望，凝视着不祥的河水。汹涌的水流像极了密歇根湖，正是密歇根湖的暗潮夺走了唐的生命。我能感受到水流强劲的拉力，唐从防护河堤跳入河里，游向那两个在水里挣扎哭喊的男孩时，面对的肯定也是这样强劲的水流。像唐一样，我迫切地需要确保孩子们的安全。在梦中，我知道我必须救孩子们上岸。我坚信如果我能做到这点，他们就会没事……一切都会好起来。但激流过于汹涌，木船太过脆弱，河对岸又太遥远。我啜泣着从梦里醒来，孤独和无助涌上心头……

我的梦境不难理解。我渴望所有父母都渴望的：育子成人，愿子女拥有健康、稳定、充实的人生——这就是在遥远的彼岸所等候的东西。我想给他们一切机会，但是我需要一些时间才可以看到我梦境中的"激流""摇摇欲坠的小木船""站在河岸上孤苦伶仃的我"——它们代表着父母在养育子女的道路上面临的一个又一个障碍。

无依无靠的我要如何独行于洪流之中而不迷失？到底要怎么办？尽管我做外科医生已经多年，对患儿们的家庭处境也十分了解，但作为一个悲痛的单身母亲，我的挣扎让我对这类家庭所面临的挑战有了全新的理解。

不仅仅是 3000 万词汇

我之所以成为一名外科医生，是因为我希望改变失聪孩子的命运。通过植入人工耳蜗，孩子们听到了声音、获得了听力、学会了说话。我要帮助他们扫清通往成功道路上的"绊脚石"，相信他们重获新"声"就能够实现这个目标。流利的手语者可以通过手语给失聪儿童提供一个丰富的早期语言环境，我前面提到的 8 个月大的男婴现在已经可以流利使用美国手语和英国手语了。但现实是，超过 90% 的失聪儿童的父母不会使用手语。在入行初期，我就留意到了患儿术后康复效果的巨大差异：有的孩子康复得特别好，有的则完全不然；有的孩子学会了说话，有的却没有。原来，听觉并不能完全帮助孩子释放全能和开发智力。患儿之间存在明显差异，这一发现让我无法接受，更不能置之不理，但我并不明白这些差距从何而来。为了早日找到造成差异的根源和解决方案，我决定在工作之余开启一段社会科学的探索之旅。

最初，我受到了一项开创性研究的启发，该研究发现：儿童早期接触到的词汇数量存在显著的差异。[2] 尽管并非总是如此，但这种差异与家庭社会经济水平有密切关联，也就是说，来自富裕家庭的儿童会接触到更多的词汇量，而来自低收入家庭的儿童接触到的词汇量则较少，因为这些低收入家庭常常几代人都没能获得受教育的机会。据研究人员统计，高收入家庭和低收入家庭的儿童在 4 周岁前就已经产生了高达约 3000 万的词汇学习差异。虽然这项研究针对的是健听儿童，但同样也诠释了我在患儿们身上观察到的情况。为了能让患儿充分受益于新植入的人工耳蜗，我们要求他们每天必须接触一定数量的词语来锻炼听力，因为儿童所听词语的数量和质量会对大脑的不同区域产生一定的刺激作用。比如，长期刺激处理语法和语义的脑区对儿童语言能力和后期阅读能力有明显的提升作用，如果刺激负责处理情感和理智的脑区，未来儿童在情绪和行为的调节方面则会表现得更好。总之，孩子早年听到的词汇量越多，脑回路的构建就越稳固。[3]

我的病人中有的有类似的语言经历，有的则没有。随着了解的不断深入，我意识到失聪患儿的语言康复效果千差万别，其实大体也映射了整个人群，这样的现象是受教育机会不平等和成绩有差距的基础。儿童早期接触词汇量的多少直接影响他们长大后取得成就的大小，而这种差距常常导致了贫富儿童之间的差距。[4]

　　这项研究之所以鼓舞人心，是因为它基于父母是孩子第一个大脑塑造者的理念，也就是说，通过语言的力量，每个父母都有能力构建孩子的脑回路。因此，我们必须确保父母能为孩子提供有效的资源来达到这个目的。这项研究也强调了在 3 岁前为孩子积极塑造大脑的紧迫性。尽管早期研究尚不完美，随着时间的推移，其局限性会逐渐显现，但如今我把它视为万里长征的第一步。[5]这项研究帮助我和我的同事找到了失聪患儿之间存在潜在差异的答案，这是个非常好的开头，也是我说服自己在工作之余投入转化医学和社会科学研究的最好理由。

　　2010 年，我发起了"3000 万词汇倡议"，即现在的 TMW 早教中心和公共卫生服务中心，我的首要目标是确保所有儿童的健康发展，让每个儿童有能力发挥他们的智力和情感潜能。[6]脑科学为我们指明了方向，我们的研究设计和所做的一切都基于一个事实：看护人和婴幼儿之间的对话和互动会为孩子大脑的发育打下根基。为此，我和我的团队制定了循证的亲子策略，向父母展示与婴幼儿交流的重要性。这些策略后来发展成为 TMW 的主题：共情关注（Tune in）、充分交流（Talk more）、轮流谈话（Take turns），也就是我们熟知的"3T"原则。父母和儿童间充分的对话有助于孩子释放潜能，可见父母或其他慈爱的看护者在孩子成长的早期扮演着至关重要的角色。不论受教育程度、财富水平或者工作水准如何，所有成年人都能够掌握最佳构建孩子大脑的重要技能。

这个理念广受好评，并获得了巨大的成功，它好似我们一直苦苦寻觅的"灵丹妙药"，用简单直接的方法解决了一个复杂的问题。这一切使我后来的华盛顿特区之行成为可能，2013年我在那里举办了第一届"缩小词汇差距"研讨会。不久之后的 2015 年，我撰写了《父母的语言：3000 万词汇塑造更强大的学习型大脑》（*Thirty Million Words：Building a Child's Brain*），该书向读者揭示了早期语言接触对孩子大脑发育的积极作用。在对话和互动中接触较多词汇量的孩子与词汇量较小的孩子相比，他们的大脑会塑造得更优秀。这本书风靡全球，家喻户晓。尽管读者的文化水平、词汇水平或社会经济地位各不相同，但他们几乎都对"语言能最大限度地开发大脑"这一说法有着本能的理解。

然而，随着科研工作的推进，困难接踵而至。或者这么说吧，我越发意识到之前的想法太过天真，这可能要归因于我自己的生活环境太舒适了。我原本认为，只要家长相信我们的理念并且诉诸行动（当然，我现在对这关键的一点仍深信不疑），最终就一定能实现目标。我们要确保这一目标的实现，正如我在《父母的语言》中所写:"全世界的父母都明白,我们对幼儿所说的每一字,并不是一个简单的字,而是塑造他们大脑的基石,它关系着孩子未来能否成为一个心态平和、善解人意、聪明智慧的人。"[7] 为此,我们按照科学黄金标准,进行了多组随机对照试验来判断早期语言项目的有效性。测试结果表明:我们的方法行之有效,且有充分可靠的科学依据。我们在TMW 推广的项目能持续改善儿童的生活质量。[8]

不止于此,为了更好地开展研究,我们陆续从芝加哥和其他城市招募到数个家庭,其中大多数为低收入家庭。从孩子上幼儿园的第一天开始,项目团队便开始对他们的校园生活和家庭生活进行追踪研究。逐渐,我对这些家庭有了更近距离的了解。父母们对项目的热情很让我激动不已,他们兴致盎然地接受并践行着 3T 原则:共情关注孩子在做什么、和孩子聊日常话题时使用大量的描述性词语充分交流、与孩子轮流谈话并鼓励孩子参与到谈话中来。我和他们的期待一样:帮助孩子实现一个最美好的人生开局。但问题是,3T 原则只能帮父母这么多,现实的残酷一而再,再而三地阻碍着父母们的计划。

先是兰迪,他发现和儿子谈论他挚爱的棒球(只谈芝加哥小熊队,从来不谈芝加哥白袜队)居然能帮儿子学习数学,这一发现令他激动不已。但兰迪需要打两份工,通常情况下,每天只有不到 30 分钟的时间陪伴孩子们。然后是萨布丽娜,为照顾生病的丈夫,她放弃了高薪工作,最终她的家庭在流浪汉收容所里度过了两年多的时光,在压力大且嘈杂的环境下,她抚养着两个孩子，最小的还是个婴儿。最让人痛心的是迈克尔和科约纳，他们的儿子迈克恩在生命的头五年错过了一切父亲所能教他的东西，因为父亲迈克尔当时在坐牢。尽管迈克尔并没犯罪，却要在狱中等待审判，他并没有上诉或服刑，只是静静等着他的案子宣判。

养育子女不能在真空的环境下进行，不论是美国还是其他国家，皆是如此。我们的研究也不能在真空的环境下开展。虽然上述父母的处境各不相同，但我目光所及之处，无不都是摆在他们面前的实实在在的困难。TMW 的项目能够实现与父母分享有助于塑造孩子大脑的知识和策略，却无法实质性地改变他们的境遇。一个家庭的处境才是更大的现实——工作限制、经济压力、心理健康以及遭遇的不公与厄运，这些与促进儿童大脑健康发育的 3T 原则同样重要。这样的现实要么支持父母们利用 3T 原则与孩子们充分对话，帮助他们塑造大脑，要么限制他们使用 3T 原则，就与花园里那些遏制花朵生长的杂草无异。对这样处境下的父母而言，养育子女更为艰辛，然而我们的社会却未曾提供任何的支持和帮助。每每看到这些，我就知道自己要学的还很多，我希望我可以做得更好。

折射出一个更大的问题

基于上述种种思考，我逐渐意识到我们的目光不能只停留在医院的患儿和 TMW 的家庭上，全美有 6000 多万 18 岁以下的儿童和青少年，他们的父母也应该成为重点关注的群体。[9] 由于美国政府缺乏对家庭友好政策的扶持，父母这个群体正在被边缘化。这与他们的收入水平无关，我的意思是，不管是贫困家庭还是富裕家庭，都面临着同样艰难的处境，可以说他们被社会无情地抛弃掉了。几乎每个美国家庭（除了 1%的上层家庭）都难以在如此不堪的社会氛围中养育好子女，甚至对某些人来说，养育子女是不可能的。人人的困难都相似，只是程度有不同。这其中有外显的矛盾，也有内隐的矛盾。我们在幼教和保育上投入的资金为什么比其他发达国家少呢？既然经合组织（OECD）成立的初衷是致力于评估和促进成员国的经济发展，那么美国为什么是 38 个成员国中唯一一个尚未执行带薪产假的国家？[10] 事实上，大部分美国父母都是有工作要做。然而，我们的保育制度已摇摇欲坠且质量堪忧，约五成的美国人生活在所谓的"保育沙漠区"。美国国家儿童健康与人类发展研究所发布的一项研究表明：在全美现有保育项目中，优质保育项目不到 10%。[11] 美国 6 岁以下儿童的父母中，在职的达 2000 万，七成以上的母亲需要外出工作（2020 年的数据），这意味着数百万的父母在幼儿成长早期无法给予其充分的照顾。[12] 究其原因，我们要"感谢"我们的经济。美国中下阶层老百姓的工资数十年不涨，"科技创新"已经对整个美国社会产生了严重冲击，影响了诸如图书行业和出租车行业的就业模式，这直接与父母和孩子的诉求背道而驰。到头来家庭的利益受到剥削，老板和股东坐收渔利，诸如此类的不公平现象还会与日俱增。[13]

　　为了维持生计，一些父母不得不打着几份工，却拿着最低工资，这样一来他们几乎没有时间陪伴孩子；而其他父母得不停地埋头于用手机和电脑工作，日日夜夜甚至周末都是如此。最后，每个父母都过度劳累、焦虑不安、与家庭生活脱节。

　　而且这个问题并不是美国独有的。美国的情况的确有些历史和传统原因，但是世界各地的父母都在挣扎度日，为了给自己的孩子争取时间和资源而奋斗。每个国家都有自己的挑战，这种挑战基于其社会保障网络的构建和在育儿、女性角色及大家庭上的文化观念的树立。陪产假在全世界都很少见。在德国，母亲能领生育津贴，这样她们就可以待在家里照顾小孩，但是她们也声称，在德国，人们对职业女性存在文化偏见（这些女性被贬称为"乌鸦妈妈"）。英国的高额保育费用令人望而却步，保育所工作者的工资却少得可怜。肯尼亚亟需改善数十万家庭都须使用的廉价却不足的保育设施。在世界其他最贫穷的地区，许多家庭都亟需最基本的医疗保健和营养。[14]

　　访谈的父母越多，我越是认识到这一切彻底限制了他们的选择，你也将听到他们的故事，了解到这一点。不论他们的政治取向、宗教信仰、就业状况或者受教育程度如何，他们似乎都在挣扎。其中一位母亲是社区卫生中心的儿科医生金伯利，她的女儿在 27 周时早产了。生产后 2 周，她不得不把刚出生的女儿留在新生儿重症监护室，以便自己返回工作岗位。试想其中的痛楚！但是如果没有她的收入，她的家庭就无法生存下去。金伯利所在的州既没有执行带薪产假，也没有带薪病假制度，她的雇主也没有提供这些福利。另一位母亲是杰德，她非常虔诚，她认为母亲就应该待在家里。她向我含泪解释道，虽然她希望可以待在家里，但由于没有医疗保险，家庭收入也不高，生完孩子后她就得回星巴克工作。还有一位叫塔利亚的母亲，她在读心理学博士期间生了两个孩子，但因无暇在应对工作的同时照顾两个未满4岁的孩子并支付其高昂的保育费用，她放弃了一个很有前途的博士后职位。

尽管大多数社会倡导"家庭价值观"，但只有其中少数有真正以家庭为中心的理念。在这些社会的建立过程中，并没有可以保护或推崇这些价值观的项目和政策。恰恰相反，在世界各地，我们在太多父母养育子女的道路上设置了让人望而却步的障碍，从普通问题，例如给保育带来困难的不规律的工作时间，到严重的结构性问题，例如阻碍了相当多人的系统性种族歧视。这些障碍使得父母只能在孩子的大脑发育上花有限的时间和精力。这些问题不仅对父母不利，也阻碍了我们下一代的发展。

我们深知儿童大脑的发育需要些什么，但实际上我们做的却与之脱节。在父母和孩子最需要帮助的时候，社会给予的支持可以增强孩子的大脑神经连接，让孩子发挥学习潜能。然而，许多社会提供的支持少之又少，甚至更糟糕的是雪上加霜。说到小孩，美国公众的注意力和资金一直以来集中在

K-12[⊖]教育上。但是，只支持这个年龄段的孩子们的话，就意味着我们跳过了早期教育这个能为 K-12 教育打下基础的阶段。很多孩子在这个早期关键时期就被远远地甩在后面，等到他们上幼儿园时，就很可能永远都赶不上学习进度。对这些孩子来说，我们能做的都来得太晚了。全民幼儿园教育固然重要，但也还不够早。

孩子出生的前 3 年是大脑发育最快、最关键的阶段。成功的教育建立在学习能力的基础上，而这个能力取决于远在小孩上学前班甚至是幼儿园之前发生的事。在这早期的关键时段，父母大部分时间都只能靠自己。这就是为什么，尽管经过了数十年的努力，美国并未能在教育成果或教育公平方面取得任何的进展。在经合组织 2018 年国际教育排名榜上，美国在 79 个国家中数学排名第 38，科学排名第 19。[15] 在发达国家中，美国排名几乎垫底。按人均计算，美国是世界上最富有的国家，但是却忽视了将孩子培养为有为青年的道路上开好头的必要条件。

一个一目了然的时刻

2020 年 3 月，因为新冠疫情，世界大部分地区闭门封国，而这时我已经在思考这些根深蒂固的问题。在我就职的芝加哥大学医学中心，大家都在全力以赴应对疫情。每天我都

⊖ K-12 指学前教育到高中教育。——编者注

需要对病人进行筛查，接访许多受惊的病患，和他们交谈并留意他们的症状，建议他们是否需要去医院，一筛就是好几个小时。当作为耳鼻喉外科医生值班时，我工作检查的口鼻区是人体传播病毒风险最高的区域。（第一个死于新冠疫情的医生和我一样是一个耳鼻喉科医生。[16]）有一天我过得很糟糕，我需治疗一名 40 岁左右的男患者，他无法自主呼吸，所以需要做气管切开术。通常这个常规手术可以为病人提供外科气道，但是在新冠疫情期间，这个常规手术变成了高风险手术，我需要两名住院医师来协助我。因为新冠疫情让我们很焦虑，还要应对额外工作程序，所以从医疗方面来说，这个手术比平时要难得多，但从人性方面讲，却让人无比痛心。当我的目光落在这个男病患消瘦的身体上时，只有丝丝迹象能表明几周前他还是一个强壮的建筑工人。我知道他的母亲已死于新冠疫情，他的妻子也病了，住在另一个病房。我不禁纳闷儿是谁在照顾他们年幼的孩子，而这个家庭已因为这可怕的疾病变得支离破碎，谁知道接下来又会变成什么样呢。

疫情持续一个多月之后，在 4 月 21 日那天，我收到了纳尔逊的短信，他是我手术室精英团队的 3 个成员之一。

"请为加里·罗杰斯祈祷。他今天插管了。"

我震惊得几乎无法呼吸。因为疫情，择期手术无法进行，所以我们已经几周没见面了。但是没想到高大强壮的加里也病了。他机智敏捷，脸上总是挂着笑容，多年来一直是我生活中温暖、稳定、非常能干的一部分。从 2005 年芝加哥大学医学中心科莫儿童医院成立以来，加里和纳尔逊就在这里当手术室护士。加里需要打两份工来帮女儿支付她的大学学费，在打第二份工，即照顾透析患者时，他感染了新冠病毒。作为一名58岁的黑人，他隶属的群体似乎更容易患严重疾病。在疫情的这个节骨眼上，医生们都还在争分夺秒地学习如何治疗这种病，一旦有人需要接呼吸机，预后就不容乐观。我和其他人一样，对这一点非常清楚。我担心加里会死。

在重症监护室里待了一个多月、靠呼吸机维持两周后，加里患上了全身性肌肉萎缩和心肌病的后遗症，他不得不在康复中心待上几周，等变强壮之后才可以回家，重返工作岗位。6月底，我们终于在第四手术室重聚，准备疫情开始以来的第一台人工耳蜗植入手术。当在手术室见到加里、纳尔逊和罗宾（他染上了新冠病毒，但症状轻微）时，我心里的石头落了地。

有一段时间，我欣然地认为至少儿童对新冠病毒较有免疫力，没想到这只是我一厢情愿的想法。有些小孩病了（尤其是在德尔塔变种病毒袭来之后），许多小孩失去了父母和亲人，而几乎所有小孩都深受无法上学之苦。在我撰写这本书时，疫情对儿童的影响仍在继续。但就在人们遭受疫情带来的创伤和艰难痛楚时，一线希望出现了。报告称人们为应对疫情承受了巨大压力，然而在许多情况下，也正是因为这些压力，许多家庭相处的时间反而更长了。我家就是这样的。我的两个小孩一个在上高中，一个在上大学，他们现在整天在家，我们在疫情期间的家庭聚餐比过去几年都要多。即使对失业家庭来说，应对疫情的社会保障网络系统也能帮助他们获得缓冲，让一家人享受天伦之乐。2020年3月，美国国会颁布了第一项救济法案，这项2.2万亿美元的《新冠病毒援助、救济和经济保障法案》（CARES Act）弥补了许多美国工人的收入损失，没有失业保险的工人也得到了补助。随后国会又出台了其他几项救济法案，其中包括直接向家庭支付补助金和增加儿童税收抵免。一份报告称，在第一轮疫情补助金受助者中，与没有获得补助金的人相比，许多获得补助金的人表示他们的亲子互动更为积极乐观。[17] 但问题是，正因为全世界按了停止键，父母才能够陪伴孩子，和他们的孩子说说话，开发他们幼小的脑细胞。然而这并不是现实生活。有时，家人之间的谈话要以失去收入和财务安全为代价。这并不是长久之计。最终，大多数远程工作的父母还是得回办公室工作，哪怕只是兼职工作，而失业的父母也会找到新工作，他们必须这么做。那时，家人相处的时间和亲子互动又会变得怎样呢？

我们必须认识到的一点是，我们的私人家庭生活和经济生活是掺杂交织在一起的。如果孩子没有地方可以安全度日，父母就无法工作。在疫情期间，美国的各个学校关闭，而本已不足的保育系统几乎瓦解。2020年4月就有三分之二的保育所关闭，到了2021年4月，其中三分之一仍然如此。[18] 甚至美联储也开始担心保育行业可能如同凳子的断腿，会让美国经济无法回归正轨。[19]

大多数国家的父母都得孤军奋战，他们不仅仅要管好孩子生活的方方面面，要当老师、教练，又要当心理治疗师、野营辅导员，这些让他们焦虑且疲惫不堪。大部分国家的父母大半年里每天都是如此，在一些地方，这个时间甚至更长。有一位意大利妈妈吐槽在家上学的种种困难的视频在网上疯传。"我要崩溃了！"她喊道。在没有失业的人中，几百万人选择了辞职（大部分为母亲）或减少工作时间（同样主要为母亲）。[20] 这并不是长久之计。疫情好似一场剧烈的地震，余震挥之不去，揭开我们所谓支持父母和孩子的基础设施有多颤颤巍巍。

新冠疫情让我看清一些事情。长达几个月的社交距离和困难处境，疫情的影响也反反复复，我从中意识到极端情况其实可使人清醒。因为在这样的情况下，你能明白什么是有效的、弱点在哪里、什么才是真正重要的东西。正如你不能暂停手上正在进行的工作一样，孩子的大脑发育也没法停止。这场疫情给人们敲响了一个警钟，让他们意识到没有人本应独自一人抚养孩子。好比第四手术室中最糟糕的情况，仿佛没了电、氧气、灯光，也没了我的优秀团队。（加里就差点儿离我而去！）

这场疫情也让我们看清，美国目前对待儿童和家庭的方式既短视又昂贵。仔细看的话，疫情前就有大量证据能证明这点。据估计，不投资幼教将使美国损失数十亿美元。而孩子、父母、社会都要为此付出代价。芝加哥大学经济学家和诺贝尔奖得主詹姆斯·赫克曼（James Heckman）计算出，如果投资支持新生儿到 5 岁儿童的幼教项目（即便这些项目从短期来看比较昂贵），但其对社会的年回报率达 13%，因为受益儿童成人后能得到更好的教育，也更健康，社会经济状况也会因此更好。[21] 从另外一方面说，如果不投资的话，社会最终将赔钱，因为如果没有强健的幼教发展做保护和垫衬，社会终将在医保、矫正教育和刑事司法体系等方面耗资更多。简而言之，如果我们不从孩子出生的早期就对他们进行投资，我们和他们都不仅不能获得投资的回报，还都会为我们的失败付出惨重代价。想想这个：ReadyNation 机构发表了一份被多方引用的报告，该报告指出，美国每年在保育方面的总成本为 570 亿美元，而雇主的直接成本为 127 亿美元。该报告估计，如果美国女性留在劳动力市场的比例与有政府保育补贴的挪威差不多的话，美国的国内生产总值可增加 1.6 万亿美元。[22] 道理很简单，如果没有人照顾孩子，父母就不能工作。

独自养育子女的谬见

我们是如何沦落到这完全不堪一击的地步的？为什么每个父母都需要独自站在黑暗的岸边？我梦中的危险激流和脆弱木船好似现实生活里的艰难一样无处不在，每个父母都不堪重负，摇摇欲坠。不知何故，社会抉择的离心力并未把孩子和父母摆在中心，而是把他们甩在头等大事之外。

这是历史和传统的缘故。在美国，蓄意的政治决定、疏忽之罪及其导致的意外后果都是罪魁祸首，但贯穿一个社会所做抉择的，始终是美国个人主义的这个谬见。这个意识的根源能追溯到美国建国、殖民定居者和独立的西方先驱者的时期，因为当时别无选择，所以他们必须坚强独立，自己走自己的路。尽管时代已不同了，但我们一直在赞扬他们的这种精神。独立作为一种美德是因为个人主义才得以延续下来，人们认为期待社会能帮忙是在示弱、承认失败。而且，我们决定如何养家以及养育子女，其中的尊严和个人主义意识息息相关，所以人们认为社会的支持不利于自由自主权。至少时代是这样演变的。

这种思维的一个关键要素是父母"选择"的概念，这一概念神圣不可侵犯，是所有父母权威的来源，而其他任何一切都是非美国式的。其结果就是让父母信服，他们能在没有政府支持的情况下独自承担幼儿保育、发展和教育的重大责任。事实上，他们应该愿意这么做，而且应该把这看成是他们可以不受干涉、享有家庭生活决定自由权的体现。

我们作为父母（特别是母亲）内部消化了这个鼓吹的概念。大多数父母心怀愧疚，小心翼翼地试着、挣扎着在这些重大责任中找到平衡，但永远觉得自己做得还不够，无法实现梦想中他们应该实现的理想。我们频繁讨论"工作与家庭的平衡"，但事实上这个平衡没几个人能实现，每个父母（通常还是母亲）迫于这句话的压力，被指望要处理好通常无法处理的事情。研究各国女性工作和育儿生活的社会学家凯特琳·柯林斯（Caitlyn Collins）为了反驳这一点，发出了"工作家庭正义"的号召，旨在提醒人们，解决方案应来自社会和我们自己。柯林斯的《职场妈妈生存报告》（*Making Motherhood*

Work）一书比较了美国、瑞典、德国和意大利的女性在不同的国家政策支持下，如何处理工作和家庭问题。她写道："我们需要建立一个体系来实现工作与家庭的平衡。在这个体系中，每个社会成员都有机会和能力充分参与有偿工作和家庭看护。"[23]

在许多其他国家，人们日益把支持家庭和养育子女看作社会政策的重要组成部分，并就此推出投资一揽子计划，旨在减少贫困和不平等，增加父母和儿童福祉。当然，具体规定因国家而异。许多欧洲国家几乎普及了保育服务，但在亚洲部分地区，许多外来工仍须将孩子留在老家，自己去离家很远的工厂和农场打工，有的甚至要去国外打工。几乎所有国家都还有改进的空间，而且人们对需要改变的地方也有了新的关注。联合国儿童基金会市场宣传负责人本杰明·珀克斯（Benjamin Perks）告诉我说："世界上每一个角落的社会都意识到，早教投资对个人的终身身心健康大有益处，也有益于社会的繁荣富裕。"为了将善意付诸行动，联合国儿童基金会发起了一项全球运动，呼吁企业和政府规定父母双方合计至少有 6 个月的带薪休假，来支持母乳喂养和优质的保育服务，同时让父母都有收入，可以享受福利陪伴孩子，在孩子早年成长的关键时期照顾他们，并能支付得起所需的资源和服务。[24]

然而在美国，我们似乎已经接受了现状。也许是我们作为父母的挫败感让我们无脸向社会寻求更多的帮助，我们坚信自己可以独自养育子女，对寻求援助感到内疚。我的医生同事、病人、朋友和通过 TMW 遇到的家庭是这样，左右翼政党、穷人和富人也是这样，每个人都一样。

事实上，父母的选择权和个人主义就是一个谬论。这个谬论对那些想推卸责任、不提供支援的人来说相当方便，但对于那些相信这个谬论而因此受苦的人来说就大相径庭了。育儿中的"个人主义"与其说是现实，不如说是幻想，而"选择"几乎是彻头彻尾的谎言，这个词暗指父母还有选择的余地。实际上，大多数父母的选择很少，所以说，能选择的东西本就不多，那我们怎么还能称之为"选择自由"呢？没有支持，就没有真正的选择。你知道吗，除了疫情期间，在现实生活中几乎没有人真正独自养育子女。"养育子女需要一个村庄的共同努力"，这句谚语能引起共鸣就是因为养育子女的确如此。在毫无帮助或任何社区支持的情况下照料孩子几乎是闻所未闻的。父母养育子女这件事，一直有祖父母、阿姨和叔叔、哥哥姐姐、邻居、朋友还有其他父母在一旁支持，甚至美国的建国先驱都要围着马车打圈以保证彼此的安全。我们一直以来共同奋斗，为彼此提供建议，在情感上互相扶持，帮忙照顾彼此的小孩。尽管这些个人的帮助难能可贵，但这些援助是远远不够的。这个支援系统很好，但公共资助和全社会的支持体系仍然起着至关重要的作用。我们需要社会为父母提供更多的支持，我们也应该期待社会能提供更多的帮助。

导航星

我们如今处在一场公共卫生危机之中，这场危机远远超过了疫情，除非我们行动起来，否则这场危机将持续很长时间。与新冠疫情不同，这场危机没有"疫苗"可打。早期大脑发育的终身影响像是一条贯穿社会的无形故障线，这条线放大了世上让人心寒的种种不平等现象，并威胁着这些现象会永远存在。经济、阶级和种族错综交织的权利结构或忽视或积极地削弱了数百万父母迫切为孩子们提供鼓舞人心、语言丰富的早期学习环境的能力。

换句话说，这些困扰全世界的不平等在儿童生命的早期就开始了，比大多数人意识到的要早得多。这种无形的流行病正在蔓延并折磨着人们，在大脑早期发育机会不平等的前提下，所有儿童都需要实现他们与生俱来的潜力。

这场危机的严重性有时让人喘不过气来，也正是这场危机让我走出手术室，步入了社会科学的世界。我再一次地感到如在梦中一般，梦中大家和我一样站在漆黑的河岸边。但同时我也想起了马丁·路德·金博士（Dr. Martin Luther King Jr.）在 20 世纪 60 年代席卷美国的民权斗争中所说的话："只有在足够黑的时候，你才能看到星星。"[25] 我确实看到了星星，我还清楚地看到了两个独立但密不可分的想法，可以让我们往前走的想法。

首先，科学给我们列明了一个路线图。科学指出了我们作为父母的首要任务是什么，也指明了社会发展的前方道路何在。科学列出坐标，引航社会去支持所有孩子都能有健康发育的大脑。为最佳脑发育打好基础这一目标应自始至终引导我们的社会，这个目标可以让我们专注前进的道路，让我们将每个社会都转变成一个聚焦未来公民的社会。

脑发育的科学向我们指明学习从生命的第一天就开始了，而不是上学的第一天。即使在子宫里，婴儿也能学会识别父母的声音。[26] 时机对脑发育来说就是一切。神经可塑性是指大脑在人一生中，通过形成新的神经连接来组织自身的不可思议的能力，而这个能力在孩子出生到 3 周岁之间达到顶峰。脑回路这个东西，如果你不用它，就会失去它。虽然我们的大脑一生中都有可塑性，但大脑在孩子神奇而重要的幼年是最有可塑性的。[27] 为了充分利用这段时间，最重要的第一步就是给孩子提供丰富的对话。这种对话通常被称为交互谈话，是父母与孩子之间一来一回的互动方式。说话、微笑、指点、回应这些充满爱的互动都足以帮助孩子发展两项关键技能，这两项技能可以帮助孩子在学校和生活中取得成功。首先，这样的互动可以帮孩子发展认知技能，这些在智力和能力测试上就有列出，如阅读、写作、算数和模式识别。其次，通过互动，孩子还可以发展非认知技能，或者说"软"技能，比如说坚毅和毅力。换句话说，充满爱的互动有助于孩子整个大脑的发育。[28]

除此之外，神经科学揭示了环境也很重要。稳定平静的环境有益于培养孩子社交情感技能以及管控功能的发展；反之，恶劣的环境会阻碍其发展。[29] 许多家庭无法为孩子提供健康的成长环境，疾病、贫困、无家可归等困难都会使生活环境变得不稳定，由此产生的有害压力不利于大脑的健康发育。当孩子的最终发展受阻时，失败的是所有人。我们今天抚养的孩子构成了我们未来的社会，因此，社会应该帮助为所有儿童的最佳发展奠定基础。

如果大脑科学是路线图，那么导航的就是父母，这是第二个关键点。父母作为船长掌舵着家庭这条船，但每个船长都需要船员。我们不能再以个人主义的价值观为借口而不提供社会支持了，这和我没有优秀手术团队就走进第四手术室是一样的道理，拥有一个优秀的手术团队并不代表我就不掌控手术室了。当父母在红色的警戒线边将孩子递给我时，他们确切地知道是我操着手术刀，同时他们也对我有一支后援团队很欣慰。我和团队共同掌舵，一起好好完成工作。有一支后援团队并不代表我就是不称职的外科医生，这就像生活在一个愿意支持家庭的社会并不意味着父母就不称职或者他们的责任就会更少一样。父母需要的是真正的选择，他们需要的是权威和支持。

建立一个父母联盟

这就是为什么这本讲基础大脑发育有多重要的书会强调建立父母联盟的重要性。父母守护着我们未来以及现在的幸福。父母都是普通人，没有什么超能力，但是他们却可以做到成功养育孩子这一非凡的成就。父母是孩子大脑的建造师，也是社会未来的建造师。作为一个全球社会，只有当我们开始支持父母养育子女时，我们才能支持幼儿发展的需求。慈爱的父母并不需要博士学位或者昂贵的工具才能出色地支持孩子早期的大脑发育和养育未来公民。相反，他们需要的是唾手可得的基础知识，让他们知道怎样帮孩子培养关键的神经连接最为有效。要想培养这些连接，他们需要有时间陪伴孩子，需要有高质量的保育服务来相照应，还需要为孩子提供无忧无压力的生活环境。而且在孩子大脑神经的形成期，不管他们住哪里，父母都需要社会（雇主、社区、决策者）的支持来做好这些事。

写第一本书的时候，我以为我只要知道和理解了脑科学，让大家也知道和理解强大的脑科学，我就能做一些有意义的改变。然而，我错了，只有在大众齐心协力共同努力时，这些真正、根本的改变才会发生。我们需要认识到的是，通过分担、索取我们的所需并向社会求助是可以减轻父母养育子女的负担的。我们需要看到的是，父母和国家团结起来帮助所有儿童的力量能有多强大。我们需要做的是，将孩子的大脑发育放在我们思考和规划的中心。

我们需要给孩子利用他们自己的天赋去获得成功的机会，由此来帮助他们实现自己的潜能。无论我们做什么，只要会影响到家庭，都需要从给孩子机会开始。从本质上讲，我们必须扭转社会的重心，将关注点放在孩子和看护者身上。我们需要改变社会对所有父母的看法，而不仅仅是低收入父母。反过来，我们也需要改变父母对他们自己的看法，提高他们对社会支持的期望。

但是我们如何能做到这点呢？我们需要让社会听到我们协力的心声。在美国，有数千万的父母，全世界则有数亿，每个国家的父母可以齐心为自己和孩子的需求而奋斗，从高质量的保育服务、带薪产假到子女补助津贴，没有什么就奋力争取什么。我们可以努力去解决儿童贫困问题，要求全面的产前和儿科护理，并要求他们提供包括有关脑发育的信息，还可以呼吁雇主出台对家庭友好的公司政策。而父母可以为我们需要的改变一起努力。

要想产生根本性的改变、缓解世上最根深蒂固的问题，我们必须帮父母、决策者和雇主意识到，健康的脑发育应该是我们前进的北极星，它带领我们走向更富有成效、更公正、更公平的社会。解决儿童问题，就是解决家庭问题，所以能受益的人不仅仅是孩子。解决儿童问题对解决公民权利、性别平等和经济实力这些问题也是很有必要的。但现如今，人们还不这么认为。做不到这点的后果很严重，我们越发不可忽视其严重性，其中一个后果就是政府需要在疫情期间出台有史以来金额最高的救援计划。

作为一名医生，我照顾孩子已经 20 多年了，我可以证明没有比父母更热情去拥护孩子的人了。我一次又一次亲眼看到父母爱护自己的小孩，其场面令人动容。不管生活中有多少困难，他们都想给孩子理应属于他们的东西，履行自己对孩子的承诺。如果我们能够将这种热情、毅力和决心用到一场运动中，去迫使社会兑现对孩子许下的诺言，让孩子们可以享受他们不可剥夺的权利和机会，以实现其潜力，那会怎样呢？如果我们能够说服社会把基础脑发育作为我们社会发展的指导原则和新的北极星，那又会如何呢？

这个方法的妙处就在于它可以造福我们每一个人，其中包括还没做父母的人。毫无疑问，这将有助于创造一个公平的竞争环境，确保所有孩子都能更好地发挥自己的全部潜力，与同龄人取得匹配的成就。无论孩子多有教养，他们的命运最终与其他孩子的命运密不可分，确保所有孩子能够享有同等的机会是一个国家建国强国的基石。

为人父母让我们屈服于现实，但让我们跪下的东西也必须让我们勇敢地站起来，因为改变不会自然而然地发生。我最近做了一个梦，梦里的河岸边，父母排队站在我旁边，数百万父母和孩子们一起出发前进，我们乘坐的船很是坚固，足以让我们在最汹涌的激流中都可以顺利航行。同样，我希望这本书能提醒父母，让我们团结起来的事情远比分开我们的多；我希望这本书可以帮父母看到他们在养育子女的经历中遇到的困难和对孩子的期许，别人也感同身受；我希望这本书可以让父母明白团结在一起能使我们更强大；我还希望这本书可以给父母和他们的盟友们提供成功所需，让我们并肩在每个国家都建立一个父母联盟。

第2章

塑造孩子更强大的
学习型大脑的根基：父母的语言

"我相信每个人生来都具有天赋。"

——玛亚·安杰洛[1]（Maya Angelou）

虽然数十年来我都在离大脑如此之近的地方做手术，但人脑的复杂性和能力还是经常让我感到惊叹不已、目瞪口呆。几年前，我的导师和同事苏珊·莱文（Susan Levine）的一篇论文就让我深切体会到了这一点。苏珊是一位语言发展和认知发展专家，她这篇论文的研究对象是一位青春期少女，苏珊和其他研究人员代称其名为 C1，而我叫她夏洛特。[2]

夏洛特出生时患有一种称为单侧积水型无脑畸形（hemi-hydranencephaly）的罕见疾病，更简单地说，她只有半个大脑。在出生前，她左脑的血液供应可能就已被切断，导致大脑无法正常生长和发育。尽管她脑部最基本和最古老的结构（负责呼吸和运动功能等非自主行为的结构）完好无损，左脑却并未发育，相反，左脑生长的空间里充满了脑脊液，所以在她的脑部扫描中，这部分空间是个巨大的黑点。夏洛特脑部缺失的区域是通常负责逻辑、语言和推理功能的区域，可想而知，对这种情况的预后显然是很难让人接受的。

想象一下，如果医生告诉你，你漂亮的新生儿只有半个大脑，你的感想会如何。取代你对她未来所有希望和梦想的将是震惊、悲伤和种种不确定性。你可能会想，即便女儿能活下来，她也会有严重的发育迟缓，在出生之前，她能独立生活和在世界上茁壮成长的可能性就已经被摧毁了。

但这些事情并没有在夏洛特身上发生。

在夏洛特 14 个月大的时候，苏珊和同事们就开始跟随关注她，我读的那篇论文描述了夏洛特前 14 年的生活（她现在大了好几岁）。在她十几岁的时候，她身体右侧的运动肌仍有一些轻微的无力症状。但除此之外，她似乎不受影响。她从高中毕业，准备上大学。

这怎么可能呢？

答案就藏在问题所在的地方——夏洛特的大脑里。在我解释之前，让我们想想任何孩子大脑的奇迹，而不仅仅是夏洛特的。

艾萨克·阿西莫夫（Isaac Asimov）说，人脑只有 3 磅[⊖]重，但这 3 磅重的东西"远比一颗星星要复杂得多"。[3] 大脑的凹凸褶皱很脆弱，其坚硬度与一盒软黄油不相上下，但里面

⊖　1 磅 ≈ 0.4536 千克。

却是一个复杂而活跃的世界。大脑是人类思考、学习、获得成就的指挥中心。大脑控制着我们的呼吸和心跳，帮我们学习说话、理解语言。大脑帮我们认识到其他人也有自己的信仰和情感，让我们能感受到各种情感，如焦虑、安心、兴奋或沮丧。大脑控制着我们静坐或延迟满足的能力。因为大脑，我们能阅读、写书、算数、做乘法和计算微分方程、理解历史的相关性。大脑让我们好奇星星有多远，探究狗和海豚的行为以及癌症的源头是什么，甚至发问大脑本身是如何工作的。然后它引导我们通过计划、实验来寻找答案。

孩子一出生，摆在眼前的就是那张长长的能力清单，上面的所有技能在这个时候就需要开始培养了，这样，全新的大脑才能得以开发。我记得，在我两个孩子出生的时候，我都会凝视着他们那张皱巴巴的小脸蛋，想着他们长大后会成为什么样的人。我惊叹新生儿有能力和潜力长大成独特的人，但潜力这个东西是具有不确定性的。虽然从父母那里遗传的基因奠定了孩子潜力的一部分主线，但这只是人生故事的一个模棱两可的底稿。这本书也有很多关于大脑神经可塑性的内容，也就是大脑随人的经验而变化的惊人能力。

大脑能够随着与外界的互动而改变，而且大脑最大的把戏就是它能根据这些经历重建自身并适应环境，这个能力在给孩子的成长提供了难以想象的机会的同时，也带来了巨大的风险。正如大脑的某些区域能变得更强健（比如夏洛特就是这样），这些区域也能变得更脆弱。每个新生儿的大脑都包含了数十亿个神经元，但这些神经元之间几乎没什么交流。然而，年幼大脑中的神经元数量会在孩子生命的最初几个月和几年中激增，更重要的是，脑细胞之间形成的新连接也会在这段时间激增，估计每秒就能形成 100 万条新的连接。[4] 所以，婴儿每一次新的体验都是成长的导向，这些经历包括他们听到的、看到的、摸到的、尝到的和闻到的东西，还有大人给的每一次爱抚和依偎、他们唱的摇篮曲或给的指令。你大可把这些经验看作大脑用这些信息来微调自身或修改新生儿的人生底稿。每一条信息都会引起电脉冲从一个神经元传播到下一个神经元，跳过细胞突触这个间隙。当一系列的神经元有规律地交流时，就会形成神经发展的常规，就像自信且训练有素的舞伴，可以一起投入到轻松的音乐节奏中，无须多思考下一个舞步就知道要怎么跳一样，所以，神经元之间的电化学信号（也就是神经元之间的交流）就会变得高效顺畅。一句格言很好地总结了这个过程："一起激发的神经元就会连在一起。"

细胞形成连接时，会在大脑的各个部分建起连接神经元的回路，这些回路是孩子发展各项技能的基石，孩子掌握的新技能又会反过来影响这些回路的发展。最开始形成的是处理感觉的基础回路。比如，随着婴儿越来越会识别面孔，尤其是像父母这样重要的面孔，位于大脑后部枕叶的视觉皮层就会形成连接，然后，更复杂的回路也能在此基础上慢慢建立起来。

由于我是一名人工耳蜗外科医生，那我就用听力来解释一下基本和复杂的回路之间的连接是如何形成的，还有外界环境对它的影响。听力正常的新生儿能听到周围充斥着的各种各样的声音流，在婴儿长到一岁前，他们主要做的事就是理解声音流、辨别声音模式和识别重复的声音。如果爱和孩子玩的妈妈丽兹，一次又一次地对小杰克说"躲猫猫，小杰克！我看见你啦"，小杰克很快就会听识自己的名字，而且，他会把"躲猫猫"这个词与玩耍联系在一起。因为聆听能加强大脑控制听力的听觉皮层的回路，所以，当杰克最终学会说话时，他大脑中位于耳朵上方颞叶的语言区域，在已铺好路的听觉回路上，随着脑神经元的一系列如释放烟火般的放电活动与其连接，同时也会连接运动区域，这样小杰克就能照着他一直听到的这些声音，自己也发出同样的声音。有一天，当妈妈指着一只在公园里追着棍子跑的金毛猎犬说："看到那只小狗了吗？"杰克会叫道："小狗！"这看起来似乎很突然，但其实再正常不过了。再后来，当杰克开始解读书上的符号时（比如"字母 D 代表狗"），大脑就会在他已掌握的语言、听觉和视觉能力的基础上建立一个阅读的回路。幼教能促进的就是这些新的神经元的产生和神经连接的过程。

然而，在孩子长到 3 岁左右时，他们的脑神经活动的重要转变会加快，这就是为什么生命的头三年如此重要。随着脑细胞数量激增，尤其是随着脑细胞的关系网逐渐建立起来，接下来那些没有用的神经连接就会在修剪过程中逐渐彻底消失，没用过的神经纤维会枯萎，然后被重新吸收到脑组织中。[5] 修剪神经连接听起来刺耳，但它其实起到一个很重要的作用——使大脑保持高效，让孩子在重要的事情上集中注意力，让本可能混乱棘手的处境变得井井有条。任何见过 2 岁小孩在自己的生日聚会上大声哭闹的人（是的，阿舍尔，我说的就是你）都知道，年幼的大脑需要外界的帮助来变得有秩序，这样孩子才能学会如何保持冷静。所以，通过修剪神经连接这个过程，留下了孩子常用到的脑回路，这些脑回路之后会成为坚固可靠的大脑结构。这就是为什么我们会反复强调哪些脑神经连接是有用的，哪些是值得保留的。

实际上，修剪神经连接的前提是孩子的大脑有大量可用的神经连接。因为如果刚开始重要的神经连接就没有形成，那么它们根本就没有机会成为大脑最终回路的一部分。如果外界输入信息太少的话，正在发育的大脑就无法得到足够的刺激，这就是为什么如果孩子出生在不太活跃的语言环境中，他们就不会和其他孩子有同样扎实的发展基础。据我了解，这也是为什么我的一些耳聋患者即便在植入人工耳蜗后，也没有发展出强大的语言技能的关键。[6]

孩子在出生头几年会经历整个生命周期中最大的神经连接的增长和修剪过程，这段时间也是奠定孩子学习和发展基础的黄金时段。超过 85% 的大脑总体积是在孩子出生的头 1000 天中建立起来的，这就是孩子的早年经历如此重要的原因。[7]何况早期经历对孩子有长远的影响。科学家已证明了坚固的大脑结构能让孩子有更强的读写能力、推理能力和其他技能，这使孩子能取得更高的学业成就，他们的高中辍学概率也会降低。幼儿发展除了会影响孩子终身的身心健康之外，对轻微肥胖、2型糖尿病和心脏病等疾病也有影响。[8]甚至如果孩子在小时候能接受到高质量的幼教和保育服务，他们成人后的犯罪率会降低，收入也会增加。[9]所以在建立大脑回路伊始，我们就应该好好帮孩子培养强健的大脑回路，避免后期的修复。这是因为建立大脑回路就像在扎实的地基上造房子一样，刚开始有一个坚实的基础是很重要的，这样才可以确保建在上面的东西结实、不会摇晃。

像夏洛特这样有脑结构受损的婴儿怎么办呢？让人惊叹的是，对于出生时就有大脑缺陷的婴儿来说，神经可塑性有助于重整大脑健康完整的部分、改善松弛的神经元。所以说，夏洛特仅有的那一半大脑需要扛起失去的那一半大脑的职责！她十几岁时的脑部扫描显示，她剩下的右脑中决定脑细胞之间交流效率的白质连接比同龄的典型儿童要强得多，[10]因为通常左脑会承接的任务分派给了右脑，所以她受损的大脑得到了弥补，这就是夏洛特仅靠右脑就能取得如此多的成就的原因。她周围的每个人对此都很惊讶。

但这还不是最让人惊讶的部分。

研究人员把夏洛特的认知功能和对照组中典型发育的孩子进行对比时发现，在大多数认知领域，她都与同龄人保持同步，但在某些领域她甚至超过了他们！当然，取得这样的成就需要时间。夏洛特小时候的表达和会意（会话和理解）能力的发展就相当迟缓，但她三岁起就开始读书并解读文字。到了中学，虽然她的词汇量和阅读理解能力低于平均水平，但她的大部分语言能力在典型范围内，其中一些语言能力，例如她的解读和推理能力还高于平均水平。脑损伤让她付出了代价，但让人惊讶的是，面对这个逆境，她表现得如此出色。

优化大脑神经可塑性不仅仅是释放患有先天脑损伤的孩子潜力的关键，也是释放所有孩子潜力的关键。优化大脑神经可塑性有两个关键要素，第一个关键要素是时机。夏洛特的脑损伤在她还在妈妈肚子里时就存在了。我们已经知道，因为神经可塑性这个惊人的能力，在人的一生，大脑都可以通过形成新的神经元连接来重组自身，而且这个能力在孩子 3 岁前达到高峰。当然，当年龄较大的孩子和成人发生重大脑损伤时，他们大脑的调整和适应能力会大大降低，结果也会截然不同。[11] 如果夏洛特的脑损伤发生在她十几岁甚至她成年时，她或许已经去世了，没有的话，她也肯定会因此受到严重影响。但是，因为脑损伤是在她还是婴儿的时候发生的，所以大脑的回路有足够的时间重新安排发展路线，多利用右脑的部分区域，而不是左脑。

夏洛特能取得这番成就的第二个关键要素是她出生第一天就融入的成长环境。她的经历生动地阐释了当孩子出生在一个支持其潜力发展的环境中，即使先天条件不利，孩子也能取得成功。夏洛特的父母在她 10 个月的时候才知晓她的病情，我猜想，他们在这之前就已经经常跟她对话，去给她创造一个语言环境。在知晓了夏洛特的病情并了解到早期的语言环境对她克服困难的重要性后，他们就开始积极地帮助她。他们确保给夏洛特创造大量的外界刺激和输入，这包括和她对话、与她互动、给夏洛特温暖的拥抱等，这些对她最终的大脑发育和行为习得至关重要。除此之外，夏洛特的家人还找了早教干预专业人员帮忙。夏洛特在还是个婴儿的时候就开始了物理和职业治疗，2 岁左右就开始了语言治疗。这些治疗弥补了父母辅助治疗的不足，夏洛特的大脑得以在她还小的时候就完成了重新布局。尽管夏洛特语言起步慢，但她在 4 岁前基本上已经赶上同龄人了。

夏洛特并不是唯一一个天生就有半个大脑的人，但并不是每个人的故事都像她的一样。如果你去搜索的话，会发现世界上有许多人多年来都一直没有意识到自己的大脑还没有完全形成，他们在世上却也好好地活着，没有出现任何问题。《柳叶刀》（*The Lancet*）2007 年的一篇文章写道，一个 44 岁男子失去了大部分大脑，但还过着正常生活，他的核磁共振成像中的黑色缺口比夏洛特的更大。[12]

这样的故事强调了一个深刻的事实：无论好坏，生命前三年的经历对孩子有终生的影响。而这三年能给孩子带来的是机不可失，时不再来的机会。

夏洛特的故事也强调了另一个让人深感不安的事实，那就是数以百万计的孩子出生时大脑健全却被社会遗弃在一旁。他们大脑的"缺陷"不是在子宫内发生的，而是在出生后，社会没有给他们好的机会去实现自己的潜能时发生的。

我常常想，如果我们可以目睹婴儿大脑中每秒能形成的那些惊人的神经连接会怎么样。我们是否会更积极主动地在他们身上进行投资？或者，更重要的是，如果我们能目睹有数百万婴儿脑子里没有形成这些神经连接，在知道其后果的情况下，我们是否会更有动力和热情，更早采取有目的性的行动？作为整个社会，我们是否会更愿意去投资？

孩子的脑神经变化不如身体变化那么明显，不像他们今天还依偎在你腿上，明天就长太大，抱着连楼梯都上不了。大脑隐藏在头骨中，它的生长发育在这个黑匣子中悄然发生。我们可以观察到孩子的肌肉变强壮、长个儿，但是我们无法目睹大脑连接是否变强。但这并不代表这些连接没有发生。当孩子说第一个词，或者突然能说 3 个词的一句话，然后 5 个词的一句话，或者认识字母 B，这些时刻正是因为他们大脑中非凡的脑连接巩固强壮才得以发生的。如果我们不支持这样的成长，也不给孩子们成长所需的资源，那就是剥夺他们与生俱来的权利。

无形的流行病

大脑并不知道孩子出生在收入水平或社区如何的家庭，大脑这个拳头大小、充满可能性的世界就这么出现了。但常常，收入或社区最终会对大脑的构建方式产生很大的影响，从而也会影响孩子的人生轨迹。在所有可能影响大脑发育的因素中，贫困是最有害也是最常见的一种。当我刚开始了解孩子发育的差异时，并不知道自己身处现代流行病的边缘，这个流行病早在新冠疫情发生前就存在了。在美国，孩子出生在贫困家庭或接近贫困的家庭，也就是生活水平在贫困线200%或以下的家庭的可能性为40%，而这一比例在有色人种的孩子中超过50%。[13]根据联合国儿童基金会的统计，在全球范围内，孩子生活贫困的可能性是成年人的两倍多，全球有10亿儿童生活贫困（比如缺乏教育机会、住房、健康、营养、卫生设施和水）。[14]研究健康差异的研究人员已经表明，出身贫寒不仅与终身贫困有关联，还会导致大量不健康的后果，例如出生在贫困家庭的人滥用药物和患心血管疾病的可能性会更大，总体寿命也会更短。[15]体弱的小婴儿营养不良很容易就能看出来，贫困不一样，它对大脑的影响潜移默化，这个影响藏在可爱婴儿胖乎乎的脸颊和柔软的皮肤背后，其后果许多年后才会显现出来。

从广义上讲，我们其实早就知道逆境，尤其是早年逆境会对孩子的发展不利。但直到大约15年前，一些神经科学家才开始认真地探索众所周知的社会经济不平等效应会如何改变大脑。其中一位科学家叫金伯莉·诺布尔（Kimberly Noble），和我一样，是一名儿科医生。和我一样，她作为一名研究型科学家走出诊所，步入她的患者的世界。我们都相信许多社会弊病的解决方案就在大脑里，而且大脑是每个孩子都能有公平机会的关键。我和金（金伯莉·诺布尔的昵称）的工作有很多相似之处，事实上，当我们第一次见面时，金在一次会议上做自我介绍，我们就像老朋友一样拥抱在一起，感觉我们真的是老朋友！

金在宾夕法尼亚大学度过了本科时光，她本打算成为一名心理学教授，但她曾为一位神经科医生工作，这位医生带她一起去会面患者的经历改变了她的生活，她从此迷上了医学，所以改变了原先的计划，决定继续深造，并获得了医学博士和神经科学博士双学位。金顺利被录取到著名神经科学家玛莎·法拉（Martha Farah）的实验室读博并进行读博所需的原创型研究，而玛莎也希望能将神经科学应用于现实生活。就这样，玛莎·法拉和金伯莉·诺布尔开始一起工作，她们是首批研究贫困对大脑结构影响的研究人员之一。

她们和其他神经科学家的研究发现令人震惊。虽然孩子之间存在相当大的个体差异，但通常来说，贫困会使大脑产生明显变化，这使孩子本已艰难的道路雪上加霜——贫困会剥夺孩子的前途。[16]

但我们可以改变这个现实。

金解释道，"我们的起点差不多是一样的"，虽然每个孩子出生时存在遗传差异，这些差异将决定他们的潜力范围，但没有证据表明婴儿出生家庭的社会经济地位与其出生时的大脑线路之间存在任何关联。这一点我们能这么清楚，是因为我们可以使用脑电图（EGG）等技术来记录和测量影响大脑功能的不同类型的脑电波，这就像窃听大脑的谈话一样。[17]当婴儿出生时，你很难看出出生在里约热内卢贫民窟婴儿的脑电图读数和出生在华尔街投行家庭婴儿的脑电图读数有什么不同。孩子出生家庭的社会经济地位所导致的差异在他们长大一些后才会显现在其脑电图读数中，当孩子 6 ～ 12 个月时，脑电图读数之间存在的显著差异表明孩子出生后的生活环境具有十分重要的影响和作用。

这些差异中的一些属于结构性差异，与大脑的解剖结构有关，比如大脑的大小和形状。大脑结构就像计算机硬件，它包含处理芯片和必要的电路布局，以便软件可以运行。在一项研究中，金和同事们对 1000 多名 3 ～ 20 岁的孩子进行了调查，仔细研究了他们大脑结构的详细测量值。大脑皮层是大脑外表面的薄层细胞，金认为大脑皮层"在认知上承担了大部分繁重的工作量"。大脑皮层是立体的，其体积、厚度和表面积都是可以测量出来的。金集中注意力研究大脑皮层表面积，这包括大脑凹凸不平褶皱中的各个角落和缝隙，这些区域会在孩子的童年时期逐渐扩展。皮层面积越大，往往表明孩子的认知能力越强，而且金和同事们发现皮层表面积与家庭的社会经济因素，特别是父母的教育和家庭收入水平之间有一致性的联系。[18]

其他研究也发现了这些大脑功能的差异的存在。我们若是把大脑结构看成计算机硬件，那么大脑功能就是启动计算机并要求它搜索文档或播放视频。测量大脑功能就是评估大脑如何准确完成任何特定的任务，并了解这些任务会涉及大脑的哪些部分、是否有效、大脑是否可以完成任务。贫穷会让许多任务变得更难，研究表明，物质上的困难显然会影响大脑功能的几个部分：语言、执行功能和记忆力，而这些部分对于决定孩子在学校的发展轨迹至关重要。[19]

正如我自己的工作所证明的那样，孩子出生后前几年的经历很容易影响到孩子的语言能力。我们知道，孩子在日常生活中所接触到的单词和对话存在数量和质量上的差异显著，而较差的语言环境会反过来影响到大脑语言区域中正在建立的回路。这些基于语言的差异最终会影响孩子的学习能力。[20]

幼儿时期的经历似乎也会深刻影响到孩子的执行功能和记忆发展，这两个功能都是由大脑对压力非常敏感的同一个区域支持的。太多的贫困儿童都经历过恶性压力，这种压力会影响大脑三个关键部分的形成：对记忆非常重要的海马，情绪的开关杏仁核，对推理、判断和自我调节至关重要的前额叶皮层。[21]与有限的语言接触一样，对这些重要的大脑区域发育的负面影响（如压力）会导致孩子学习成绩变差。

但是，出生时的贫困是如何导致这些变化的呢？像金这样的科学家就试图找到其中缘由。收入和父母的教育方式能代表很多东西，两者其一水平较低，通常意味着这个家庭生活在资源较少、污染较多、综合医保较少以及犯罪率较高的地区，而且父母通常工作繁忙，很少有时间陪伴孩子。因此，营养不良、恶性压力、产前健康水平低下、有限的认知刺激等因素都可能是这些研究结果显示贫困会不利于年幼大脑的罪魁祸首。[22]

可悲的是，早在9个月大时，出身贫困的婴儿的认知发展测试分数就低于出身富裕的同龄婴儿。到孩子上幼儿园时，来自贫困家庭孩子的认知分数可能比来自非贫困家庭的同龄人平均要低60%。[23] 简单地说，这是一场看不见的流行病。孩子的大脑发育存在差异，而这些差异的影响是终身的，对从学业成绩到身心健康，再到就业的方方面面都会产生负面影响。

虽然平均而言，以上这些情况都针对出身贫困的孩子，但也有很多孩子不完全处在所述的框架内。但是这种情况不是绝对的，比如许多出身贫困的孩子的大脑皮层表面积较大，许多出身条件较好的孩子大脑皮层表面积却较小。无论在哪个种族内，这些差异都存在。另外，毫无疑问的是，这些不利因素对出身贫困的孩子的影响尤为严重。孩子越穷，贫困对他们大脑造成的影响就越严重。金的工作中尤其令人瞩目的一点是，所有不利因素中，家庭收入水平低下所造成的影响最糟。[24] 但"婴儿生命第一年"（Baby's First Years Study）这个项目近期发表了鼓舞人心的研究结果。该项目是金和她的同事们进行的一项雄心勃勃却也十分严谨的研究，这个项目的参与人员中一些低收入母亲每月能获得津贴来补贴家用，在婴儿满1周岁后，得到补助母亲的孩子表现出了不同的、更快的大脑活动，这种活动与更强的认知技能相关。[25]

令人担忧的是，孩子是美国人口中最贫困的人群。[26] 在世界各地，孩子占总人口的三分之一，但试想一下，有一半的孩子生活在极端贫困中，他们靠着每天不到2美元的物资勉强度日。令人震惊的是，我们其实知道有很多婴儿和幼童生活在对大脑发展不利的条件下，他们中的每个人一出生获得命运垂青的概率小得可怜。

遗失的爱因斯坦

"才华可以平均分配，但是机会不能。"这句流行语的变体完美地概括了我们所面临的是机会不平等这一问题。[27]长久以来，"学业差距"一词一直用来描述出生于富裕家庭和低收入家庭学生之间的学习成绩的差距。但最近，教师和社会科学家已转而使用"机会差距"这个词，因为该词更加准确地描绘了美国和世界各地的现实。不幸的是，实际上机会差距在绝大多数国家中一直在扩大。[28]"机会差距"一词反映了这样一个事实，那就是人们出生的环境决定了他们以后生活中将拥有的机会。很多时候，出生环境是社会设定的条条框框的结果。或者正如一些教育专家所言，机会差距是"一个系统性问题，而不是孩子的问题"。[29]在能得到资源和支持的情况下，所有孩子都可以茁壮成长，并发挥他们拥有的任何潜力。

让人担心的还有另外一种差距，这个差距有时被称作"优秀差距"。前文我提到过世上的每个孩子都有遗传差异，这些差异设立了他们的潜力范围。人们并不完全相同，而且天生能力的差异性与收入无关。"优秀差距"一词描述了一种现象，那就是能力强的孩子在生活中并没能得到平等的机会，[30]这样的孩子还挺多。杰克·肯特·库克基金会（Jack Kent Cooke

Foundation）估计，在美国，从幼儿园到高中这个阶段，平均每年就有将近 350 万来自低收入家庭的孩子成绩优异。对于这类孩子来说，问题不在于确保他们是否能有达到标准底线的能力，而是确保他们能茁壮成长，并走进才华给他们打开的每扇大门。然而，这 350 万聪明却贫困的孩子不太可能参加有挑战性的课程、去申请联邦经济援助，甚至也不太可能去申请大学。[31] 许多本应成为我们最有前途和成就的孩子却会因他们的出生环境受阻。我们知道这些孩子的存在，就应该尽我们所能，帮他们在生命的开端一直到求学这一路上取得成功。然而，虽然机会差距一直保持稳定或略有缩小，优秀差距却在一直扩大。[32] 路上的障碍太多了，当我们失去这些孩子能做出的成就和贡献时，我们可能会失去能改变世界的人力资本。当他们中最聪明的人没有机会向世界展示其能力时，他就成了所谓的"遗失的爱因斯坦"。

当哈奇姆·哈德曼（Hazim Hardeman）在北费城读高中时，他的成绩是 C 和 D。这其实并不奇怪，毕竟他花在走廊和厕所里赌博的时间比在课堂上还多。校外，他常常待在当地娱乐中心的篮球场打球，他认为打篮球可以给他带来荣耀，或者至少是一个自己可以摆脱困境的出路。童年在政府廉租房中度过的他四处游荡，在大多数二等学校的成绩都不及格（有一个例外值得注意，我稍后会提到）。因此，当我请你大胆猜测哈奇姆与前总统比尔·克林顿（Bill Clinton）、交通部长皮特·布蒂吉格（Pete Buttigieg）、前国家安全顾问和常驻联合国代表苏珊·赖斯（Susan Rice）还有医生和畅销书作家阿图·葛文德（Atul Gawande）有什么共同点时，你可能会很惊讶。

在我告诉你答案之前，我想先说说哈奇姆的故事，你可以留意一下他的生活中有些许时刻可能有不同的无法回头的转折。在他成长道路上的很多时刻，哈奇姆差一点成了遗失的爱因斯坦。他的故事，与其用"自力更生"来描述，更多的是一个警示。

哈奇姆的妈妈格温多林（Gwendolyn）对他寄予了美好的希望。1994年哈奇姆出生时，她搬到了费城，决心为他和她的其他3个孩子创造一个稳定、充满爱的家。她小时候在亚特兰大的一个寄养家庭长大，没有享受过这样的温暖。但这绝非易事。作为黑人单身母亲，格温多林没有一个大家庭作为后盾。哈奇姆回忆道，尽管他们很穷，但格温多林很骄傲自己"能住在政府廉租房里其中最好的一间"。"虽然我们物资匮乏，但妈妈总是让我们觉得，如果我们想要什么，我们就能得到什么，即便她不能马上做到。"教育尤其如此。格温多林自己艰难辛酸的经历让她知道，如果自己的孩子能够接受良好的教育，生活就会大不一样，所以她向孩子们明确表明学校很重要，并一直鼓励他们"保持好奇心，要有批判精神，不要安于现状"。哈奇姆说，在某些方面，他的妈妈将孩子的教育视为一件"生死攸关的事情"。

在他年幼时，医生就告诉格温多林，哈奇姆患有注意缺陷多动障碍（多动症）。哈奇姆说："我总是静不下来。"医生给哈奇姆开了药，此外他还被分配给了一位社工。多动症的诊断可能就是哈奇姆最终会被送进补习班，甚至被学校开除的原因，而这也是所谓的黑人捣乱男孩早在学龄前就开始走的一条老路。[33] 据哈奇姆的话，格温多林决定让他转学。（有一次妈妈到哈奇姆的教室，看到有些学生站在课桌上，老师们却无法维持课堂秩序。）一天，格温多林坐公交车去了一个比较远但也比较富裕的社区，她在那里找到了附近最好的学校（提供幼儿园到八年级的教育），冒着很大的入狱风险，用一个假地址在这所学校给哈奇姆和他的弟弟报了名。哈奇姆说，她"冒着失去自由的风险，就为了确保我们能获得良好的教育"。最终，哈奇姆和弟弟在这所学校上了三年学。

两兄弟立刻注意到了新旧学校之间明显的差距。他们的旧学校在他们社区附近，学生以黑人为主，而新学校的学生主要是白人和亚洲人。学校的资源也是天差地别，"新学校的资源很丰富，有很多书，老师负担也不过重，还有许多课外活动。"哈奇姆说。他还指出这些资源不仅丰富了课堂教学，还丰富了"隐性课程"。在以前的学校，他们感觉自己总是需要向别人证明自己很聪明，值得拥有这些教育资源，但在这所新学校里，老师们认为孩子们都是聪明的，鼓励孩子们去探索并保持好奇心。哈奇姆看到新同学们的行为表现也与众不同，他们知道自己属于这个地方。他记得自己也想在这个学校有归属感，想被视为聪明人。不过，在大多数情况下，他还是班上的小丑。

听了他的故事后，我坚信哈奇姆的天赋在他小的时候就显现了出来，这也是我们想要去相信的——当光线恰好照射在粗糙的钻石表面时会使其闪烁，这告诉我们必须培养这个小孩的天赋。但当我这么问他时，哈奇姆却坚信其不然。在这段时间里，他连普通学生都算不上。换句话说，即便在这种更富有前景的环境中，他的潜力仍然没被发掘。他在新学校度过的这段时间的真正价值并不在于他向世界展示了什么，而在于这个世界向他展示了什么，在于他见识到了什么是可能的。

后来哈奇姆回到家附近的那所更差的学校上高中，逃课打牌变成了家常便饭，他的很多朋友不是进了监狱就是死了。哈奇姆猜测自己没有闯更大的祸的原因之一是，当他的妈妈回亚特兰大照顾一个亲戚时，有一年半的时间他和姐姐住在一起。而他姐姐的房子离他总去的这些地方很远，这样一来他不会经常接触这些朋友。他说，尽管如此，还是有一些很侥幸的情况，"我向左转了，而我的朋友们向右转了"。有一次，当他在旧社区闲逛时，警察来找抢劫嫌疑人。当时哈奇姆和朋友在一起，虽然他们与抢劫案无关，但还是逃跑了。哈奇姆没被抓，但朋友被抓了。说到这个朋友，哈奇姆说："我不知道这是不是他第一次因触犯刑法被抓，但我知道他比我还小，我当时大概只有 15 岁。作为一个年轻的孩子，从那时起他就一直进进出出牢房。"

也不是说哈奇姆就过得很好。在高三结束之前，他的成绩差到想毕业的话就不得不留级。就在那时，他妈妈从亚特兰大回来了。她感到相当失望，哈奇姆也很羞愧。她冒着坐牢的风险把他送到一所经费充足的小学，他就这样报答她吗？"我觉得我没有达到妈妈的期望，辜负了她的牺牲，"如今他说，"从那一刻起，我就算是开始腾飞了。"他说当时他需要补足72个学分，这基本上算是一整学年的学分。就这样，格温多林花了5000美元（这对她来说是很大一笔钱）让他参加了一个学分信用修复课程，这个课程从他上高四[⊖]前的暑假就开始，一直到入秋才结束。

当时有位老师给了他一本科·布斯（Coe Booth）撰写的《泰瑞尔》（*Tyrell*），这本书讲述了一个在收容所里长大的黑人男孩试着帮妈妈维持生计的故事。读了这本书之后，哈奇姆就爱上了读书。从来没有一本书可以这般打动他的心，而他在这本书的故事里看到了自己的身影。就此，他开始用文字丰富自己的世界。他偶然读到詹姆斯·鲍德温（James Baldwin）一句特别有意义的名言："你觉得自己的痛苦和心碎在世界历史上是前所未有的，但阅读各种书后你会发现其实不然。"[34]到高四时，哈奇姆在一所专校就读了一年，在这里他成绩优秀、表现出色。"那时我对知识如饥似渴，"他说，他爱上了学习，"不仅仅是因为学习的内容，还因为一种能够通过学习来实现自我转变的感觉。我亲眼见证了这个转变的发生。"此后，他不再在篮球场闲逛，而是专注于学业。

⊖　美国的高中为四年制。——编者注

尽管哈奇姆在高四的表现明显好些，但整体学业成绩被早年拖累，所以平均成绩仍然很低，无法直接上大学。他后来得到录取，进了社区大学。最初他被安排在补习班，但很快就转入了荣誉课程班。他开始坐在课堂的前排，和老师见面。就像他上的那所好小学一样，在费城社区学院，学生不需要证明自己有多聪明。他们有自己的空间，能在自己的学习项目和分析中发挥创意。就这样，哈奇姆如饥似渴地读着书。在图书馆里，如果他找到一本自己感兴趣的书，他就会去通读同一书架上放的所有书，很快，他卧室的窗台上就堆满了哲学、教育学、小说和非裔美国人研究的各种书。阅读对于他这个新学习机器来说是非常重要的。费城社区学院的老师们注意到了他的兴趣，他的其中一位顾问老师告诉《费城问询报》（*The Philadelphia Inquirer*）说："你有没有见过一个孩子边吃饭边收拾，想知道这些东西都被收到哪儿了吗？哈奇姆就是这么处理信息的。"[35] 哈奇姆也开始在其他方面脱颖而出，他不仅成了学生会副主席，还是费城的全国公共广播节目《广播时代》（*Radio Times*）中三位杰出的第一代大学生之一。

两年后，他准备好去费城东北部的坦普尔大学上学。坦普尔大学离他小时候的家只有几个街区的距离，但对哈奇姆来说，坦普尔大学虽然是社区的一部分，却遥不可及。这所大学创建于 19 世纪 80 年代，创建人是一位名叫罗素·康威尔（Russell Conwell）的牧师。康威尔在晚上辅导在职人员的学习，他认为需要建立一所专门为学生提供教育的学校，无论学生的背景和收入水平如何。[36] 多年来康威尔定期做演讲，他一次次给听众讲述一个"钻石就在你家后院"（Acres of Diamonds）的寓言故事，他也因此而出名。这个故事讲的是一个人放弃自己原本富足的生活去寻找闪闪发光的钻石，结果却发现自家的地里一直埋着钻石。这个故事的寓意在于，我们常常会忽视在自家后院的人的潜力。就像这个寓言故事，哈奇姆很快变成了坦普尔大学的耀眼明星，校园里每个人都认识他。他在荣誉课程班上给教授留下了深刻的印象，他的才华机智吸引了同龄人，他代表了坦普尔大学的使命。他这颗被忽视的钻石终于开始闪耀了。

现在我们回到故事的开头，看看哈奇姆与之前提到的那些杰出人物有什么共同点？那就是罗德奖学金。哈奇姆和那些名人都获得了这个广为人知的世界上最负盛名的学术奖学金，而他就是 2018 年 32 名美国罗德学者之一。[37]

罗德奖学金为获奖者提供在牛津大学 2～3 年全额学费的资助。大多数获奖者都有精英背景，毕业于像哈佛大学和斯坦福大学这样的学校，哈奇姆是第一个毕业于社区大学的罗德奖学金获得者，也是坦普尔大学第一个获得罗德奖学金的毕业生。当听到自己的名字，知道自己获奖时，他欣喜若狂，但也惊讶于自己会感到悲伤，因为他意识到"太多与我有相似背景的人仍然被排除在这样的机会之外"。这些人根本不具备成功所需的必要条件。"我认为我的黑人同胞们除了有些备受欺凌之外没有任何问题，"他曾经告诉记者（他引用了马尔科姆·艾克斯（Malcolm X）的一句话，这后来也联系到了 2020年 5 月乔治·弗洛伊德（George Floyd）之死），"我认为我的黑人同胞并不需要救世主，他们需要的是资源。"[38] 后来，在与我的一次谈话中，哈奇姆强调了人们常常忽视他的社区有多丰富多彩，还说激发语言发展的环境会有不同的呈现形式。说唱歌手肖恩·卡特（Jay-Z）在布鲁克林长大的社区和他的就非常相似。"正是布鲁克林贫民区的声音环境催生了这个歌手的'语言想象力'。"哈奇姆说。

在牛津大学完成两年学业后，哈奇姆去了哈佛大学攻读博士学位，专注于美国研究，他是该系仅有的 39 名博士生之一。他意在黑人研究方面创造改革性的学术成果，并且在他的文学英雄的作品上锦上添花，其中包括贝尔·胡克斯（Bell Hooks）、杜波依斯（W. E. B. Du Bois）和詹姆斯·鲍德温。在北费城，他的老邻居们当然认为他注定要成就一番伟业。最近，当他走在街上时，有一位儿时的老友喊道："支持哈奇姆竞选总统！"

现在，你可能会认为哈奇姆·哈德曼的故事是如此不同寻常，以至于是不是跑题了。毕竟此处没有讲到一份遗失的爱因斯坦的名单，即便用谷歌搜索也没法找到这份名单，这是因为按照其定义，这些人是已遗失了的，而哈奇姆是被众人发现的一个例外。作为一名科学家，我很珍惜像哈奇姆这样的故事，尽管它鼓舞人心，却缺乏可框可指的数据。因此，在这里我想分享一些实际的数据，下页图（见图 2-1）记录了在 1970 年，一周内在英国出生的婴儿的故事。这个图表凸显了"遗失的爱因斯坦"遗失的可能性。

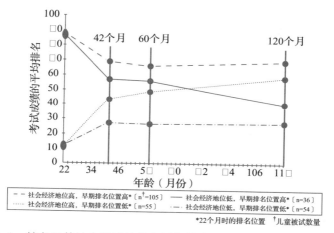

图 2-1　按父母的社会经济地位和早期排名位置，儿童 22、42、60 和
　　　　120 个月时考试成绩的平均排名

　　这张图只是一个很大的研究项目中的一小部分数据，它显示了在 8 年内社会经济地位与认知测试分数排名变化的关系。从 1946 年开始，并在 1958 年、1970 年、1989 年、2000 年和 2020 年，英国对数千名同时出生的孩子进行了纵向队列研究。[39] 这些研究大大增加了我们对教育、肥胖和心理健康等一系列社会问题的了解。而上图显示的是研究人员追踪调查的于 1970 年出生的 17 000 名孩子中的一部分数据。[40] 这个数据证明了我们当下的问题，也就是社会经济地位对孩子智力的影响。第一项测量数据来自对从孩子满 2 岁前到孩子满 10 岁的这段时间的认知测试分数，研究人员调查了处于智力四分位

数分布在高点和低点位置的孩子的数据（这也是将孩子与其他群体相比较的衡量标准）。早期，无论是在最高点还是最低点，富裕家庭和贫穷家庭的数据分布都还比较健康。然而，当孩子到十岁时，数据分布就发生了重大转变。来自高收入家庭但智力水平处于底部的孩子，这时的智力等级开始上升，而且很容易就超过了有天赋但来自低收入家庭的孩子，并逐渐赶上了那些从小就是高智力且来自高收入家庭的同龄孩子。与此同时，来自贫困家庭的孩子的命运却相反，那些从小就处于智力低点的孩子就一直处于低点，而小时候认知测试高分但来自低收入家庭的孩子的测试结果急降，最终得分并不比天赋较低的同龄人要好多少。这些就是潜在的遗失的爱因斯坦们。这恰恰体现了《华盛顿邮报》(*Washington Post*) 一位记者总结的一个真理："出身富贵比天资聪慧来得好。"[41]

　　这样的学术发现让哈奇姆·哈德曼的故事更加引人注目。通过爱和决心，他的母亲无意中为他非凡的大脑奠定了基础。但如果她没有让他看到这个世界有什么样的可能性，结果会是如何？如果他在朋友右转的时候没有向左转，而是锒铛入狱，结果又会是如何？如果格温多林没有能力支付信用恢复课程的费用，结果又会是如何？哈奇姆很可能就会选择走另外一条路。在其他孩子的生活中，那些"假设"变成了数以千计的数据点，构成了上图中描绘的让人心痛的事实。

　　哈奇姆认识到，许多听了他故事的人都会把关注点放在他克服万难在智力上取得的胜利，毕竟，他代表了典型的好莱坞乐观派故事。然而，当我想到哈奇姆时，即便他的故事的确很乐观，但我看到的并不是一个乐观的故事！相反，正如哈奇姆在得知自己获得罗德奖学金时感到矛盾一样，我为数以百万计的孩子感到悲痛，这些遗失了的爱因斯坦们，还有成绩普通和中等偏上的乔和简，无论他们的最根本的目标和愿望是多么伟大或渺小，他们被剥夺了去实现这些目标的机会。我见识到了这个罗德学者没有出现的无数时刻，哈奇姆差点儿也被剥夺这样的机会。对于那些没有领会到他的故事所要传达的重要含义的人，哈奇姆想向他们传达一个强有力的信息，"不要为我克服了这些障碍而高兴，"他说，"而要愤于为什么这些障碍从一开始就存在。"

北极星

父母想要的其实都是一样的，那就是能为自己的孩子提供世上每一个机会。当我在梦境中站在河岸上时，这就是我想要的，我想要为我的孩子们清出一条大道，让他们在自己的潜能范围内能辛勤工作，实现一番成就。我在哈奇姆的母亲和夏洛特的父母身上看到了同样的本能的愿望，我可以想象他们因担心未来，在想到孩子会面临的挑战时的恐惧。正是这种本能的愿望将父母团结起来，无论我们是谁、无论贫富、无论肤色是黑白还是棕色、无论是否患有残疾，我们都因此团结起来。

大脑已经准备好了去做每个父母都想要的，那就是让孩子准备好利用其神经可塑性能提供的所有机会。给孩子提供机会这件事与生命头三年的神经可塑性息息相关，因为这时孩子的神经可塑性处于最高水平。那么，你可能会问，如果大脑具有如此令人难以置信的能力，为什么金·诺布尔教授的研究工作和英国队列研究结果中的那么多孩子还会面临如此多的问题？这个答案在于，做错了的不是大脑，而是我们的社会。那 3 磅重、极其珍贵的神经组织附带着很有限的指令，而大脑的大部分工作都需要外界的指导去进行。这就是上文提到的无形流行病的问题和根源：大脑会适应周遭的世界，如果大脑所诞生的世界缺乏资源，那么大脑就缺乏资源，并会因此而受苦。

然而，我们不能把责任都推到父母身上或是婴儿身上。"人们常说，贫穷不是借口，关键在于你是否愿意自力更生，"金·诺布尔教授说，"嗯，但是婴儿没法自力更生。"

但婴儿所拥有的是成年人，是他们的父母、社区和整个社会。携手，这些成年人可以助力婴儿成长、更生。携手，他们可以把大脑健康发育打造为社会新的北极星。携手，他们可以确保每个孩子都能拥有实现其潜力所需的资源。

第3章

他乡童年：公平的芬兰教育系统

> "先生，你的一生都在追随那颗错误的星星。"
>
> ——盲人卡西迪 [1]（Blind Man Cassidy）

或许你听说过这个故事。一天深夜，一名警察偶然发现一位男子手脚并膝地在街灯下爬行。

"先生，你在做什么呢？！"警察问道。

"我在找我的钥匙。"男人回答。

"你把钥匙落在哪儿了？"警官弯下腰来帮忙。

"街对面。"

"那你为什么在这里找？！"

"因为这里光线更好。"

科学领域里经常出现这个笑话的各种版本。它之所以能引起如此强烈的共鸣，是因为几乎所有的科学家都有在错的地方找答案的经历。坦率地说，选择在某个地方找答案比别的方法要来得容易，科学家几乎是不自觉地向有光亮的地方走去。描述这一现象的术语是观察偏差。[2]

测量数据时，我们趋于测量最容易测量的；工作时，我们趋于与最易接近的人群共事（通常是大学生）；看病时，我们趋于治疗最明显的症状。我们也趋于看其他人都在看的地方。有时候，我们并不能在光线充足的地方找到手头问题的答案，就像那个丢了钥匙的男人没法在街灯下找回钥匙，即便那里光线充足，因为他的钥匙不是掉在街灯下，而是掉在了街对面。有时候，我们在光线充足的地方只能找到部分答案，甚至还可能找到误导性的答案。这样的故事比比皆是。比如在治疗阿尔茨海默病（老年痴呆症）的过程中，研究人员花了几十年的时间研发药物来解决斑块，他们之所以认为斑块是主要问题，部分原因是他们可以看到这些斑块。令人沮丧的是，他们收效甚微，直到最近才开始认真寻找其他途径。[3]在商业中，人们花费无穷无尽的时间和精力在社交媒体上，想去获得观众的点赞和关注，而这些也是他们可以看到和可以衡量的东西，但是火爆的人气并没有带来实实在在的销量增长。[4]正如一位作家所说，这种"街灯效应"的结果就是我们"倾向于在看上去好的地方，而不是在答案可能隐藏的地方去找答案。"[5]

然而，这样的做法对数百万孩子未来的影响是相当严重的。在世界上许多国家，人们一直试图解决的问题，也是我们一直在寻找的一把钥匙就是：我们如何培养下一代有所作为的公民？我们如何确保所有的孩子都有公平和平等的机会去充分发挥他们的潜力？答案常常是教育，也就是学校。2011年，美国前教育部长阿恩·邓肯（Arne Duncan）表示："现在在全球范围内，教育被视为一个新的推动经济增长和社会变革的驱动力。"[6] 如何提供教育的具体细节因国家而异，比如在韩国的学校，孩子上更多天学，而芬兰和新加坡的学校会积极招聘教师。但归根结底，这些学校围绕的是同一主题。换句话说，我们其实始终在同一个地方寻找答案，那就是 K-12 教育。

在美国，让孩子在生活中有公平机会的这一目标是圆其美国梦的核心。这也说明了美国是精英领导社会，不是贵族统治社会。事实上，即使在其他许多没有这样能巧妙总结父母目标的口号的国家，他们都支持同样的想法。

但美国梦正在褪去。所有的机会都应该促进代际流动，让大多数人都过上比父母更好的生活，受更好的教育，赚更多的钱，在工作上升职。但根据哈佛大学的经济学家拉吉·切蒂（Raj Chetty）的说法，收入高于父母的美国儿童这一比例已从出生于 1940 年的儿童的大约 90% 下降到了出生于 1980 年的儿童的 50%。[7] 而总体职业流动性也呈现了类似的下降趋势。当然，不是每个人都可以或应该成为外科医生或律师，但在过去，从事一份不需要大学学历的工作也可以轻松养家糊口，而如今，大多数蓝领工人的薪水却不足以做到这一点。

这不是我们给孩子所承诺的世界。

自美国建国以来，我们就认为孩子从 5、6 岁到 18 岁（也就是如今的 K-12）的正规学校教育是实现这一梦想的途径，走这条路我们就可以实现社会流动这个我们本以为是自己与生俱来的权利。几个世纪以来，人们一直视公立教育为建设一个有凝聚力的国家、培养知情的公民、同化移民和为所有人提供机会的一种手段。当然，历史上的"全民教育"很大成分并不包括"所有人"，即把女孩、黑人和土著人排除在外，但人们却赞美这一概念。托马斯·杰斐逊（Thomas Jefferson）写道，政府为所有人提供基础教育时，我们才能避免强权暴政，这样我们才可"照亮……广大人民群众的思想"。[8]

为了给孩子们提供优质的 K-12 教育，我们在教育领域投资了数十亿美元，进行了大刀阔斧的改革。然而，像在最近的国际学生评估项目（PISA）等国际阅读和数学测试中，美国学生依旧徘徊在发达国家名单的中间偏下位置。这样的排名反映了过去二十年来我们的教育基本停滞不前，有一些学生进步了（阅读能力强的人表现得更好），但另一些学生表现反而更差（倒数 10% 的学生的得分变得更低）。在 2019 年全美教育进步评估中，只有三分之一的美国孩子是精通阅读的，[9] 这表明三分之二的孩子还达不到这个水平！2019 年底，哈佛大学教育研究院的教育学教授丹尼尔·科雷茨（Daniel Koretz）受访于《纽约时报》，他在谈到提高我们排名需要集体力量时说"现行的方法根本行不通"。[10] 即便如此，因为我们非常确定 K-12 教育是能让我们达到均衡的关键，因为这个阶段的教育是街灯下明眼能见的东西，所以我们就继续在这上面做重金投资，在其他地方的投资则不多。

那么，在街道黑暗阴影中我们遗失了什么呢？是什么"关键"的真理我们视而不见？教育从孩子出生的第一天就开始了，而不是从上学的第一天。在上幼儿园的第一天，孩子们之间其实就有了真正的差异，有些孩子上学前就准备好了学习，对于其他孩子来说，上学已经是在做补救工作了。然而，一次又一次，耀眼的光线阻挡了我们前行，让我们未能理解生命最初几年的重要性，亦未能理解如何正确对待这些年有多必要。

为什么我们不能在起跑线上开始

　　现代教育的重点放在 K-12 这个阶段是有历史缘由的。17 世纪有一位名叫约翰·阿摩司·夸美纽斯（John Amos Comenius）的牧师，他为我们今天的制度奠定了基础。[11]1592 年，夸美纽斯出生于现在的捷克共和国，和那个时代的其他人一样，他认为教育应该植根于宗教，因为阅读能力对阅读和学习圣经是很有必要的。但是，他的其他一些教育相关的想法在今天听起来都是如此现代化，那在 17 世纪肯定算是非常激进的想法。比如说，他主张学生应该用自己的母语学习，且教育应该迎合孩子的当下学习需求。他还推出了第一本带图解说的教科书，并建议教学应该从简单的概念出发，慢慢延伸到更复杂的概念。除此之外，他还敦促老师们留意每个孩子自己的思想和学习方式，协助孩子"自然而然"渐进式地学习。[12]他的另一个在当时同样激进的想法是，他呼吁不论贫富，教育需平等，女性也应得到平等的教育机会。夸美纽斯还提倡三个阶段的正规教育，其模式类似于如今的小学、中学和大学教育。在他著名的教育论文《大教学论》（*The Great Didactic*）于 1657 年出版之前，他的思想就已经像病毒一样在 17 世纪传播开来，迅速传遍了欧洲，而且清教徒在移民过程中将这些思想传播到了美洲殖民地。简而言之，夸美纽斯是他那个时代的教育"网红"。

1642 年，马萨诸塞湾殖民地通过了一项法规，要求父母教孩子阅读。1647 年，该殖民地颁布了第二项法规，其他殖民地之后纷纷效仿该法律，为美国的公共教育奠定了意识形态基础。这第二项法规名为《老骗子撒旦法案》（Old Deluder Satan Act），是的，你没看错这个名字，这个戏剧般的名字源于清教徒的信仰，他们认为魔鬼不想让人们识字。当时，在马萨诸塞湾殖民地的立法人员认为要创建一个富有成效的社会，每个社区成员都应该能够阅读和理解圣经以及当地的法律条例，并且他们认为普及义务教育可以抵抗撒旦这个老骗子的恶意。当时这项法案要求任何有 50 个家庭的社区都需要雇用一名教师，而任何有 100 个家庭的城镇都需要为该镇的孩子建造一所"文法学校"（虽然实际上这些学校只招收 7 岁以上的男生），父母或者更大的社区应该承担这些费用。[13] 这一系统在很大程度上反映了夸美纽斯的教育建议。

然而，不论夸美纽斯的所有创新有多美好，他却忽略了一个关键因素：孩子生命头几年的经历的重要性。所以当时的街灯（或者更确切地说，油灯）还是集中照耀在年龄较大的孩子身上。夸美纽斯不仅忽视了幼教，他还反对它，认为幼教有害。"在大脑开展持续性工作之前，应该正确地稳固大脑发展，这样更安全。孩子的整个颅骨在婴儿时期几乎没有闭合，在孩子五六岁前，他们的大脑还未巩固。"他写道。[14] 他这个想法在当时根深蒂固，也流传了下来。

夸美纽斯还有他的追随者认为学校教育应该从孩子六七岁开始，这其实是可以理解的。从发育的角度来说，孩子的认知能力和发育成熟会在六七岁的时候产生重要变化。发展心理学家、人类学家、进化生物学家和其他研究人员都广泛认可这个变化，[15] 并称其为"5 到 7 岁的转变"，这个年龄段也标志着，从认知角度来说，孩子可以做越来越复杂的事情，因为他们的思想更具包容性、更抽象，并且孩子的逻辑推理能力有所提高。这种变化明显到身为父母的人都能观察得出来，并非只有科学家才可以看出这些转变。在狩猎采集社会中，孩子在 5 到 7 岁之间的某个节点会担当更重的责任。当然，如果我们只关注 5 到 7 岁期间发生的转变，就会忽略，为了完成这个转变，我们在孩子 5 岁前就必须帮助他们去建设他们的大脑。

但这并不是说夸美纽斯认为孩子在 6 岁之前就不能或不需要学任何东西，相反，他认为母亲的角色至关重要（他强调母亲，而不是父亲）。但他认为，孩子是否在幼儿时期学习是私事。因此，当夸美纽斯在撰写《大教学论》时，他概述了现代公共教育体系，认为 6 岁以下孩子的教育是母亲的责任，而 6 岁以上孩子的教育是国家的责任。从那以后，历史上，父母就必须自己弄清楚如何在早期成型阶段教导孩子。

我最喜欢的例子之一是清教徒时代马萨诸塞州的休厄尔家族，他们的故事让我牢记，父母的挣扎和担忧并不是一瞬即逝的。长久以来，父母总想给自己的孩子最好的人生起跑点，塞缪尔·休厄尔（Samuel Sewall）也不例外。他是英国人，9岁时移民到美国殖民地，1657年，他开始就读于哈佛大学。他肯定在这里通读了夸美纽斯的《大教学论》，因为这本书是当时的课程必修读本。休厄尔娶了一个富家小姐，成了富裕家庭的一员，后来成了一名回忆录作家和法官。他主张废除奴隶制，并主持了塞勒姆审巫案（Salem witch trials）（后来他对此深表后悔）。他和妻子汉娜养育了14个孩子。塞缪尔·休厄尔对孩子们的成长十分着迷，他在日记中记录了听到儿子赫尔在18个月大时说了第一个词"苹果"，这让他对孩子的成长深表爱慕和钦佩。可惜的是，赫尔在其短暂的一生中大部分时间都在生病，并在塞缪尔在日记里记录儿子成长的6个月后就去世了。和赫尔一样，塞缪尔·休厄尔还有6个孩子在成年之前就去世了，还有一个胎死腹中，这在当时并不罕见。[16]

可以想象，这么多孩子的去世给休厄尔家里带来了巨大的痛苦，这样的经历可能也让他们更加尽力地去为幸存下来的孩子们提供尽可能最好的机会，其一就是把孩子们送到依照《老骗子撒旦法案》建立的当地文法学校上学。塞缪尔对自己同名在世的大儿子小塞缪尔寄予厚望，他希望儿子能像自己一样到哈佛大学求学，之后或许可以当一个牧师。但年轻的小塞缪尔并不适合去哈佛大学读书。为什么这么说呢？小塞缪尔从8岁开始上文法学校，16岁就逃学了，换成他父亲，16岁的时候早就从哈佛大学毕业了。

我可以想象汉娜和塞缪尔在晚上辗转反侧不成眠的样子。他们中或许一个人靠在床头柜边，点亮的油灯照亮他们的脸庞，他们轻声叹气，苦恼不知该拿小塞缪尔怎么办。经过一番商量后，他们决定不再把小塞缪尔送去上学了，而是送他去当书商的学徒。也许事情的来龙去脉并不是这样的，但我确实知道天下父母对孩子的爱和担忧，即使是清教徒也是如此，虽然最近有学者声称我们认为清教徒特别苛刻，这对他们其实是不公平的。[17]（根据我的经验，这只是对父母的误解的其中之一！）我们所知后来发生的事情是，休厄尔安排小塞缪尔去书商迈克尔·佩里（Michael Perry）那儿做学徒，但贩卖书籍这条路也没走通，小塞缪尔几个月后就辞职不做学徒了，任性地得过且过地10年后终于安顿下来做了农民。

当小塞缪尔终于找到属于自己的路时，汉娜和塞缪尔就松了口气吗？但愿有吧。他们是否反省过自己本可以做不同的决定，让儿子有个更好的起点呢？很可能有。我知道塞缪尔·休厄尔改变了他对幸存的二儿子约瑟夫的态度，尤其是他很早就开始了对约瑟夫的教育，比小塞缪尔要早得多。在这方面，休厄尔效仿了他的好朋友科顿·马瑟（Cotton Mather）的做法，科顿是一位著名的牧师和作家。休厄尔知道，当时马瑟是持坚决反对夸美纽斯批评早期教育的。"不，教育没有开始得太早这一说法，"马瑟说，"Quo semel est imbuta recens servabit odorem, testa diu。"[18] 这是拉丁语，意思是"你倒在罐子里的第一种气味会在罐子里留存多年"。

约瑟夫比哥哥小塞缪尔小10岁，他2岁大的时候，休厄尔就把这个精力充沛的二儿子送到了一所"夫人学校"，这些学校官方打着专注学习"4R"——礼节、阅读、算术和宗教的旗号。但实际上，这些夫人很少教书，她们工作劳苦，工资却甚微。例如，沃本镇向当地的沃克夫人（Mrs. Walker）支付10先令作为1年的教学费，但随后扣了7先令的税收，又扣了农产花费和其他费用，[19] 这样一来可怜的沃克夫人只剩下了1先令3便士的教学费，尽管她可能还要与一些父母进行物物交换（2块柴火换2周的教学）。

这些学校的质量参差不齐，但约瑟夫也算是得到了早教。他在一系列的夫人学校（显然是其中更好的夫人学校）都待过，还在当时备受尊敬的牧师那里学习了一段时间。据一位历史学家的说法，休厄尔不想约瑟夫"养成散漫的习惯"，因为小塞缪尔就是因为散漫才荒废了学业。[20]10岁的时候，约瑟夫就开始在波士顿的一所著名的拉丁学校学习，特定阶层的男孩会在这里为去哈佛大学做准备。后来18岁时他就从哈佛大学毕业了（他还是在毕业典礼上致告别辞的最优秀毕业生），3年后，他获得了硕士学位。约瑟夫成了他父母梦寐以求的牧师。他非常喜欢这份工作，以至于后来他拒绝了哈佛大学校长一职，继续从事牧师的工作。

乍一看，休厄尔这个自然实验的寓意似乎在于孩子的教育需要从小抓起（这是真的），这样的话，孩子就能去哈佛大学求学，从事父母梦想中的职业（这就不能保证了）。但从中我看到了更能说明问题的事情。那就是在杂乱无章的夫人学校中，我们可以看到，从最开始，我们就将最年幼孩子的教育和大脑发育（平心而论，当时也没有人对此有正确的理解）交给了没有接受过相关培训的夫人。时至今日，还是那些低薪、基本未受过培训、往往处于社会边缘地位的女同胞们照顾、教育社会上的众多幼童，其中包括许多来自中产和富裕家庭的孩子。尽管有充分的证据表明她们的劳动是多么重要，但她们既没有得到尊重，也没有得到与幼教重要性相称的薪酬，[21] 她们基本上拿的是做保姆的钱。而对于那些连保姆都请不起的家庭来说，他们需要帮助就只能东拿西凑，靠祖父母、哥哥姐姐、其他家庭成员和邻居的帮助来照顾小孩子，而身为父母的他们需要打多份工来付各种账单。

当事情变化越多……

在为人父母和幼年经历这件事上，事情变化越多，它们就越是不变。我第一次见到玛丽亚时，她带着当时才 1 岁大的利亚姆来 TMW，当时她就已经与孩子们相处得很好了，还能在与孩子相处中很快用上我们在培训课上分享的点子。在她和利亚姆的玩耍和对话中，我可以看到她的活力和创造力。当她拿起一本关于小狮子崇普的书时，利亚姆就爬到妈妈的腿上和她一起读书。"狮子大声咆哮起来。"玛丽亚洪亮的声音可以溢满整个礼堂。利亚姆把书从她手中拿走自己看，敏感的玛丽亚意识到她年幼的儿子想要领头读书，就让利亚姆带头读书。于是他一页一页地翻着书，这对小小的手指来说可不是件容易的事。与此同时，玛丽亚拿起另一本叫《10个小手指和10个小脚趾》（*Ten Little Fingers and Ten Little Toes*）的书给他念了一遍。

"一个小宝宝出生在山上，另一个宝宝发着抖打着喷嚏，"她用清唱的声音读着书，"众所周知，这两个宝宝都有10个小手指和10个小脚趾。"

玛丽亚轻轻抓住利亚姆的手指和脚趾，挠他痒痒，帮他将自己的身体和文字联系起来。利亚姆高兴地尖叫起来。玛丽亚和利亚姆一起把注意力转回到崇普上。小利亚姆还想主导读书，自己翻着书，直到故事的结尾。

当利亚姆翻到书的末尾时，玛丽亚说："你做得真棒！"

利亚姆咕哝着一连串语无伦次的回答，但其中一个词发音很清楚。"棒！"他说，语调中满是自豪。

从记事起，玛丽亚就想从事和小孩子相关的工作。她生长于芝加哥南部及其郊区，她有个大家庭——祖父母结婚60年，养育了13个孩子，儿孙满堂，每个人都非常亲密。玛丽亚称她的表兄弟姐妹为亲兄弟姐妹，她很爱这个大家庭，有个大家庭意味着她小的时候有很多玩伴。后来，当表亲和其他兄弟姐妹开始有了自己的孩子时，她就开始照看这些孩子，因此她也积攒了很多照顾孩子的经验。"我一直都很喜欢小孩，"玛丽亚说，"我一生都在抚养孩子。"她迫不及待地想有自己的孩子，自以为深知如何为人父母。

但事实证明并不然，她的两个孩子利亚姆和莱恩（Lain）就不容易带。"当我有了自己孩子的时候，我感到很困惑，我以为我已经把如何养育孩子这件事摸得很透了，"她说，"因为我一直在养孩子、一直在照顾孩子。我以为知道怎么做，但没这么简单，养自己的孩子是不同的。"这种醒悟，还有她作为母亲想要学习和成长的欲望就是她加入 TMW 家访课程的原因。"我想更加深入地了解如何和我的儿子相处。"她说。

就像许多父母一样，刚当妈妈的玛丽亚不堪重负，筋疲力尽，但是，她情绪和体力的耗竭主要源于她的工作。当两个儿子都还不到 2 岁时，玛丽亚就开始在一个保育中心工作，她把两个孩子都送到这里上学。当时，她和孩子父亲的关系走到头了，所以不得不独自养家糊口。幸好，她非常喜欢这份新工作。刚开始的时候，她在学前班当老师，当时她注意到一个名叫乔（我这么称呼这个男孩）的小男孩独自坐在角落里玩，和其他孩子没有任何互动。乔患有自闭症，不会说话，但玛丽亚却到他身边坐下，不停地自言自语，好像乔可以和她交谈似的。"我对他视如己出。"她说，她的付出立刻就见效了，"他会发出很细微的声音，会拥抱我，还会试图亲我。"玛丽亚发现自己在和乔这样的孩子打交道的方面有一种特殊的本领。

"我注意到那些孩子会自然地跟我亲近。"作为保育中心的助教，她大部分时间都在照顾有特殊需要的孩子，这份工作就像给了她一种使命感一样。"你只需要用一颗特殊的心去对待这类孩子。"她说。

但热情却无法帮她支付账单。玛丽亚只拿着最低工资，还没有任何保险或福利。住在芝加哥这个城市，还是两个男孩的单亲妈妈，她的薪水相当于几个世纪前用柴火换教育的那种水平。"实际上，我是边工作边照顾自己的小孩，没有时间干其他的事情。我的收入都花在了支付各种账单上。"比如，公共交通费（因为她没有车）、付房租和买日用品。"除此之外，我没有钱做其他事情。"她说。即使生活很节俭，也无法补足家用，每一天过得都像是打仗一样。玛丽亚经常在思想上挣扎，考虑是否要找一份薪水更高的工作。她脑子里的辩论是这样的：

这些钱不够。

但我热爱这份工作，非常爱这些孩子们。

有时她会想象自己选择了不同的职业道路会怎么样。之前她上了几年大学，学习刑事司法，但她觉得这条路不适合她。然后，受到表妹的启发，她想成为一名殡葬师。她的表妹每防腐处理一具尸体就可以赚900美元。然而照顾婴儿呢，玛丽亚必须工作将近3周才能赚到殡仪员一个下午的收入。（这件事看上去大错特错，为什么社会会花这么多钱来为死者做防腐处理，却花这么少钱来支持生者。）但是，当玛丽亚去表妹工作的地方，近距离观察她的工作时，表妹正对一个头部中弹的十几岁男孩进行防腐处理，看到这个场景，玛丽亚就感到了逝者丧失他们生命潜力的悲剧。她当时就知道，她必须为自己照料的这些孩子创建一个未来，因为这就是她所热爱的。

　　但是，当你所爱的工作不足以让你养家糊口时，"如果你热爱你的工作，你这辈子就没有一天像是在工作"这句老谚语就站不住脚了。"我的生活只是得过且过，"玛丽亚谈到那段日子的时候说，"好似我就是一个机器人。早上起床，我就做这个做那个。我每天大概睡 4 个小时，醒来后又重复去做这些事情。"不论是白天工作，还是晚上回到家，玛丽亚的生活里满是哭闹的婴儿。而且她一直在生病，但是因为她一天假都请不起，所以只能带病上班。她觉得放弃这份工作的话就会让孩子们失望。"我从不花时间照顾自己，"玛丽亚说，"当时我体重下降，压力也很大。感觉自己像是行尸走肉。"她与许多朋友都失去了联系，也总是回绝他们出去玩的邀请。她工作上交的朋友也一样，他们的薪水跟她一样低，但还没有孩子，所以不能理解她的肩膀双重负重是什么样的感受。玛丽亚大多数时间会因难过而难过。"我应该高兴，应该享受和我的孩子们相处的时间，也应该享受生活。"但她生活中各种各样的无休止的需求让她无法享受。一方面，她觉得如果她出门与朋友相聚或离开孩子，自己就不是个好母亲；另一方面，如果她考虑辞去这份工作，那她就不是个好老师。

"这就是行不通"

在塞缪尔·休厄尔和玛丽亚之间间隔的这几个世纪里，我们被街灯的光亮蒙蔽了双眼，一直以狭隘的视野专注于 K-12 教育，以为这样就可以为每个孩子提供机会，然而与此同时，在最小的这群孩子们的大脑发育处于最盛的形成时期，我们却忽略了他们的成长需求。有时，我们还会惊讶这套系统是行不通的。1957 年，当苏联将其人造卫星发射进入地球轨道、开创太空时代时，当时的美国人震惊地意识到我们并不是自认为无可置疑的国际领袖。"突然间，他们就比我们早探索到了外太空，怎么会发生这种事呢？"教育学家切斯特·芬恩（Chester Finn）在《学校：美国公共教育之说》（*School: The Story of American Public Education*）中提问道。[22] 对每个人来说，最明显的答案就是苏联人的受教育程度更高。此后，美国通过了《国防教育法》（the National Defense Education Act），大力推动和提高学校的数学和科学教育。（当时苏联就有广泛的从孩子 3 岁就开始的幼教，尽管那些担心我们已经落后的人似乎并没有留意到这一点。）[23]

时光飞转至 25 年后的 1983 年，一份报告再次震惊了我们，引人注目的是，这份报告再次谴责了美国的教育系统。出于对国家劳动力竞争力的担忧，当时的教育部长安排了一个委员会去评估公共教育的情况，该委员会出的报告《危险中的国家》（*A Nation at Risk*）描述了一个在世界舞台上落后且衰弱的教育系统的惨淡故事。该报告写道："我们在商业、工业、科学和技术创新方面曾经无可匹敌的领先地位，正在被世界各地的竞争对手所取代。如果一个不友善的外国势力试图把现有平庸的教育水平强加给美国，我们很可能会认为这是一种侵略行为。"回顾过去，一些人认为该报告并不是完全公平的，但其的确向公众展示了一个明显的结果，那就是我们需要再一次努力改进 K-12 教育。[24]

在过去的几十年里，美国花费了数几十亿美元，发起了一项又一项重大的教育改革战略，颁布了《不让一个孩子掉队法案》(No Child Left Behind)、《共同核心国家标准法案》(Common Core State Standards)、《力争上游法案》(Race to the Top)、《每个学生都成功法案》(Every Student Succeeds Act) 等法案。除此之外，还增加了联邦资金投入，引入了新型测试和问责制指标来筛选、评测老师，扩展了课外活动，缩小了教室规模，推动提高师资质量，建立特许学校，推出教育凭证，改变上课日程安排，推动提高教育教学标准。

当我们开始意识到所有这些努力依然没有用时，我们甚至通过推广全民学前班扩大了街灯的光亮能照射的范围，希望以此能最终让每个孩子都在 4 岁前开始上学。学前班本质上是公共教育系统的一个额外年级。截至 2021 年，在美国的 9 个州和几大城市（其中包括圣安东尼奥市、纽约市、波特兰市和俄勒冈州）都推行了全民学前班或者近似全民学前班的教育机制。然而，这就是我们都在期盼的灵丹妙药吗？我同意学前班至关重要。由于推广学前班这个活动在两党之间都广受欢迎，因此从政治的角度出发，专注推广学前班当然是获胜的权宜之计。

但是我们不要自欺欺人。正如我们在金·诺布尔的研究工作中所见，针对 4 岁孩子的学前班并不能解决小孩子及其家庭的需求，也不能解决孩子 3 岁之前就出现的可悲的、如此大的大脑发育差异。

教育始于生命的第一天

为了缩小这些早期形成差异的差距，加强所有孩子的早期大脑发育，我们现在必须关注的是生命头三年必须做的事，而且我们必须视这个阶段为教育连续性的一部分。

通常只有在减轻贫困影响和解决重大社会危机的情况下，这个如此关键的时期才会得到一些关注。美国最早的有组织的保育服务可以追溯到 19 世纪后期，当时的慈善机构建立了"日托中心"，以照顾低收入家庭的孩子，这样他们的父母可以去寻职或工作。[25] 后来到了大萧条时期，政府首次介入并资助保育中心，以让父母重返工作岗位（由于深远的经济灾难的影响，大部分家庭都有资格使用保育服务）。此后，在第二次世界大战期间，女性被迫进入劳动力市场，以取代去参战的男性，作为《兰哈姆法案》（Lanham Act）的一部分，政府再次建立了一个广泛的保育中心网络，而且其中大多数的保育中心质量都非常高。当时的妈妈们很中意这些保育中心，希望它们能够继续提供保育服务，但每次危机结束后，政府就不再为保育服务投入资金。[26] 只有少数人意识到了这其实是错的。作为一位职业母亲和现代家庭的早期倡导者，埃莉诺·罗斯福（Eleanor Roosevelt）在谈到二战后关闭保育中心这一做法时写道："我们中有些人隐约感觉，对保育中心的需求或许一直存在，但过去我们却忽视了这个需求。"[27] 然而，当时大多数的政客都明确表示不赞成政府涉足保育服务这个领域："最糟糕的母亲都好过最优质的保育服务。"纽约市前市长菲奥雷洛·拉瓜迪亚（Fiorello La Guardia）在 1943 年就这么说过。[28]

然而，到了 20 世纪 60 年代，儿童发展方面的知识的增长速度与受研究的婴儿的成长速度几乎一样快。其中就有英国精神病学家约翰·鲍比（John Bowlby）对依恋理论的研究，还有跟踪调查家庭多年的一系列开创性研究都清楚地表明了高质量育儿的重要性。之后，有少数几位教育心理学家发表了开创性的论文，证明智力可以而且确实会随着孩子的经历而改变。突然之间，人们不可否认的是，从生命的最初几天开始，环境和经历就扮演着重要的角色。[29]

1965 年，源于上述这一新认知，再加上林登·约翰逊（Lyndon Johnson）前总统发起的反贫困战争，旨在帮助最贫困的孩子为上学做好准备的启蒙计划（Head Start）开创性地在美国启动。[儿童电视节目《芝麻街》（*Sesame Street*）也是以同样的目的和动机在 1969 年启动的。]尽管启蒙计划多年来一直都是激烈的政治辩论的主题，对其有效性的报道也褒贬不一，但它具有持久力，也是一个社会不愿抛弃最弱势孩子的充满希望的迹象。[30]［即便如此，2018 年，根据儿童保护基金会的数据，只有一半符合条件的 3 岁和 4 岁的孩子参加了启蒙计划，而令人震惊的是，后来为婴幼儿（2 岁以下儿童）增加的早启计划只普及了 8% 符合条件的孩子。][31]

虽然启蒙计划的目标人群是贫困孩子，但由于受到广泛的新闻报道，加上当时关于儿童发展知识的新发现，这一切激发了人们对针对所有孩子的幼教课程的兴趣。中产阶级父母认为，如果认知刺激对贫困孩子发展有好处，那对他们的孩子不也有好处吗？[32] 然而，那时并没有资金支持建设任何类型的幼教公共系统。取而代之的是，那时涌现了各类的私人保育服务，其中有些质量很高，有些只是美化了的保姆服务。当然，这些私人保育服务是针对负担得起的父母来说的。

与此同时，越来越多的女性进入了劳动力市场。从 1950 年到 2000 年，美国女性的劳动力参与率几乎增加了一倍，从 34% 飙升至 60%。到 2020 年，这一比例超过 70%。[33]（在全球范围内，尽管有 70% 的女性都表示希望从事有偿工作，但她们的劳动力参与率一直较低，在新冠疫情之前，这一比率徘徊在 47% 左右。在例如印度和大多数中东国家，这一比例远低于此。）[34] 无论在哪里，只要有更多的女性从事有偿劳动力工作的话，这种转变就让人们不得不进一步讨论谁来照顾孩子这一问题。然而，许多国家对保育的不作为，与在职母亲（和父亲）所面临的现实发生了冲突，他们在确保有工作的情况下，无法同时做到养育年幼子女需做的所有事情。他们需要的是高质量的保育服务和幼教，去填补他们自己对孩子的爱和养育。

随着我们对早期大脑发育知识的不断加深，满足父母需求的必要性只会扩大。在之后的每十年中，我们更深入地了解了在生命前几年刺激大脑发育的重要性。到了 20 世纪 90 年代，由于神经科学知识激增，国会和总统宣布了"脑的十年"（Decade of the Brain）倡议（从 1990 至 1999 年），幼教的重要性这一认知在这时已经渗透到社会底层。现在人们的理解是，准备好上学的孩子也准备好了生活。再加上经济学家詹姆斯·赫克曼（James Heckman）在 21 世纪初发表的文献，他的工作成果展示了优质幼教课程能为社会赢来的投资回报。而且有大量证据表明，优质幼教不仅有益于孩子，对整个社会也大有裨益。

相较美国，其他国家在处理孩子入学准备这一关键工作方面做得要好很多。2020 年，为 15 岁孩子展开阅读和数学国际测试项目的经合组织发布了一项针对年幼孩子的初步研究，这项研究在美国、英国和爱沙尼亚测试了 5 岁孩子的入学准备情况。然而，美国孩子在初步阅读能力和初步计算能力方面都排在最后。[35]

在读了这项早教研究后，我很好奇那些经常在国际测试名单上名列前茅的国家是如何处理幼儿发展的。芬兰就是一个很突出的例子。尽管近年来其测试分数略有下降，但其教育体系令许多其他国家都很羡慕，它也是许多学术分析的对象，新闻也热烈报道其教育体系的成功故事。芬兰的大多数学生都成绩优秀，其教育系统也非常公平。

　　然而，芬兰的教育系统并非一直如此。1950 年，当时芬兰的学校教育还很平庸，只有住在大城镇的孩子才上得起初中或高中，大多数年轻人在只接受了六七年的正规教育后就辍学了。当时芬兰的识字率很低，人们接受的职业和技术教育甚至也是有限的。那么发生了什么转变呢？从 20 世纪 70 年代开始，各个政治派别的芬兰人都围绕着"为每个孩子建立一所优秀的公立学校"这一想法团结起来，并且这一想法从未动摇过，他们称之为"芬兰梦"。除此之外，他们断定实现这一梦想的最佳方法之一就是建立一支世界一流的教学队伍，去培养一支训练有素、报酬丰厚、受人尊敬的师资队伍。在芬兰教育系统转型的这 20 年间，教师们不仅得到了尊重，还获得了权威。[36]

　　芬兰人不仅改变了对学校的态度，还改变了对幼教的态度。事实上，得知芬兰的孩子们要到 7 岁才开始接受正规教育，我十分惊讶。一些人认为，这一事实表明早于 7 岁的教育并不是那么重要。但事实却恰恰相反。在芬兰，到孩子上学时，他们中大多数已经参加了数年的早期儿童教育与保育课程（ECEC）。早期儿童教育与保育是一个质量很高，价格非常亲民的保育系统。而且，为确保所有孩子都能做好上学的准备，国家规定所有孩子至少需要参加一年的早期教育。[37]

　　甚至在这之前，芬兰政府就帮父母为孩子的大脑发育奠定基础。芬兰父母有优厚的带薪产假，这就覆盖了孩子生命第一年的大部分时间。然后，当孩子长大到大约 9 或 10 个月大时，父母就可以选择公共或私人的早期儿童教育与保育课程，或者他们也可以选择自己在家带孩子，如果这样的话，他们将获得津贴来支持他们所做的选择，津贴会持续发放到他们孩子中最小的孩子满 3 岁为止。

如果让我猜的话，我会说芬兰成功的秘诀其中至少一个就藏在大家眼皮底下。他们的幼教课程的名字就表达了其中的意思：早期儿童教育与保育。世界上大多数国家，特别是美国，长期以来都有一种观念，那就是保育是保姆的工作，而教育是学校的工作，两者永远不相干。换句话说，正式的教育和非正式的保育存在着严格的区别。然而，芬兰人没有把"保育"和"教育"区分开来。事实上，他们对这个一体计划的昵称是"教保"，这一模式也被美国的早启计划等幼教组织所采用，并且这个词在描述幼儿发展的问题上一针见血。

想想看，当我的孩子还在蹒跚学步的时候，我推着婴儿车带他们出去散步，我常常指给他们看我观察到的鸟儿、开过的公共汽车，还有邻居遛的大黄狗。我相信大多数父母都会做类似的事情，至少如果他们有时间的话都会这么做。那么，这是保育还是教育？其实两者兼而有之。

向街灯远处望去

如果休厄尔一家可以时间旅行，他们会如何看待"教保"

这一做法呢？我想，他们会相信任何享受这个课程的孩子，都会为上文法学校做好充分的准备，他们也会很高兴将自己孩子送去参加这样的课程。

而当我向玛丽亚描述芬兰的教育体系时，她就断然地说："我们应该搬到芬兰去。"幸运的是，她不必这样做，因为她已找到一份更好的幼教工作。有一年的时间，玛丽亚挣扎着在养育孩子和在保育中心工作之间取得平衡，她的母亲看到自己的女儿过得如此辛苦，工作这么努力，就为了养家糊口，于是，她在郊区买了一栋房子，并让玛丽亚和孩子们一起搬进来。住在新房子里，玛丽亚有了呼吸的空间，在这里她可以重新调整自己，享受和孩子们在一起的时间，并专注在她喜欢的这个领域里，找一份薪水更高的工作。

她在新的社区里发现了一个新开设的保育中心。费利西亚是一名退休警察，她觉得退休生活很是无聊，就开设了这家保育中心。费利西亚聘请玛丽亚做其助手，玛丽亚也很爱这份新工作。费利西亚井井有条，对她的员工要求很高，同时也给他们丰厚的报酬和福利，其中就包括给他们上保险。她的要求苛刻但是务实，她培养员工们，并帮助他们弄清楚如何让自己的职业生涯更进一步。据玛丽亚的描述，费利西亚会说："如果你不想当助手，那'好吧，那你想做什么？想当老师吗？那我告诉你要怎么做才可以做老师。你想涨工资？那我告诉你要怎么做才可以涨工资'。"对玛丽亚来说，这份新工作是一个完全不同的体验，她也很珍视这份经历。"我的老板欣赏我，能看到我的潜力。"她说。

费利西亚管理业务的方式也突显了什么是可能的。但鉴于像费利西亚这样的人不多，我们无法指望他们，所以社会必须介入去帮助这群最年轻公民的教育。社会应该为其所重视的东西买单。如果我们重视孩子的未来，那么我们就应该像对待其他重要的教育工作者和公务员一样对待幼教工作人员，而不是像对待玛丽亚那样，强迫他们靠残羹冷炙过生活。

如果我们真的想找到这把能改变孩子教育、经济和职业命运的钥匙，我们就必须凝视 K-12 教育的街灯下照射不到的阴影。我们在这个阴影里可以看到的答案是，学习始于孩子出生的第一天。孩子上幼儿园之前的经历和之后的经历同样重要，如果我们不把精力集中在孩子生命的头几年上，我们就永远无法到达我们想要去的地方。

许多人很难看到这个事实，因为孩子出生最初几年，成人和孩子之间的互动看起来不像"学校教育"。它本来也不应该像学校教育。婴儿和蹒跚学步的孩子不适合坐在课桌前做练习题，不论是身体上还是认知上，他们都还未为此做好准备。但他们已经准备好接受成人给他们的爱护和饶有趣味的对话，他们已经准备好与周遭的世界互动，而且他们必须有源源不断的与外界互动的机会。

如果我们的目标真的是让所有的孩子过上让他们能充分发挥其潜力的生活，那么我们必须将早期的大脑发育作为前进的新北极星。而这也就是我们一直在努力寻找的真正钥匙。

当我们把健康的大脑发育当作目标时，我们的观点就会随之改变，突然间，从出生到 3 岁之间的经历自然而然看起来就像是教育连续性的一部分。当我们把健康的大脑发育当作目标时，我们便消除了保育和教育之间存在的错误界定，我们能明白，在构建大脑结构的关键时期里，两者是密不可分的。当我们把健康的大脑发育当作目标时，我们认为所有的成年人，包括父母、家人、朋友、保姆和保育员，在孩子生命的前三年都是大脑的建筑师。而作为社会这个整体，我们将致力于支持那些早教大脑建筑师。

北极星并不是夜空中最亮的恒星，最亮的是天狼星。北极星排在第 48。但是，数千年来，它一直是指引旅行者的那颗星。有时，你必须透过最亮的那条光线，才能看到正确的前路。

父母是孩子大脑的建筑师：3T 原则 构建更强大的学习型大脑

> "如果社区重视这个社区的孩子，那它就必须 珍视他们的父母。"
>
> ——约翰·鲍比 [1]（John Bowlby）

说真的，我已故的丈夫唐的脑袋很大，我以前说只有硕大的头骨才能容纳得下他的大脑（他很聪明）。我俩常常开玩笑，说这个大脑袋瓜肯定会遗传到他的儿子身上。所以，当我怀着阿舍尔，产科医生告诉我们看来我得剖宫产了，唐就和我对视一眼，放声大笑起来。我们早猜到了！阿舍尔的脑袋太大了，没法通过产道！

具有讽刺意味的是，原来，其实阿舍尔头的大小并不是问题所在，问题是他臀位朝下。即便如此，出生前阿舍尔就很固执，他在子宫里被转错了方向，之后就拒绝再动了。最后我做了剖宫产，还好生产一切顺利。

尽管阿舍尔头的大小在我怀孕期间不是问题，但头的尺寸是人类婴儿进化过程中的一个重要环节。马或斑马的幼崽在出生后的几分钟内就可以站起来，2 小时内就能走路。当黑猩猩妈妈从一个树枝跳到另一个树枝时，小黑猩猩会紧紧抱住妈妈。而且，刚孵化的海龟在出生第一天就知道如何从出生的沙地中找到返回大海的路。但是，相较而言，人类婴儿在刚出生时还没有这么成熟，儿科医生甚至将婴儿出生后的前 3 个月称为"第四妊娠期"。新生儿的头在出生后的几个月内都抬不起来，他们需要接近一年的时间才能学会独自走路和吃饭。

自然的妥协是这种明显的发育迟缓的主要解释。当人类开始两腿直立行走时，女性的骨盆就开始变窄了。而且女性在怀孕 40 周左右才会生孩子，因为这么大的婴儿正好是女性能通过产道自然生产的上限，但 40 周大的婴儿的大脑仍有很大的发育空间。[2]

大多数的大脑发育将发生在孩子出生的头两年。在婴儿 1 个月大时，他们的大脑总体积大约为成年人的三分之一，在长到 1 岁时，他们的大脑体积会激增到成人大脑体积的 72%，到 2 岁时增加到 83%。而大多数其他动物出生时的大脑就接近成年动物大脑的大小。[3]这就是为什么那些海龟、马和黑猩猩一出生能做的事情比人类婴儿要多得多。

人类出生时的大脑相对没有那么发达，所以大脑需要经历一个漫长的成长发育期，这其实是进化赐予人类最伟大的礼物之一。在大脑最旺盛的形成发育期，它可以为其提供发育所需的大量外界刺激。这个发育期也是人类能有无与伦比的智慧、创造力和生产力的关键。[4]

大脑建设的高成本与高能量

建设大脑是需要消耗大量能量的，即使对成人来说也是如此。思考和大脑活动相当耗能，连休息也会耗费精力！如果你像我一样，你可能不会花很多时间休息，家长哪会有时间休息呢？但如果我们有幸能抽出时间休息一下，哪怕只是安静地坐着，大脑仍会消耗身体总能量的 20% 到 25%，这意味着女性和男性每天分别会消耗 350 到 450 卡路里⊖的热量。一旦我们开始着手或思考具有挑战性的事情，精力消耗就会飙升。国际象棋大师们并不以体力著称，但是单单在比赛中考虑接下来的几步棋该怎么下，他们每天就可以消耗高达 6000 卡路里的热量。(亲爱的，我们来动脑下棋吧！) [5]

但没有什么能与儿童大脑在构建过程中所消耗的能量相比，即使是国际象棋大师所付出的精力也无法与之相比。当人们意识到大脑体积必须在短短 2 到 3 年的时间内长大一倍时，他们才会理解这种精力耗费其实是能说得过去的。当你试想一下，婴儿大脑中每秒就能形成 100 万个神经连接，脑子里似乎嗡嗡作响，这儿有一个新的连接，那儿有一个新的连接，你就完全能感受到能量的消耗了。一个 4 岁孩子的大脑能量消耗占整个身体能量消耗的大约 40%。[6] 这就是为什么人类与其他哺乳动物不同，这就是为什么人体需要耗费很多年的时间才能长到成年体型的原因。而对于孩子来说，大部分的能量消耗都

⊖ 1 卡路里 ≈ 4.186 焦耳。

流向了大脑建设，而不是在长身体上。

那么，所有这些能量是从哪里来的呢？喝牛奶可以帮身体长高，而语言输入和成人的养育才能滋养孩子的大脑。换句话说，这种持续性的大脑发育的进化取决于父母（和其他照顾孩子的人）的努力来弥合其中的发育差距，来帮助孩子从无助变得聪明。

俗话说得好，风险越大，回报越大。在大脑中，通过外界输入可以变强的东西同样也是很脆弱的。人类进化过程中的一大赌注就是认为总会有人养育年幼的下一代。因为婴儿是完全无助的，他们大脑发育的潜力完全依赖于对大脑建设有益的外界输入，没有这些输入，脑神经元的生长速度就会大大减慢。如果无法建立脑神经元连接，那些没有被使用的神经元就会被修剪，那么孩子就会永远失去一些发展机会。大脑发育或是缺失，是无助的婴儿无法控制的结果。正如我们长期的无助是进化给的礼物，也是它让我们成为最杰出的物种之一。父母和看护者扮演的角色也是一份礼物，它使他们能成为这些无助孩子们的大脑建筑师，让他们能有机会为孩子的生活做出我们都想做出的改变。

但是，社会似乎浪费了这份了不起的进化礼物。

不可能的决定

我能深切体会孩子失去父母的心痛，我的孩子们就为痛失父亲付出了巨大的代价。但当然，也有一些不那么戏剧化的失去父母的方式（虽然这件事本身就令人心碎），那就是我们通常会在孩子和父母最需要彼此的时候将他们分开。

金伯利·蒙特兹（Kimberly Montez）和我一样清楚这一点。作为一名儿科医生，她将自己的职业奉献给了孩子的健康，尤其是那些处境不利的孩子。而她自己也是那些孩子中的一员。金伯利出生时心室间隔发育不全，也就是她心脏上有个洞。她在休斯敦郊外的一个低收入墨西哥裔美国人社区里长大，童年时她就常常往返于医院和医生的办公室。为了支付她巨额的治疗费用，家人苦苦挣扎。金伯利的母亲是州政府的行政助理，而父亲无法保住一份工作，他们依靠医疗补助、免费诊所，甚至是慈善机构的捐款，来支付修复她心脏上这个洞的手术费用。金伯利遇到的有些儿科医生和心脏病专家对她很关怀体贴，有些则不然。所以她很早就决定了，自己以后要成为一名优秀的、有爱心的医生，致力于照顾缺乏物资的病人。"我最大的热情和快乐来源于此。"她说。在耶鲁大学、斯坦福大学和哈佛大学取得学位后，金伯利成了圣迭戈、波士顿乃至北卡罗来纳州一带的一名儿科医生，专门服务于她从小长大的这些社区。

在宣扬带薪产假和病假的重要性方面，金伯利是医学界的一位领军人物。正如我前文所指出，截至 2020 年，美国是世界上极少数不强制要求带薪假的国家之一。但是，虽然金伯利的童年经历驱使她现在从事照顾有需要的人的工作，但她发现自己还需要为自己的孩子而战，这一点让她很是震惊，也促使她成了一名社会政策的倡导者。当金伯利亲身经历了每个父母都会有的噩梦时，她的行动主义终于被点燃了。

当金伯利和丈夫杰米决定开始尝试要个孩子时，她在波士顿的一家低收入社区诊所工作。和许多女医生（包括我自己）一样，金伯利接受的所有培训意味着她得在 35 岁左右，或产科医生所说的，成了"高龄产妇"时才能当母亲。这使金伯利在怀孕上面面临着更高的并发症风险。金伯利怀孕了然后又流产了，短时间内，她先是经历了欣喜，而后又经历了心碎。当她再次怀孕时，她和杰米很小心翼翼，兴奋同时又感到焦虑。在 18 周产检后的几个小时内，他们的恐惧达到了顶点。当时金伯利做了超声波检查，当天晚上和丈夫出去吃饭时，她听到电话响，自己的产检结果出来了，自己怀的是一个女儿。"当时我快要哭出来了，"她说，"我都准备好要围着桌子跳舞了。"但她的这份幸福很快就烟消云散了，因为检查中发现孩子有可能是畸形儿。她迎来了更多恐惧，更多问题，还有更多测试。而她所能做的就只有继续呼吸，耐心等待，如此反复。2 周后，到怀孕 20 周时，她得到了一个好消息和一个坏消息。"孩子没什么问题，"医生告诉她，"问题出在你身上。"

听到这个诊断结果时，金伯利的心跳停了，整个人都揪紧起来。她的子宫颈，也就是子宫的外端，是敞开着的。这种症状为子宫颈内口衰弱或松弛症，有 1% 到 2% 的孕妇会出现这种情况，这可能导致早产或者更糟——流产。[7] 在怀孕半途中，金伯利被告知她随时都可能分娩。在这个阶段出生的婴儿几乎无法存活，因为他们的大脑、肺和心脏发育不全，无法在子宫外存活。通常来说，24 周是胎儿存活的临界点，也就是说 24 周大的婴儿可以在子宫外独立存活。金伯利的女儿在子宫里多待一天，她存活的概率就会增加一天。

作为一名训练有素的医生，金伯利理解其中的概率，她的胜算并不大。她试图保持冷静，向丈夫解释这些。按照医生的嘱咐，金伯利开始服用黄体酮，旨在防止宫缩。这几周内她都可以继续过着相对正常的生活：上班、应诊（尽管她不能再像她往常喜欢的那样，抱起生病的孩子们了）。

到 25 周，也就是她怀孕 6 个月的时候，金伯利到医院做例行检查，当时她宝宝肺里的血管还在发育，还没有强大到可以自行呼吸。到 27 周时，也就是在她确诊 7 周后，宝宝决定是时候来到这个世界上了。佩内洛普这个只有 2 磅 5 盎司⊖重的小可爱哭着来到了这个世上，金伯利也哭了。"她的皮肤光滑细腻，红润发亮，她的脸蛋非常漂亮，我当然有偏见，但她真的太好看了。"

新生儿科医生迅速地把佩内洛普从产科医生的怀里抱起来放到保育箱里。这个塑料圆拱形的婴儿床是佩内洛普的第一个家，可以调节温度、湿度、光线和声音。金伯利在佩内洛普被带走之前只抱了她一小会儿，女儿被带走之后，她抑制不住地

⊖　1 盎司 ≈ 0.0283 千克。

开始啜泣，情绪从对女儿还活着，还相对健康的感激和喜悦转向焦虑和恐惧。为了活下来，她的女儿要在新生儿重症监护病房（NICU）里度过她生命中的第一个关键期。

佩内洛普在新生儿重症监护病房住了整整 3 个半月，确切地说是 109 天。在这里，她通过持续气道正压通气机器进行呼吸并补充氧气，通过喂食管进食。金伯利从一开始就意识到，自己和丈夫的存在对女儿来说有多重要，但她守护女儿的这个梦很快就破灭了，因为她没有带薪产假。2017 年佩内洛普出生时，马萨诸塞州还没有提供带薪产假。联邦政府颁布的《家庭医疗休假法》（Family and Medical Leave Act）规定了最长 12 周的无薪产假，假期长短视雇员的工作长短而定。虽然金伯利满足了工作时间的要求，但对她，还有对于众多父母来说，3 个月没有收入的话，生活是过不下去的。为了当医生，她已经上学培训十几年了，没有积蓄，只有债务，其中主要是大额的助学贷款，而且助学贷款压得她喘不过气来。长大成人后，金伯利目睹收入不稳定是会破坏家庭生活的。即使她拥有很好的学位，还是位医生，但是小时候面临的岌岌可危的家庭经济情况给她留下了阴影，当时播下的焦虑也一直在困扰着她。"我感觉没有什么是安全的，"她说，"没收入把我吓坏了。"此外，她还是诊所里唯一一位会说西班牙语的人，面对自己的病人，她感到肩负重担，并不想离开他们。

因此，在分娩 2 周后，金伯利就重返工作岗位了（就像美国其他 25% 的母亲一样）。她知道佩内洛普很可能会在医院里待很长一段时间，所以她打算把病假和其他所有带薪假都攒起来，这样一旦她的孩子可以回家，她就可以请带薪假陪伴她，还不用感到内疚。

金伯利远非少数。因为缺乏带薪家庭假，许多父母被迫陷入了一个绝望且毫无胜算的境地。所有婴儿都需要他们的父母，尤其是留在新生儿重症监护病房中的这些婴儿。研究表明，对早产儿来说，父母在医院陪伴的时间更多，就更有益于这些孩子的大脑和语言发育。当父母抱起婴儿，贴近他们温暖的胸口，这可以弥补孩子们本该待在子宫里的时间。[8]2021年，一项有趣的研究的初步研究结果表明，相较于无薪假，当父母有3个月的带薪假可以陪伴孩子时，这些婴儿的脑电图谱显示出明显不同的大脑功能，"这可能反映了一个更加成熟的大脑活动模式"。[9]

因为经济问题，与很多其他父母一样，金伯利被迫继续工作，而无法照顾脆弱的女儿，尽管作为一名儿科医生，她比大多数人都更清楚这时佩内洛普需要什么。"她需要和我肌肤相亲，她需要我唱歌读书给她听，她需要我在医院里照顾她保护她。"她说。与此相反，在女儿最需要她的时候，金伯利却不得不上班照顾别人的孩子。即便如此，她和杰米尽可能多地在新生儿重症监护病房陪着女儿。杰米请了2周的带薪假，2周后，他依旧每天晚上都去新生儿重症监护病房，把佩内洛普抱在胸前在那里静坐一个半小时，金伯利同样是每天晚上下班后都待在监护病房里。

在新生儿重症监护病房陪女儿让金伯利大开眼界。在佩内洛普出生之前，金伯利只以医生的身份进出过这个监护病房，"我之前不理解这些病痛父母的创伤。"她说。但现在，在新生儿重症监护病房度过几个月后，她感觉像得了创伤后应激障碍似的。这段经历惊醒了金伯利，让她开始重新思考之前做出的一些假设。作为医疗服务提供者，我们认为这是父母看护新生儿的标准流程，我们很容易就去评判那些没有，或不能去新生儿重症监护病房探望孩子的父母。直到她亲身经历，金伯利从来没想过在这方面，有些家庭可能比其他家庭更优越，对此她感到很气愤，因为父母无法在新生儿重症监护病房陪孩子这个问题其实已经有了一个明确的解决方案：给父母带薪假。

因为金伯利知道从医学角度父母需要为新生儿做哪些事情，和父母实际上日常能为孩子做的事情差距甚远，这让她深感沮丧，她觉得内心被点燃了，这份拥护父母之火被点燃了。当佩内洛普10个月大时，她和杰米搬到了北卡罗来纳州。在与那里的倡导者会面后，她与他人合写了一篇公开论文来分享自己的故事，并倡导大家一起行动起来。儿科医生的身份和身为人母的痛苦为她的声音注入了权威和真实性，很快就有记者联系她，想请她谈谈她的经历和政策主张。

接下来，她带着这个问题到了美国儿科学会（AAP），一个全国性的专业宣传组织，致力于提高儿科保健标准。每年，学会都会听取成员的意见，接受他们希望被采取的决议。金伯利提出了一个决议，就是学会应该支持立法，以让所有父母都能享受带薪病假。[10] 这个决议符合推动学会前行的原则，也就是说这个决议与孩子健康发展问题密切相关。"这很简单，"她说，"我们为什么不赞成这么做呢？这就是我们所应做的，去关心孩子和他们的家庭。"当会员提交决议时，学会领导们会对最重要的决议进行投票，然后董事会成员必须制订战略计划来解决会员提出的十大问题。金伯利的决议被评为第八重要的问题。在我撰写此书时，她正帮美国儿科学会起草一份关于这个问题的政策声明，让政策制定者可以了解情况。与此同时，她在北卡罗来纳州也在做最前沿的斗争和倡导工作。[11]

幸运的是，我与金伯利交谈时，佩内洛普已经3岁了，健康快乐。9个月大时，她就不再需要补充氧气呼吸了，到2岁时，她终于可以停止使用饲管进食。除了有点哮喘，她很健康。尽管她的人生开端让人后怕，但佩内洛普似乎在茁壮成长。而她不断长大的大脑，这时的尺寸已经大了一倍，可以支持她去做任何事情，不论是精进已经掌握的技能，还是掌握仍在学习的技能。"只不过她是一个非常任性的孩子。"金伯利笑着说，有其母必有其女。

必要的火花

我没能见到佩内洛普，但我可以很容易地想象到3岁时的她会告诉妈妈自己在幼儿园认识的朋友，给妈妈唱字母歌，或者喊着要帮妈妈拌面糊做饼干。这些行为都是在孩子生命的头三年就能学会的。那么，是谁在帮助发育孩子的大脑，谁能帮孩子习得这些技能呢？是金伯利和杰米，还有其他在佩内洛普成长路上提供帮助的慈爱的看护人。

孩子脑回路的发展建立在他们收到的信息的基础之上。是谁在提供这些信息输入呢？是父母，在一些情况下，还有年长的哥哥姐姐、保姆、祖父母、家人朋友和保育员，而这些人就是大脑建筑师。正如我前文所指出的，激发孩子大脑形成数万亿个神经连接的必要火花就是外界与孩子的互动，即看护人和孩子之间的对话。神经科学将这些成人和孩子之间看似非常简单的谈笑互动解释为正在发育的大脑所需的关键神经营养。[12]从孩子出生的第一天开始，从父母第一次和孩子轻声细语，第一次和孩子拥抱，到孩子长到学龄年纪，这种重要的口语互动能在这一独特的成长期滋养和刺激孩子的大脑，让它有机会实现其终极潜力。

这些根本的想法启发我成立了一个组织，而这个组织后来就演变成了 TMW 早教和公共卫生中心。从一开始，学术研究就启发了我和团队的思维想法，这些研究表明，每个孩子听到的单词数量和质量存在显著差异，而且随后孩子在语言和学业成绩方面的表现也存在很大的差异。我们想遵循这个研究结果来平衡孩子的竞争环境。而且我们知道科学清晰明确地证明了孩子不是一生下来就聪明伶俐，聪慧是后天养成的。由于智力易受外界影响，孩子的经验和环境是可以塑造其智力的。由于父母通过与孩子的互动塑造其智力，所以 TMW 中心计划的一切课程都以父母为中心、经过父母测试，并以父母为导向。我们需要解决的第一个重要的问题就是帮父母为孩子创造一个最丰富的语言环境，我们如何才能让互动成为日常生活中自然轻松的一部分呢？

我们的回答就是 3T 原则：共情关注、充分沟通和轮流谈话。这也成了我们的核心战略。共情关注是鼓励父母培养意识去注意婴儿或孩子在关注什么，然后与孩子谈论他们所关注的东西。充分沟通可以增加孩子大脑中的词汇储蓄罐，这个储蓄罐还是赚取复利的，存入储蓄罐的单词越多，孩子建立起的大脑连接就越多，词汇量也就越大。轮流谈话指的是父母与孩子的对话交流和积极参与度，这就像是一种社交舞，早期在孩子学会说话之前，当父母让孩子有机会轮流说话时，孩子每一次的轻声学语、鼓掌和微笑都是他们在和父母做轮流表达。这些互动看起来可能不像是对话，但科学表明，每次互动都是培养孩子大脑储蓄的关键组成部分。[13]

还记得玛丽亚和儿子利亚姆玩耍的故事吗？这就是 3T 的实际应用，玛丽亚和许多父母一样，本能地就知道该怎么做，但我们的工作就是去强化这点。当她开始读狮子崇普的故事书时，利亚姆从她手中拿过这本书，想要领头读书，她就让他带头领读，因为她已熟知利亚姆想做什么。当她拿起《10 个小手指和 10 个小脚趾》时，她可以与利亚姆进行充分沟通。"一个小宝宝出生在山上，另一个宝宝发着抖打着喷嚏，"她读道，"众所周知，这两个宝宝都有 10 个小手指和 10 个小脚趾。"

她随后抓住利亚姆的手指和脚趾，这帮助利亚姆将她所说的话与自己的身体联系起来。玛丽亚还确保自己与利亚姆轮流"对答"。最后，等他把手里的书翻了一遍，她才说"真棒"，当他回应她的话"棒"，这就是利亚姆的对答。

3T原则既朗朗上口也易于理解，还准确地捕捉到了父母和看护人可以做哪些事情来帮助幼年的大脑建立新的脑回路连接。3T原则将语言接触和脑发育这个复杂的科学概念简化成一个通俗易懂的课程，让父母可以增强日常的亲子互动。无论学历背景、财富和工作，3T原则为包括父母、看护人、祖父母、保姆在内的每个养育者提供了一个能构建孩子大脑的最佳必要策略。其中最好的地方在哪里呢？那就是和孩子进行简单的对话，关注他们所关注的，和孩子轮流交谈，这有助于确保孩子有能力实现其与生俱来的潜力。

然而，在我从事这项工作的10年中，科学并没有停滞不前，它也从不会如此。现在我们更加了解了创造丰富的语言环境背后的原因，以及如何去创造这样一个环境，一切顺利的话，这样的一个环境能发挥其魔力。但更重要的是，我们更加清楚地知道了生长在一个提供更少语言接触和对话的环境中，孩子们更少参与外界的互动的话，他们的大脑中不会发生的事情。最新的科学研究强化了人们对3T原则为何能奏效背后的思考，也强化了父母扮演的关键角色。

放在以前，神经科学家一次只能研究一个大脑。[14] 比如说，他们可以观察到母亲的大脑活动，在母亲凝视婴儿照片时，她们大脑中管理情绪的部分会发亮；或者神经科学家给婴儿戴上脑电图帽，测量其脑电波对听故事的反应速度。但科学家不能同时研究两个大脑，他们无法捕捉和比较母亲在阅读《逃跑的兔子》（*The Runaway Bunny*）时的脑活动与婴儿在听故事时的脑活动。但是现在他们可以做到这点了，这归功于一种名为超扫描的尖端技术，该技术可以在两个（以上）的大脑彼此互动时测量各自的脑活动。例如，当一群人参加滚石乐队的音乐会，他们一边摆动着身体，一边唱着"（我无法得到）满足"时，结果证明他们的脑电波是一致的。[15] 这种现象叫作神经同步，也就是每个人关注同一件事时，他们脑电活动模式会变得越来越相似。当神经科学家让一个人讲故事、另一个人听时，在他们的大脑表现出神经同步的情况下，听者的理解水平要高得多。[16]

　　研究婴儿如何习得语言的科学家对这些发现特别感兴趣。他们能否在成人和孩子之间的互动中观察到语言习得的效果？母亲和婴儿之间的神经同步是什么样子的？这又意味着什么呢？现在我想说，研究婴儿大脑是件非常困难的事情，因为他们会挪动身体，摘下监控帽，累了的时候还会吵闹。但普林斯顿婴儿实验室的神经科学家们非常擅长引导婴儿在实验中配合。在最近的一项强调共情关注的实验中，他们测量了婴儿和爱嬉戏的成人之间的神经同步程度。[17] 他们带了 18 个 9 到 15 个月大的婴儿到实验室。在每一个环节中，参加实验的婴儿和母亲都戴上了装有监测器的帽子，来测量他们血液中的氧合水平。这是间接评估大脑活动的一个方法，因为人体需要更多的氧气进行新陈代谢。（该技术称为功能性近红外光谱成像技术或 fNIRS。）

作为实验的一部分，即在"一起"的情况下，每个婴儿会坐在母亲的腿上，母亲会拿出玩具和婴儿一起玩，给孩子唱童谣，读故事书《晚安月亮》（*Goodnight Moon*）。母亲笑容满面且有趣，会用抑扬顿挫的儿向语言，也就是"儿语"说话，这种说话方式会很吸引婴儿的注意力。在"分开"的实验环境下，婴儿坐在同一个地方，但是母亲用成人语气向房间里的另一位实验者讲故事，婴儿可以听到她说的话，但这个故事不是对着婴儿讲的，从本质上讲，母亲讲的故事是婴儿无意中听到的话。这个实验的结果既是可预测的，也很发人深省。当婴儿和母亲有直接互动时，他们的脑电波明显比当婴儿听到母亲的间接谈话时更加同步。此外，母亲和婴儿互相凝视时，还有婴儿对母亲微笑时，大脑中处理相互理解的部分显示出了更多的脑活动。

共情关注这个方法可以让看护人和婴儿的大脑波长实现同步。"当成人和孩子交流时，他们之间似乎形成了一个反馈回路，"在普林斯顿婴儿实验室领导这项研究的神经科学家埃莉斯·皮亚扎（Elise Piazza）如是说，"也就是说，成人的大脑似乎能够预测婴儿何时会微笑，而婴儿的大脑能够预测成人何时会用更多的'儿语'，两个大脑会跟随着眼神交流同时把注意力放在玩具上。因此，当婴儿和成人一起玩耍时，他们的大脑会互相作用。"[18] 有朝一日，神经同步或许会成为在亲子对话中衡量互动协调是否成功的指标，它也解释了为什么儿语有益于婴儿！其他学术研究也表明，神经同步可以促进孩子的社交学习、解决问题和学习新词汇的能力。而共情关注是帮助婴儿大脑为未来的学习做好准备的关键的第一步。

此外，瑞秋·罗密欧（Rachel Romeo）的新研究结果解释了为什么和孩子轮流谈话是早期语言习得和大脑发育的重要组成部分。我们在 TMW 研究开发 3T 原则的时候，瑞秋还在读研究生，作为一名语言病理学家和神经科学家，她当时打算攻读博士学位。当我在一次会议上第一次见到瑞秋时，她的聪慧和热情显而易见，我立马就料到她会做大事。

和我一样，瑞秋想了解，而且重要的是她想在社会经济地位似乎导致孩子不同的学习成果这方面做些什么。和我一样，她在阅读了早期语言接触对孩子的显著影响这些早期学术研究后，深受启发。但瑞秋希望能做更深入的研究，她想准确了解在孩子有语言接触的情况下他们具体的脑活动，还有为什么语言接触对大脑的影响大到可以改变孩子的发展轨迹。"我敢肯定这个影响已经深入人心了。"她说。

2018 年，瑞秋和她在哈佛大学和麻省理工学院的同事（她现在在马里兰大学）合作发表了一项史无前例的研究报告，36 名 4 ～ 6 岁的孩子参加了该研究。研究人员用大脑扫描仪扫描孩子的大脑，以便在孩子听故事的同时观察其大脑结构并研究大脑功能。[19] 然后，瑞秋会给父母录音机，让他们回家把孩子从早上醒来到晚上睡觉的整整两天时间里听到的一切信息都记录下来。收到所有的录音后，瑞秋需要统计大量的录音信息，并将语言分析数据与孩子的脑部扫描数据进行比较。显而易见，那些有更多轮流对话机会的孩子大脑发育更强，而且，除了听到的单词数量多之外，对话质量（这里指的是和孩子的直接对话、有互动的对话）甚至比听到的单词数量来得更重要。

那些有最多对话式的轮流谈话的孩子呈现的差别很明显，这突显在两个重要方面。第一是当他们在听故事时，大脑扫描仪显示出关键语言区域更加活跃，也就是说这些区域在扫描仪里要亮得多。而且，他们大脑中支配言语感知和言语生成的语言区域之间有更强的联系，也就是说，他们所听到和理解的内容以及他们所表达的内容之间存在更强的联系。"这些接触更多对话式互动的孩子的这些大脑区域有更活跃的连接，"瑞秋说，"他们的大脑似乎也会更快发育成熟。"换句话说，有更多机会与父母交谈的孩子在大脑工作效率方面有真正的优势。这就是增加大脑连接性的意义，即实际上孩子在构建更强大、更有效率的大脑回路。当瑞秋对语言发展进行更进一步的统计分析时，她发现这一群孩子在词汇和语法方面的学习也进步更快。

真正令人震惊的是瑞秋研究项目中的孩子来自各个社会经济阶层的家庭。她发现，无论孩子来自什么样的家庭，他们所接触的对话式轮流谈话的数量比家庭收入水平更重要，这也是大脑结构和功能变化以及更强语言发展的首要预测指标。"即使外界的逆境将你困住，如果你生长在一个充满爱的家庭，你也可以缓解很多逆境对大脑的不良影响。"瑞秋说。从理论上讲，孩子生长的家庭环境是每个父母都可以控制的。但实际上，外部环境往往是绊脚石，尤其是在父母根本没有时间和孩子进行这种交谈的情况下。

瑞秋的研究意义深刻，它揭示了我们对生命的头几年中，成人和孩子互动的力量和可能性的真相。但是，轮流交谈对支持大脑关键发展的原因从何而来？瑞秋和她的同事仍在努力找答案，她怀疑成人和孩子之间的个人联结与此有很大关系。"对话是双向沟通，"瑞秋说，"你们在对话中互动，体验语言，但同时你也在产生语言。我认为对话像是创造一个反馈循环。"（瑞秋和埃莉斯·皮亚扎都用了"反馈循环"这个词来描绘这个互动，这绝非偶然，这是父母和孩子之间必须建立的互动的核心。）对话的另一个优势就是父母可以在对话中评估孩子的语言水平，并根据孩子的语言水平调整自己的对话，来确保孩子能理解他们所说的内容。"我们将之称为最近发展区，这是个最有效的学习点，让父母在孩子当前发展水平上与其对话。"瑞秋说。

最后，瑞秋在为期 9 周，旨在增加对话式轮流谈话的干预研究中测试了这些研究成果。参与的孩子（同样是 4～6 岁）在言语、非言语和执行功能测量（例如遵循指令和认知灵活的表现）以及支持处理语言和社交的大脑的结构性变化方面呈现出正面的变化。正如瑞秋在麻省理工学院的同事约翰·加布里埃利（John Gabrieli）所说："与父母的对话似乎会影响孩子大脑的实体发育，这很不可思议。"[20] 我们也观察到了这一点。在 TMW 成立初期，我们开发了一种课程，旨在帮助父母在家能使用 3T 原则，让父母了解共情关注、充分沟通和轮流谈话的重要性。我们的目标是什么？是帮助父母将 3T 原则融入他们与孩子的日常互动中。当我们通过与对照干预组进行比较（这个干预涉及良好营养方面的指导），测试该课程的有效性时，我们观察到在几周的实验中，学习了 3T 原则的父母的孩子在语言发展上有所提高。[21]

但从长远来看，3T 原则能有所作为吗？3T 原则能在多大程度上改变孩子们的发展轨迹呢？为了找出答案，我们雄心勃勃地开始了一项纵向研究。[22] 多年来，我们跟踪研究参加家访计划的孩子们和其父母，包括说英语和西班牙语的，从这些孩子大概 15 个月时跟随直到他们上幼儿园。（当说西班牙语的孩子还在蹒跚学步的时候，我们就开始跟随关注他们了。）我们跟踪着孩子们的进展，还有父母育儿方式的变化。我们看着一个又一个家庭的孩子从婴儿长大到 4 岁，我们也与父母熟识，父母想让孩子过上更好生活的强大决心一次又一次地震撼了我。无论我和团队多么努力，父母都更加努力。

家访对我们与对家长的教育意义一样深刻。它打开了一个窗口，让我们可以了解这些人的家庭生活。我们非常清楚地观察到他们每天、整天都致力去使用 3T 原则，尽管这件事感觉像是一个无法克服的障碍。我开始意识到 3T 原则必须作为更大项目的一部分，即需要作为日常生活的一部分以便发挥其作用，父母不仅需要有 3T 原则的知识，他们还需要有空间和时间去使用 3T 原则。合理的就业政策和优质的保育服务就可让父母有这些时间和空间，充分利用进化给他们的礼物。

打断的人生，受骗的孩子

我们在 TMW 遇到的所有家庭中，或许没有比迈克尔和科约纳的处境更糟的了。他们在一起两年时，科约纳怀孕了，他们俩对此都很激动。迈克尔梦想着能和他爱的这个自信又活泼的女人一起创建生活、组建家庭，他很早就对科约纳有好感，但过了很久才鼓起勇气向她表白。科约纳知道迈克尔会是个好父亲。他身材高大，但安静稳重、说话轻声细语。科约纳和前夫有两个儿子，卡什和迪亚曼特。对待这两个孩子，迈克尔表现得像个充满爱心、尽心尽责的父亲，他用绘儿乐盒子里装的蜡笔教卡什辨别颜色，还教他学习字母。迈克尔还经常送卡什和迪亚曼特去幼儿园，幼儿园就在他们公寓不远的街道上。

5 月中旬，科约纳怀孕 2 个月后，迈克尔像往常一样带着卡什去上学。他帮卡什签到，到卡什的柜子拿了他的作业，想着晚上可以辅导他写作业。他刚拿着作业离开学校，此时此刻，这个年轻家庭的生活就突然发生了天翻地覆的变化。一辆大型的越野车突然停在迈克尔面前，挡住了他的去路，3 名芝加哥警察坐在车里。"过来。"他们说。迈克尔很害怕，但不想让事情变得更糟，所以他态度很恭敬，随后又有两辆越野车在他旁边停了下来，警察蜂拥而出，其中一个还拔出了枪。他们让迈克尔上车，随后将他带到警局。迈克尔记得这时收音机里正在播放一首史密斯飞船乐队的歌，其中一名警察说："好好享受这首歌吧，以后可就听不到了。"

而忙着做早餐的科约纳发现迈克尔没有准时回家，就开始担忧起来，她打电话给亲戚朋友，但他们都说没有看到过他。她去了学校，看到迈克尔已经帮卡什签了到。最后，她开始给警察局打电话。前两个电话没通，第 3 个通了，她被告知迈克尔因谋杀罪被关押。

6 年前，迈克尔之前住的老街区发生了一场抢劫案，一名便利店的工作人员在这场抢劫案中被枪杀。根据两个可疑目击者的指证，警察认为黑人迈克尔就是主要嫌疑人。（根据其中一名目击者的描述，肇事者为大约 5 英尺 9 英寸⊖高，但是迈克尔接近 6 英尺 4 英寸高。而且另一名目击者后来撤回了对迈克尔的指证，在法庭上甚至都没有认出他。）警方还声称他们从犯罪现场采集的 DNA 样本与迈克尔的匹配。迈克尔吓坏了，但他知道自己没犯罪，所以相信真相很快就会水落石出。

但他只说对了一点，警察显然抓错了人，迈克尔出庭时，

⊖　1 英尺 =0.3048 米。

⊜　1 英寸 =0.0254 米。

陪审团很快裁定了他无罪，但他出庭不是等了 5 个小时、5 天甚至 5 个月，而是整整 5 年。尽管按照第六修正案，迈克尔有权得到一个快速审判，但光是确定审判日期就花了 4 年的时间。然后迈克尔的公设辩护律师又得推迟审判，她一开始遇到了保育中心的问题，然后她的女儿又不幸去世，后来律师自己也去世了，另外一名律师不得不接替他的辩护工作。

迈克尔保释请求被拒，在监狱里度过了 5 年时光。（在过去的 20 年里，审前拘留的比率急剧上升，尽管根据美国法制系统，任何人在被判有罪之前都需假定无罪。[23]）在经历了这 6 个月的磨难后，迈克尔和科约纳的儿子迈克恩出生了。而在接下来的 4 年半时间里，科约纳带着迈克恩去监狱探望迈克尔，但他从来没有抱过自己的儿子，和儿子说话的机会也少得可怜。

我认识科约纳是因为她报名参加了 TMW 早期语言家访项目，成了我们纵向研究的一员。尽管养育 3 个孩子和对迈克尔的忡忡忧心让她感到压力很大，但她决心竭尽全力为迈克恩提供最好的生活起点。但她无法改变这样一个现实，那就是在这 60 个月里，在迈克尔最终接受审判并很快被无罪释放之前，迈克恩被剥夺了一半的亲子互动的机会。我们认为亲子互动理所当然，好似呼吸的氧气一样，直到它们突然被剥夺，我们才发现不是这么回事。

迈克尔的遭遇从各个方面来说都是不公正、不公平的。但这对迈克恩也是如此。当我们考虑刑事司法体系的影响时，我们却很少计算迈克恩付出的代价。

或许有人会认为迈克尔和科约纳的故事很极端，充满戏剧性，故事转折点让人倒抽一口气，而且这种事情在多数父母身上是不会发生的。但是，美国有把孩子与父母分离的前例，这种做法无情地漠视了父母和孩子之间的紧密联系，无视了父母关爱的持续性力量，也无视了父母作为大脑建筑师的角色。我认为他们的故事清楚地提醒了世人，在慈爱的父母面前出现的障碍五花八门。

思想实验

当我想到这些工作上认识的家庭时，我发现自己在设想一个思想实验。这个实验给现代父母设置了一个"假设"条件，是基于政治哲学家约翰·罗尔斯（John Rawls）提出的类似思想练习。他让学生去设计一个他们想要生活的未来社会。这个练习的难点在于你不知道自己在这个社会中的角色是什么，你可能很富裕，也可能很贫穷，可能是高智商，也可能是低智商，等等。你必须从罗尔斯所说的"无知之幕"的背后去进行你的设计。[24] 这个练习会改变你的想法。我曾经读过作家米歇尔·亚历山大（Michelle Alexander）写的一篇感人的文章，和罗尔斯一样，让我们想象自己转世了。亚历山大很巧妙地解释了文章的含义："如果随机重生，我们就不能通过幻想自己转世会变成世上为数不多、能享受舒适生活的人来安慰自己。

如果我知道自己会转世回到世界的某个地方，但不知道自己会去哪里，也不知道自己会是谁，在这种情况下，我会想要什么样的政治、社会和经济制度呢？我会为什么而奋斗呢？"[25] 这种练习让我们不得不承认生命的随机性，以及任何一个人的命运与其他所有人的命运之间存在的关联性。

在我的思想实验中，问题并不在于如果你转世成一个非常不同的人会怎样，而是在于如果你有孩子，但知道别人会抚养你的孩子会怎么样？我不想在这里讨论《使女的故事》（*The Handmaid's Tale*）一书中歧视女性的可怕的情节，也不想教唆你去相信转世轮回。相反，我想我们都可以深思如何才能把孩子教养好，因为我知道大多数父母愿意做任何事来确保孩子们安康，即便在思想实验中也是如此。如果你站在河岸边，两边各站着一排父母，你知道他们其中的任何一个都可能是需要带领你的孩子去穿过激流的人。在这个假设的场景中，你无法控制谁去照顾你的孩子，谁去为你的孩子导航。而另一方面，你可以计划未来社会可以为孩子提供什么样的支持和安全网，也就是他们穿过激流需要用到的木船。无论最终由谁抚养你的小孩，你想要这些父母得到哪些方面的支持来确保他们能充分地照顾和教育你的孩子？如果你目前能享受、能给予孩子的任何舒适生活都已不再明朗，这将如何改变你优先会考虑的事情呢？你将如何确保每个孩子都有他们所需要的东西，去实现最佳的大脑发育，从而可以有个良好的人生开端，而且每个父母都有他们所需要的东西来帮助完成这项任务？当我自己在做这个思想实验时，我在想，这 20 年里，我该怎样培养我的孩子，让他们长大成为一个能够实现自我抱负且对社会有贡献的公民？

这个思想实验引人深思。现在你会发现，从带薪产假到更公正（和办事效率更高）的刑事司法系统，这一切变得多么重要。夏洛特和哈奇姆需要什么呢？对夏洛特来说，首先她需要的就是语言治疗。而对哈奇姆来说，能在他家附近的好学校上学相当重要。那玛丽亚想要什么呢？她想要一个高质的保育体系，孩子能享受其保育服务，她自己也能在这个体系中工作，拿到公平的薪水，有职业发展和晋升的机会。我那 3 个失去了父亲的孩子需要什么呢？有些悲剧是我们无法弥补的，但是，在唐去世后，如果没有家人和朋友的大力支持，还有我能支付得起的有偿看护人的支持，我是无法把孩子们带大的。（保姆洛拉就像他们的第二个母亲。）

无论孩子生在哪里，由谁抚养，你不需要相信转世轮回，就能想象出一个你希望孩子来到的世界。但是，你必须为那个世界而战，你必须认识到父母和慈爱的看护人在构建年轻大脑这个关键工作中扮演的重要角色。而且我知道，如果我们都一致同意将健康的大脑发育视为首要任务，父母为主要行动人，那么，我们就更容易实现这个美好社会。

第二部分
Part 2

养育困境

第5章

父母的养育知识和信念，以及女性的养育困境

"光谈和平是不够的，我们必须寄信念于和平。
仅有信念也是不够的，我们必须寓信念于行动。"

——埃莉诺·罗斯福[1]（Eleanor Roosevelt）

我们并非生来就是医生、老师、司机或工程师，为了追求这些职业，我们去学校学习。我们也并非生来就是父母，却没有学校可以教我们育儿技巧，我们只能自己思考如何完成这项极为重要的工作。

1999年，我生下大女儿的时候，大概就已经翻读了十几本育儿书，在书中空白处疯狂地记笔记，就好像我在备考一样。我的丈夫唐当时还和我一起参加了育儿班，我们还买了一个顶级的汽车安全座椅，确保我们的孩子能拥有最好、最安全的一切。我们俩都是外科医生，经常与孩子接触。他是一名儿科外科医生，每天和孩子打交道，而我是一名儿科人工耳蜗外科医生，在距离孩子的大脑仅几毫米的地方动手术。我们受过的培训让我们随时准备好应对每一次的突发事件。但是事实证

明，我们作为父母最需要知道的一件事情，就是我们对健康的大脑发育一无所知。

当然，我们知道婴儿的生长环境会影响其大脑发育，我们知道应该滋养爱护孩子。但不知何故，我无法将我从书中读的内容和我可爱的宝贝女儿吉纳维芙的大脑发育的点点滴滴联系起来。我想这是因为从来没有人直白地说过，我和孩子互动、说话的方式会帮助她的大脑形成成长所需的脑神经连接。我没有在医学院学到这点，也没有从我的产科医生身上或者我工作的儿科医生办公室学到这点。直到最近，父母才被告知他们有构建孩子大脑的能力。

20世纪90年代，神经科学知识猛然火爆起来，这时出版的育儿书籍确实涉及了如何培养孩子的智力和语言技能的内容，但还是很少将这些想法直接和基础的大脑发育联系起来。正如记者所说，这些书没能指出亲子对话对连接孩子的神经回路能有多大贡献。我们倾向于得出这样的结论：教育产品——比如莫扎特儿童早教钢琴曲——是开发孩子大脑的答案。事实上，答案一直以来就在我们每个人身上。这个答案在我身上的体现就是我需要去关注吉纳维芙的兴趣，和她说话，并从第一天起就和她轮流对话，教她什么是对话、什么是互动。

在我生养吉纳维芙的这20年里，一切都变了，然而什么也都没变。社会层面上，我们增加了对大脑发育的了解，上文所述的科学证据清楚地说明了这一点。但是，我们表现得好似父母生来就知道这些信息，我们仍旧没有跟他们解释知识和实践之间的连接，也没有给他们明确的信息，教育他们大脑是如何发育的，或让他们知道哪些方式可以用来提高和增强大脑的发育。相反，我们让他们自己去弄清楚大脑发育是怎么回事。这样的结果就是美国充满了一个又一个焦虑的父母，而火爆的育儿行业充满了错误的信息，还有相互矛盾的建议。然而，父母知道什么和相信什么极其重要，所以他们需要相信自己可以培养孩子的大脑发育，因为他们的确可以！

现在，我们需要明确的是，养育和保护孩子的这个本能冲动深深植根于我们的基因和大脑回路里，同时这也是我们帮助孩子大脑发育工作的核心。为人父母看上去很像是坠入爱河，从我们的神经元看上去就是如此，因为刚迷恋上一个浪漫伴侣时，我们脑中发生的神经变化与为人父母前几个月发生的神经变化很相似。[2] 正如我先前解释的一样，爱孩子是大自然确保有人会去照顾这些无助且尚未发育成熟的新生儿的方式，爱孩子让我们得以充分利用大脑发育这个奇妙的进化礼物。

"等你做母亲就知道了。"当我抱怨我的母亲太过度保护我时，她就经常这么说，好像一旦我有了孩子一切都会不同似的。但事实的确是这样，现在我也对我的孩子们这么说，因为这句话涵盖了一个基本真理（也涵盖了孩子们普遍认为自己的父母是错的）：女性的大脑在分娩时会改变结构，大脑中富含神经元的灰质会变得更加集中，负责同理心、焦虑和社交互动的区域也会变得更加活跃。孕期和分娩后产生的大量激素造成了这些变化，而这些激素也有助于建立亲子关系。多项研究表明，单单是看着自己的孩子就足以激活母亲大脑中的奖赏中枢。母亲的大脑对她自己的宝宝在微笑的照片的反应和对其他宝宝的反应也不同。[3] 父亲也同样会经历激素变化，这是从生育到育子的目标转变的生物学反映。[4]

但是，如果我们爱孩子、保护孩子、让他们能安全到达彼岸，好好地长大成人的这一原始愿望如此根深蒂固，那么，为什么我们还需要进一步了解如何为人父母呢？这是因为几千年来育儿的意义已经变了。几千年来，父母能养活孩子，让孩子能越过激流到达河对岸就是成功育儿。以前的世界是一个弱肉强食的世界。进化生物学家认为，保护幼儿的需要使得父母拥有"照顾和交友"的能力，这点在女性身上尤为明显，因为照顾他人和获得他人的支持能让自己的孩子真正地脱离虎口。不同的是，几千年前的虎口是指真正的野兽，而现在说的虎口只是比喻。[5] 随着时间的推移，危险野兽带来的风险越来越少，而危险疾病带来的风险却越来越多。我们先前提到了休厄尔，他有 14 个孩子，其中 7 个因传染病离世，这种毁灭性的打击在那个时代却非常普遍。早在 20 世纪初，传染病就是世界上的主要杀手，感染传染病死亡的人数约占总死亡人数的三分之一，其中 30% 以上的逝者是 5 岁以下的儿童。[6] 因此，当时社会对父母的育儿建议更侧重于卫生、营养和身体健康方面。历史学家茱莉娅·瑞格里（Julia Wrigley）写道，到了 20 世纪 30 年代，儿科医生都很少将婴儿描述为"会思考、会学习、会好奇的生物"。甚至还有少数专家建议父母完全避免对孩子的刺激，因为婴儿正在发育的大脑会因此受到伤害。[7]美国心理学会前主席约翰·B.华生（John B. Watson）在1928年出版的一本关于保育的畅销书中就有一章名为"母爱过多的危险"。[8]

一旦疫苗、抗生素还有卫生条件得到改善，因感染传染病死亡的人数，尤其是儿童死亡人数便急剧下降。到1997年，美国因感染重大传染病死亡的人数不到5%（当时是肺炎、流感和艾滋病），其中，儿童死亡人数占比（包括死于传染病的死亡人数）不到2%。[9]这样一来，父母可以将注意力放在孩子长期的发展成果上，他们可以调整侧重点：不用担心孩子的身体健康，把重点放在如何促进孩子的智力发展上。

到20世纪下半叶，婴儿认知发展的重要性已经成为常识，即使我们很多人（真是惭愧！）并没有完全看到这个常识意味的全局。20世纪60年代，美国首次兴起了对认知发展的兴趣。人们愈加认识到婴儿需要培养，需要适当的外界刺激，他们从每一次触摸、听到的每一个词和每一个声音、闻到的每一种气味中学习。此外，这个世纪里，随着时间流逝，许多国家的父母受教育水平明显提高，完成高中教育也变得越来越普遍。父母受教育水平越高，他们就越有可能参与到孩子的认知、社交和情感发展中。

我们对好的育儿方式的看法也发生了变化。几十年来，中产阶级父母倾向于采用一种被社会学家安妮特·拉鲁（Annette Lareau）描述为"协作育儿"的方式。顾名思义，这是一种以孩子为中心、积极主动、参与性强的育儿方式，也被称为"密集型育儿"（或者，人们嘲笑或批评这种育儿方式时，称之为"直升机式育儿"）。相较之下，过去的工薪阶层和受教育程度较低的父母似乎更偏向一种被命名为"自然成长"的更宽松的监督型育儿方式。[10] 但最近的研究表明，阶级差异和其影响下对育儿方式的偏好其实有更细微的差异，这表现在两个重要的方面。首先，之前所记录的育儿方式的一些阶级差异可能更多地反映了资源差异，而不是什么是好的育儿方式的理念上的差异。而且，密集型育儿需要时间和金钱。（文化、种族和民族特点对此可能也有一定的影响。）其次，之前在育儿观念上存在着的重大阶级差异，似乎在很大程度上已经消失了。华盛顿大学的社会学家帕特里克·石冢（Patrick Ishizuka）说，现在来自各个社会经济阶层的父母都对良好的育儿方式有着非常相似的看法，他们都偏向密集型育儿。

我致电帕特里克，想更进一步地了解他做的这项有趣的研究。[11]（让我惊讶的是，他有个 2 岁的小孩和一对 5 个月大的双胞胎，他竟然还能抽出时间和我说话！）他采访了来自各个社会经济阶层的 3600 多名父母，让他们阅读在常见情况下，对 8 到 10 岁孩子的育儿方式的描述。父母应该如何应对自称感到无聊的孩子？他们应该如何应对调皮捣蛋的孩子？父母应该如何与给孩子低分的老师相处？在每个描述育儿情境的小插图中，对育儿方式的反应可以被归类为"协作育儿"或"自然成长"。

在帕特里克给出的所有育儿情境中，无论父母或孩子的性别如何，无论父母是否有大学学位，大约 75% 的父母对"协作育儿"的反应极好或非常好，相比之下，只有超过三分之一的父母以同样的评价描述"自然成长"的育儿方式。这并不代表父母认为自然成长的育儿方式不好或糟糕，许多父母认为这种育儿方式"好"或"过得去"，但是帕特里克告诉我，"受教育程度较高和较低的父母都认为密集型育儿是最理想的"。

世界其他地方的父母也是这么认为。对发达国家的一项研究表明，与 1965 年相比，2016 年父母花在孩子身上的时间更多，其中母亲多出 1 个小时，父亲多出大约 45 分钟。而在以散漫的育儿方式闻名的欧洲国家，拿荷兰来说，媒体注意到其育儿方式明显转变为孩子有更多的活动，但是父母也更加焦虑。[12]

实际上，多数父母的处境让他们无法完全实施帕特里克所描述的"理想的育儿方式"。对一些父母来说，开始"理想的育儿方式"几乎都是不可能的。然而，这并没有阻止大多数父母将密集型育儿视作标准育儿方式，他们认为这是确保孩子能在学校和生活中取得成功的最佳方式，也许也是唯一方式。密集型育儿是对一个饱受收入和社会不平等困扰的世界合乎逻辑的回应。尽管我们认为美国是个充满机遇的国家，似乎任何人都能在这里获得成功，但一个出生于贫困家庭的孩子很可能会一直贫困。现在，从事蓝领工作都很难过上舒适的生活了，教育便被视作脱贫的主要方式。几乎可以肯定的是，教育投资的回报推动着父母们思考如何最好地抚养孩子，因为不这么做的风险要比以前大得多。

当然，中产阶级父母和富裕父母的动机也大致相同，这一定程度上也解释了那些宁愿违法也要让孩子进入精英大学的富裕父母的恶劣行为［如"大学蓝调行动"案⊖（Operation Varsity Blues）］。[13] 这种行为只会加剧已经存在的巨大不平等。无论我们想给孩子什么，社会使之变得越来越难得到，似乎采取密集型育儿才是唯一的答案。

父母的知识，父母的信念

在我孩子还小的时候，我并没有真正质疑我的育儿方式，尽管我经常开玩笑说希望当时的我有现在的知识。然而，当我开始走出手术室，踏上研究的旅程时，我开始好奇，想知道那些强大的大脑建筑师，也就是父母，是如何知道他们有能力建造孩子的大脑的，孩子出生时显然没有自带使用手册。通过我们在 TMW 的工作，我适时了解到，在做任何其他事情之前，父母必须相信鼓舞我们工作的基本理念：强大的大脑是后天的，而不是天生的，而他们——父母和看护人——是构建这些大脑的建筑师，他们是引导我们向北极星前进的人。

父母和孩子生命中其他慈爱的成人不仅必须知道这一点，

⊖ 美国大学招生贿赂丑闻，富裕父母利用财富和特权让孩子进入顶级大学。——编者注

还必须相信这一点。两者有什么不同呢？知识是对事实的认知、理解和认识，而信念是确信你所知道的是真实的。信念将信任置于知识之上，并在比仅仅"知道"更深的层次上接受知识。我知道2加2等于4。我知道并相信父母谈论数字和数学模式的方式能塑造孩子的空间推理能力。知识和信念是大脑建筑师的指导说明书，也是通往健康大脑发育这个北极星的笛卡儿坐标。

知识和信念会共同影响并塑造父母的行为。如果父母认为孩子出生时的智力是不会变的，那么他们更有可能会选择将自己的时间"投资"在别的地方上面，但如果他们认为自己所做的事情会影响孩子的潜力，他们做出的选择可能就不一样了。例如，如果一个父亲没有意识到，自己趴在地板上与孩子面对面，模仿孩子的声音，让孩子听到不同的声音，并引导孩子对声音做出反应，即自己与孩子的互动，会大大影响孩子的智力发展，他可能不会趴在地上与孩子互动。如果一个母亲认为，相较于在去干衣机里拿衣服的路上快速地给6个月大的孩子一个吻或多花10分钟陪孩子玩积木对孩子来说没多大好处的话，那么她很可能不会花这个时间去跟孩子玩积木。但是，当这个母亲知道并相信这额外的10分钟会产生影响时，我敢打包票，即便她不能完全不洗衣服，她也会想办法在她叠衣服的时候和孩子说话唱歌。而这个父亲会趴在地板上对孩子发出各种有趣的声音。（当父母知道年幼的孩子从周围人身上学习，而不是屏幕上时，情况也是如此。）

是什么让我如此确定呢？ TMW 的研究发现，父母关于大脑发育的知识和信念直接关系到他们从孩子出生第一天开始与孩子的互动程度。[14] 我们每天都能看到父母得到的信息和他们的理解力是如何改变亲子互动，从而对大脑发育产生巨大影响的。

早期，我并没有完全意识到信念有多重要。我猜当时的我认为，伴随项目所提供的信息，信念多多少少会自然而然地出现。但是，随着我们和父母的交谈变多，进一步跟踪孩子的进步，我越发意识到我需要在知识和信念的中界点徘徊。因为你不能只和父母说他们需要如何与孩子交谈，你还必须投入时间和精力来帮助他们看到这样做是能影响孩子的大脑发育的。

我还发现没有可靠的渠道可以评估父母的知识和信念。问题听起来简单，做起来难，你需要确保提问的方式能够引导父母给出你想要的信息。这就是为什么研究人员会使用经过验证的和标准化的问题，用这些经过精心设计和测试的测量工具来找答案。但是，却少有可以解决我感兴趣的问题的测量工具：父母了解孩子大脑是如何发育的吗？他们是否了解这不是先天或后天发育的问题，而是父母必须后天滋养先天的发育？他们是否了解早期的信息输入能提高从自我调节和同理心，到数学推理和阅读在内的大脑的所有能力？父母对孩子生命的前几年经历是如何能预测孩子的人生轨迹的这一信息又了解多少呢？

为了找出答案，我和我才华横溢的团队创建了家长 / 保育服务提供者期望和知识等级测量量表（Scale of Parent/

Provider Expectations and Knowledge, SPEAK）。SPEAK
涵盖的问题涉及父母可能影响孩子大脑的所有不同方面：认知
能力、读写能力、数学和空间感悟能力、社交和情感技能、执
行功能等。构建 SPEAK 是一项艰巨的任务，这项任务我们还
没有完成。在我撰写这本书时，我们正在开发一种更复杂的电
脑自适应版本的调查工具，以便在提高测试准确性和精确度的
同时，减少调查参与者必须回答问题的数量。

这个量表会提出以下问题：

教育型电视节目对学习语言有好处吗？

孩子的语言在出生的头六个月会有发展吗？

双语学习是否会让孩子感到困惑？

婴儿的大脑是天生的还是后天培养的？

我们发现父母如何回答最后一个问题尤其有影响力。[15] 一
些父母认为孩子的智力在出生时就已经是固定的，无法被父母
或看护人所改变，其他父母则相信孩子的智力具有可塑性，也
就是说，孩子的大脑是可以被构建的，而父母或其他慈爱的成
年人是确保大脑最佳发育的基本因素。这个区别决定了一切。

SPEAK 让我们揭开了父母真正的知识和信念的帷幕，它
使我们能够通过父母的眼睛看到他们的育儿方式。例如，我们
去了一家大型分娩医院，在数百名母亲分娩的第二天就采访了
她们。这些母亲来自不同的背景：有的家庭富裕，有的家庭贫
困；有的是黑人，有的是白人；有的说英语，有的说西班牙语。
诚然，她们有点睡眼惺忪，但我们发现许多父母始终低估了早

期关键经历对孩子的影响。实际上，这里存在一个"缺失"的第一年。因为许多父母不确定儿向语言对新生儿的好处、和孩子一起读书的价值和亲子互动对语言发展的价值，超过一半的父母认为婴儿可以通过看电视和屏幕习得语言（其实他们不能）。令我难以置信的是，我们并没有发现父母在边做边学：第一次为人父母和做了很多年父母的人的知识差别惊人地小。

其他研究人员在类似问题中也得到了相似的答案。2015年，在一项对2000多名美国父母的调查中，有一半的父母错误地认为，父母照顾孩子的质量只有在婴儿满6个月之后才会产生长期影响。大多数父母不相信婴儿在6个月大之前有能力感到悲伤或恐惧，而事实上婴儿满3个月就有这个感知能力了。而且，近一半的受访父母表示，在大约一年半后（也就是在孩子2岁以上）读书给孩子听才有利于孩子的长期语言发展（但是实际上，在孩子大约6个月时读书给他们听就有这样的影响了）。而且，大多数父母并没有认识到与新生儿交谈的好处。[16]

我们的工作还描绘了一幅引人注目的画面：尽管几乎所有的父母都重视密集型育儿，但是到头来，金钱和教育的确会对孩子的发展产生影响。金钱和教育，拥有更丰富的两者其一资源的父母都更了解自己投入的时间和精力是如何影响孩子的发展的，每一点额外的教育都会增加孩子发展成果，使发展成果遵循明晰的梯度。没有完成高中学业的家长知道的最少，其次是只有高中学历的家长，然后是有大学学历的家长，大学以上学历的家长了解的最多。[17] 需要强调的是，这些都是平均水平，每个收入和教育水平内的受访父母都存在巨大的个体差异，这意味着相较同龄人，或许一些没有读完高中的低收入父母知道的更多，而一些拥有大学学历的富裕父母知道的更少。

为了更深入地了解这些差异，我们采访了低收入家庭，并再次看到了巨大的差异。但我们不仅确认了父母知识水平范围的广泛度，还开始展示父母的知识是如何映射到亲子互动上的。我们跟踪调查了近200个家庭，为期1年，也是他们孩子出生后的第1年。我们发现，正如预期的那样，父母在孩子出生后的第1周就拥有的知识，可以预测随着孩子的成长，他们的亲子互动。我们还发现，那些了解更多知识的父母会更早、更频繁地进行亲子互动。具体来说，在孩子出生的第1周内，对认知和语言发展了解更多的低收入父母更有可能对婴儿反应敏感，与其互动，因此，他们可以培养婴儿的认知能力和社交情感技能。这表明，如果我们能够增加父母对孩子语言和大脑发育的知识和信念，无论父母受过多少教育，我们都可以积极影响他们的育儿方式。

为了确定这是否属实，我们启动了两项相关研究，旨在评估增加父母的知识是否会改变他们的行为。[18] 在其中一项研究中，我们访谈了400多位父母，他们在诊所接受了四次健康婴儿儿科就诊（这四次就诊分别发生在孩子1、2、4和6个月大的时候）。每次，我们都会给他们播放一个10分钟的视频，解释什么是与孩子的共情关注、充分沟通和轮流谈话。视频中都是父母使用 3T 原则与孩子相依偎、给孩子换尿片、给孩子读书等的例子。

视频中有一位抱着新生儿的父亲说："你知道吗，你的血液中流淌着篮球。我给你看看标志性的跳投是怎么样的。"

还有一个母亲在哺乳时整天和宝宝说话："你饿了吧？待会儿我们会洗个澡，再买些新衣服穿……"

在第二项更密集的研究中，有 91 位父母（都说西班牙语）同意让我们在孩子满 3 岁后定期每月做 12 个小时的家访。其中一半父母为对照组，他们收到的信息是关于健康饮食和营养的，而不是关于大脑发育的，而另一半父母接受的每次家访都会有一位老师分享特定的大脑发育的科学知识，例如如何给予孩子鼓励，或如何将数学讨论纳入日常生活这样的话题，然后就父母如何实施这些策略提出建议。这位老师会引领父母和孩子开展活动，将他们刚刚谈到的科学付诸实践。而父母和孩子一起坐在地板上，父母对孩子共情关注、和孩子充分沟通并轮流谈话。我们做家访的研究人员也会提供反馈，并帮助父母设定目标。

父母吸收了孩子大脑发育背后的科学知识。这两项研究都表明，我们的干预措施极大地影响了父母的信念，并增加了他们与孩子的互动，这些互动对婴儿的大脑发育至关重要。毫不奇怪，密集型的家访计划比给父母播放新生儿视频来得更有效，因为家访是一对一的互动，不仅给父母提供了大脑发育的知识和策略，还给父母展示了如何将这些策略付诸实践。在家访计划中，孩子的词汇量、数学技能和社会情感技能都有所提高。而其中表现出最强联系的是孩子的语言技能增长，但是这也不足为奇，因为在此计划中我们非常强调父母的语言的作用。简而言之：父母了解更多孩子大脑发育的相关知识会影响他们的行为，而改变父母的行为会改变孩子的发展成果。

数学谈话里的信念

你有多经常听人说"我数学不大好"？我猜应该太频繁了。近年来，我们如何谈论数学和对数学的信念受到了众多关注。女孩和女性特别容易认为自己不擅长数学，数学测试成绩也反映了对其数学能力的信念。[19] 信念可以是自证的预言。

正是通过思考数学谈话，思考我们可以做些什么来改进SPEAK，我才认识了塔利亚·伯科维茨（Talia Berkowitz）。塔利亚曾是一名心理学研究生，后来以博士后研究员的身份在我的朋友和同事苏珊·莱文的实验室里工作，苏珊就是那名一直在关注天生只有半个大脑的夏洛特的进展的科学家。

塔利亚的专业知识可以帮助我们在 SPEAK 中建立关于数学领域的测试。我确信她可以帮到我们，因为在和苏珊一起评估一个名为"睡前数学"的数字程序时，她已经对孩子的数学和空间意识发展的复杂性了如指掌。睡前数学是一款专为父母设计的应用程序，可以作为孩子读睡前故事习惯的一部分。父母并不总是能意识到和孩子谈论事物的模式、类别和比较都与数学和空间技能有关，这些谈话可以培养孩子的大脑。而睡前数学中的故事充满了数学教育题材，让父母更加容易和孩子有这样的谈话。例如，在读了一篇关于章鱼用防水相机拍照的短篇故事后，父母可以问孩子章鱼有 8 只手臂的相关问题，从问最小的孩子"谁有更多的手臂，你还是章鱼"开始，然后逐步加大问题难度。但是，为了确保睡前数学能按计划工作，其创始人让苏珊和塔利亚去调查该应用程序是否对孩子的学习有影响。

他们设计了一项严格的研究，其中 600 名一年级学生的家长在整个学年中都使用这个应用程序。他们的研究结果发表在《科学》(*Science*) 上，这是最负盛名的学术期刊之一。[20] 果然，苏珊、塔利亚和其团队发现，与使用没有数学内容的阅读应用程序的孩子相比，定期和父母一起使用睡前数学的孩子数学能力有显著提高。有趣的是，对于一开始就对数学感到焦虑的父母来说，他们孩子的数学能力提高最为显著。这些父母常对数学有负面的记忆和感受，而父母越是焦虑，孩子数学能力的提高就越大。

该研究清楚地表明了父母需要知道如何与年幼的孩子谈论数学概念，而且，不论他们自己的数学经历如何，他们需要相信自己有能力做到这一点，也需要相信孩子有掌握这门学科的潜力。"我们改变了父母对孩子数学的期望值和价值观。"塔利亚说。父母没有将自己的数学焦虑投射到孩子身上，他们对孩子的能力反而有了更现实的认识。给他们提供一个简单的方式来谈论数学，就像是给他们一张地图，这种方式是通往北极星的途径之一。

陈述的信念与实际的信念

通过 TMW 的工作，我们近距离了解了知识和信念，看到了每个父母的知识和信念有多重要。但了解与我们一起工作的这些父母让我认清了另一件事：我放大了视野，看到了一个社会的知识和信念同样很重要。

我们说父母是孩子的第一任老师，却没有告诉他们如何教孩子。

我们说孩子是我们的未来，但对孩子的早年投资比任何其他发达国家都少。

我们说这个国家相信美国梦，这个梦拥抱成长和进步，却建立了一个如此不平等的社会，以至于太多人几乎不可能实现他们的梦想。

我们以美国个人主义的名义声称父母的选择是神圣不可侵犯的，但只有在有实际选择的情况下，父母才有可能去做选择，但是我们社会中的大多数父母并没有这样的实际条件。

我们言行之间的差距，我们陈述的信念和所揭示的或实际的信念之间的脱节，对每个父母都有直接的，甚至是可怕的影响。每个父母对自己角色和孩子潜力的了解和信念与社会的信念交织在一起。

很多时候，我们无法认识到父母的日常生活是如何影响在抚养孩子时面临的数千种选择的，包括从相对乏味的选择，例如早餐吃什么，到更复杂的选择，例如如何支付大学费用，或孩子是否考虑上大学。一个更明显的选择是母亲（最近父亲也纳入此列）是留在家里照顾年幼的孩子还是出去工作，这是一个在孩子生命早期就特别重要的问题。我们中的一些人认为能待在家里照顾孩子是很重要的，其他人则认为女性留在劳动力市场至关重要。我在这里并不做价值观批判。我的孩子还小的时候我就一直在工作，但是，我的一些最亲密的朋友和同事会留在家里照顾孩子。无论你的想法如何，理想怎样，当我查看统计数据时，发现大多数母亲（约 70%）都在外工作。[21] 根据皮尤研究中心的数据，在 2016 年，只有 28% 的母亲（和 7% 的父亲）在家照顾孩子。在深入研究这些数据时，双向财务压力这一事实震惊了我。这让一些人更难选择待在家里，也让一些人更难留在劳动力市场，而真正能够有选择权的父母只占少数。[22]（新冠疫情也向许多习惯于在外工作的人展示了在家全职照顾孩子的工作量有多大。）

不合乎情理的选择

想想这两个母亲的处境。作为博士后的塔利亚研究父母应如何与孩子讨论数学，但是由于支付不起高昂的保育费用，她现在每天都在家照顾两个年幼的孩子。另一方面，杰德在星巴克做了 12 年咖啡师的同时把年幼的孩子带大，就因为她的家人需要她这份工作所提供的收入和福利。一个想工作却负担不起，另一个想待在家里，也负担不起。所以无论你的信念如何，选择都不会合乎情理。

塔利亚去了巴纳德，后来在康涅狄格州卫斯理大学的一个早期儿童发展实验室担任研究助理。她选择在芝加哥大学和苏珊合作并完成她的研究生学业，尽管这里天气恶劣，但她被该城市浓厚的犹太社区氛围和当地的精神吸引。"我们很冷，但很开心。"她未来的同事这么告诉她。塔利亚对自己作为一名学者和研究人员的工作越来越有自信，同时她也坠入了爱河。她的丈夫贾斯汀在他们结婚后的第二年就开始上医学院，当时她还是研究生，贾斯汀还在医学院上学时，她就怀上了他们的第一个孩子。

塔利亚在攻读博士学位期间生下了头胎，这让她意识到许多大大小小的公司政策对新手妈妈并不是很友好。她很幸运，自己有一间办公室，这让她有地方可以泵奶，但她需要把泵奶工具放在部门主会议室的冰箱里。"为了取泵奶工具，我总是需要打断别人的会议。"她说。当女儿开始上幼儿园后，塔利亚 3 点半就得下班去接她放学。好在她的工作灵活，但她知道并非所有的雇主都如此友善。

塔利亚获得博士学位的时候，她的丈夫在读医学院的最后一年。她决定继续跟着苏珊做博士后研究员，许多博士生会走这条路，然后成为研究人员。很快，塔利亚又怀上了第二个孩子。他们很是兴奋，但现在也不得不考虑送 2 个孩子去保育中心会带来的经济问题。"我们的月薪加起来都不足以支付保育费用、房租和食物，我们还要买家里需要的其他基本必需品。"塔利亚说。为了支付保育费，他们必须动用积蓄，他们也计划这么做。

2020 年 2 月，塔利亚诞下一个男婴，她休了 3 个月的产假。当她重返工作岗位时，新冠疫情改变了一切。疫情期间，保育中心不开放，女儿的幼儿园也关门了，所以 2 个孩子现在整天都在家待着。很快她就被现实压得喘不过气来，而贾斯汀在医院担任内科住院医师，工作时间很长，她只能试着在各个 Zoom 会议之间平衡给孩子喂奶和孩子午睡的时间。尽管贾斯汀的父母就住在附近，但他们也帮不上忙，因为贾斯汀的工作使他和他周围的所有人都处于感染新冠病毒的高风险之中。

"要真正把自己的工作做完，我晚上必须工作，但那时我的儿子只有 3 个月大，他还不能整夜酣睡不醒。"塔利亚说，想起她之前所经历的一切就感觉已筋疲力尽。如果工作到很晚的话，她就只能睡 4 个小时。面对自己的工作，她深感重任。即使她的工作非常支持她的家庭生活，塔利亚仍想着她必须完成手头的工作。"我不会因为苏珊要求我为下次会议准备一些数据就感到沮丧，"她说，"对我来说，'我不工作，但你需要继续付我工资，是不公平的。'"

塔利亚和贾斯汀认为，一旦女儿重新上学的话，情况可能会有所改善。但是当他们计算花销时，才发现她回去工作已经失去了意义。"我回去工作的同时让女儿返校的话，支出反而会更高。"他们意识到，如果塔利亚留在家里的话，女儿可以上半天学，而不是一整天，而且他们不用花钱送儿子到保育所，这样生活开销就会小很多。因此，在获得文学学士学位、硕士学位和心理学博士学位之后，在取得了其他人（和我）只能梦想（还在《科学》上发表了论文）的事业成就之后，塔利亚做出了要留在家里的这个艰难决定。这样一来，他们不会每月负债 1000 美元，反而还有 700 美元的余用，可以用来买食物和其他必需品。塔利亚说："不用脑子想，我都应该留在家里。""如果保育费不超过我全部的薪水，我是可以工作的。"（然而矛盾的是，她的辞职反而让我可以每周雇用她几个小时来作为我的顾问，帮忙开发 SPEAK。这几个小时的工作量对她来说是可操作的，而且她什么时候方便工作我也能协调。）

　　面对摆在眼前的收入和支出，塔利亚知道她需要怎么做。但是从心理上讲，她很难接受这个决定。一方面，实验室已经人手不足，她不想让老板和学术导师苏珊陷入困境。"她也是我家庭的一部分。我认识苏珊的时间比认识我丈夫的时间还长。"但从更深刻的层次上说，待在家里既不符合塔利亚对自己的期望，也不符合她对这个家的期望。她说："这不是我想要的。为了我爱的家，我放弃了追求职业发展的希望。突然之间，我成了为支持丈夫的事业而牺牲自我的女人。现在我的职责是无私，但这并不是我自己想要的，也不是我想给孩子树立的榜样。"

但这不要紧。"对我来说，工作渐渐变成我们负担不起的奢侈品。"

杰德呢，她的问题恰恰相反，她一直想成为一个全职妈妈。她自己的母亲以前兼职工作，最终完全离开了劳动力市场。在她这个虔诚的基督教家庭中，她的姨妈也待在家里，祖母一辈也是如此。"这就是我长大的环境，"她说，"这就是我要做的事情。"

杰德随了母亲的性格，她说话直截了当，做事雷厉风行。她的最高价值观之一就是成为一名好基督徒，或者"向人人展示上帝的爱"。（她承认自己的欲望偶尔会与自己直言快语的本能相抵触。）她的宗教信仰也激发了想要待在家里照顾孩子的愿望，基督徒的她选择留在家里做全职主妇，这样的决定不是出于基督教义，而是出于基督文化。她说："教堂里的许多妇女都待在家里，而且她们能够在白天做所有这些额外的事情来照顾孩子。她们可以做志愿者，而且周日也有空。"如果你从事零售工作的话，很有可能周日你也得工作。

年轻的杰德想象着她待在家里的话，可以为自己的孩子做的所有事情。她主要是想陪伴在孩子身边，确保满足他们的所有需求，而不必在家庭生活与应对工作压力和工作需要之间寻求平衡。在儿子2岁大之前，她确实一直待在家里。为了能这么做，杰德和丈夫布莱恩与她父母同住，丈夫白天工作，晚上上学攻读教学学位。但是，当布莱恩得开始教学实习时，他不得不放弃他的另一份工作，还有这份工作提供的健康保险。这意味着杰德需要一份能提供体面的工资和保险的工作。就这样，她在星巴克找到了一份工作，工作时间很灵活，她可以在清晨或深夜工作，这样的话，她不会错过与儿子内森在一起的宝贵时间。如果她每周工作超过 20 个小时的话，她的家人就可以享有健康保险。

他们的新生活就这样持续了一段时间：杰德在星巴克上早班，从早上 5:30 工作到下午 1:30，这样布莱恩可以和内森待在家里。杰德午后回到家接手带内森，这样布莱恩可以去上班。如果他们工作的班次重叠的话，家人会来帮忙。这样的生活安排勉勉强强过得去，但是杰德和布莱恩却很少能见到对方。

在她工作的时候，在她把浓缩咖啡和榛子糖浆倒入咖啡杯做拿铁的时候，杰德一直不停地担心家里会发生的事情：儿子现在在做什么呢？我的宝贝儿子好吗？他想我吗？如果他闯祸的话，他们会以我管教他的方式来管教他吗？她一直觉得自己的母亲的惩罚方式有些苛刻，杰德希望她对内森不要那么凶。杰德在情感上和身体上都已精疲力尽，有时她甚至忍不住泪流满面。

几年后，杰德觉得希望来了。兴奋的她带着年轻的家庭搬到了佛罗里达，她从亲戚那里谋了一份职，而布莱恩在私立学校任教。起初，杰德觉得这份新工作特别适合她。由于她是唯一在办公室工作的人，她可以经常带 4 岁的内森上班，这也是因为他们仍然负担不起体面的保育服务，而且她还可以选择下午在家办公。

但是，健康保险仍然是一个问题。这份新的工作没法提供健康保险，而丈夫工作的学校提供的保险超出了他们的预算。因此，在工作日晚上和周末，杰德回到了星巴克上班。这两个工作加起来，她有时每周工作多达 50 小时……此外她还要照顾内森。

后来杰德又怀孕了。她的计划是送内森去上幼儿园，这样她可以带宝宝到办公室。"新生儿睡得可多了！我计划着孩子睡觉的这 4 个小时内我可以做完很多事情。"她说。但是，当老板拒绝让她把孩子带到办公室时（我想他认为婴儿会影响工作），杰德崩溃了。她说："他并不是很支持我在职母亲的身份。我做了这么多工作，这样的对待让我觉得自己很不受重视。我举家搬到了佛罗里达，我当然会工作！我永远不会不工作。"她试图和老板辩论，但这由不得辩论。杰德辞职了。这段经历让她非常难过，以至于十多年后，向我讲述这件事时，她还声泪俱下。

多亏还有星巴克这份工作。杰德增加了在星巴克的工作时间，这使她可以享受公司为在职家庭提供的众多福利：12 周的带薪产假和慷慨的健康保险，她还可以在咖啡店里的私人空间里泵奶。"即便我只是一名咖啡师，我也觉得公司听到了我作为母亲的心声。"她希望自己不必继续工作，但即便继续工作，至少她能在一个支持她的地方工作。最终，一家人搬回了伊利诺伊州，但杰德继续在星巴克工作了 12 年。

杰德认为自己是一个传统的母亲，但她看到了如今社会容许选择的局限性。她想象着要是能有这样一个世界，雇主们看到员工兼顾工作和家庭的困难，在审查工作期间可以理解家庭主妇的不易。她希望看到员工涨薪和价格合理的医保。她坚称自己不想"白拿钱"，她不想要别人的施舍，也不想被认为自己是个懒惰的人。她鼓励自己的孩子祈祷并向上帝求助，但她并不会向其他人求助。不过，她知道在最需要支持的时候，自己孤苦伶仃的感受。

培养大脑只有一种方法

成功养育孩子的方法有很多。

但是培养大脑只有一种方法。

喜剧演员米歇尔·布托（Michelle Buteau）在《纽约时报》上发表了一篇让人发笑的文章（至少对我来说很搞笑）。这篇文章关于她发现她和丈夫对如何安全地养育2岁的双胞胎这件事截然相反的想法的震惊。[23] 她的丈夫出生在荷兰，他们育儿方式的不同也反映了他们文化背景的差异。布托的父母来自牙买加和海地，她自己则在新泽西州长大，她认为自己的父母对她过度保护了，比如，去餐馆的时候，母亲会把米歇尔放在腿上。（"我在十几岁的时候当然觉得这很尴尬。"）但是在荷兰，她的丈夫所成长的文化环境里，这里的父母会把婴儿车放在餐厅外的人行道上，把孩子留在婴儿车上打盹，自己则在餐厅里面吃饭。"对我丈夫来说，我不仅是个直升机妈妈，我还是扫雪机式妈妈。"她这样写道。但是，她向休闲又放松的丈夫传达的信息是："2 岁的孩子并不会欣赏吉米·巴菲特（Jimmy Buffett）的音乐会！"

布托在文章结尾问读者：谁是对的呢？

答案是，好好地养育孩子并不只限于一种方法。待在家里很棒，把孩子送去高质量保育中心或慈爱的家人那里看护也很棒。但是，无论父母选择哪种育儿方式，无论谁来照看孩子，只有一种方法可以培养孩子的大脑：与他们互动。我们也非常了解什么事情对大脑发育没帮助，不要停止与孩子互动，不要太安静，也不要忽略孩子（也许，当孩子可以安全地在小酒馆外打盹时，可以忽略一会儿）。

父母需要什么呢？他们需要知道健康的大脑是怎样形成的，他们需要知道有爱心的成人是孩子的大脑建筑师，他们需要相信孩子在生命头几年的经历能为其未来埋下成功的种子，他们需要有一个了解健康大脑发育重要性的社会，他们需要有一个支持父母和看护人作为大脑建筑师这个关键角色的社会，他们需要有一个相信大脑发育是指引我们前进的北极星的社会。

我们知道通往北极星的坐标，如果我们跟随这些坐标，我相信我们可以到达目的地。但是，知识和信念不是行动，我们的行动比什么都重要。

第
6
章

养育环境与养育成本

"人生中某些经历的稀缺，意味着我们在余生中能注意和思考的会变少。"

——塞德希尔·穆来纳森（Sendhil Mullainathan）和埃尔德·沙菲尔[1]（Eldar Shafir）

　　如果你问我成立 TMW 中心的愿望是什么，我会说兰迪就是我的愿望。他是参加我们的纵向研究的一位父亲，与他和他的家人一起工作了几年之后，我和我的团队已经对他很是了解。看着兰迪与他孩子们的互动是一个完美的例子，它展示了我们可以如何将象牙塔里的科学带入现实世界，向父母展示如何在日常生活的互动中和孩子使用 3T 原则，帮孩子学习词汇，发展其阅读能力、数学和空间技能。

　　反过来，兰迪也向我们展示了许多父母可以做的事，展示了父母可以多有创造力。在做家访的时候，参加研究工作的家庭会使用一种名为 LENA 的可穿戴录音设备，这个设备像是一个会对话的 Fitbit[⊖]，你把它放在孩子的衬衫口袋中，就可以捕捉到孩子所听到的和所说的内容。为了让儿子朱利安配合，兰迪说："我哄他说这个是钢铁侠的心。"当时只有 2 岁的朱利安相信了父亲的话，每当戴上设备时，他就觉得自己变得越来越强壮。我们也将这个钢铁侠的技巧分享给了其他父母，这个方法很是奏效。

但是，兰迪向我们展示了一些更重要的东西。在参加我们的研究后，兰迪确切地知道了如何做亲子互动，以及亲子互动的重要性，他全心全意地相信自己作为大脑建筑师的能力。但是，问题在于，知识和信念只让他前进的步伐到此为止。鉴于他家庭所面临的现实的经济问题，他和家人自己能做的很有限，这也很令人沮丧。对我来说，兰迪清晰地提醒了我们社会对父母设置的限制，使我们无法专注于向大脑发育的北极星前进。

兰迪在坐公交时路过了芝加哥大道，这是他第一次看到我们的广告。我很惊讶他还注意到了海报，因为他那天已经筋疲力尽。在第一份工作做了数小时后，他坐公交去打第二份工，因为他的小货车停在店里。这份工他也需要工作好几个小时。很多建筑工作中都体现出兰迪的才华：改建、粉刷、修管道、拆迁，等等。然而，一年中的大部分时间他都在维修停车场，他会去除破旧的沥青，然后铺上新沥青，他会填补地上的

⊖　一款智能计步器。——编者注

裂缝，粉刷标出残障停车位。

兰迪每周例行工作 6 天，早上 7 点离家，每天工作 12 个小时以上。有时他整夜工作，以便早上停车场上的修复工作都能晾干。这份工作让他耗尽体力，如果气温达到 32 摄氏度的话（鉴于芝加哥严酷的冬天，有炎热天气的情况并不像你想的那样罕见），在炽热的黑沥青上工作几个小时就像在烤箱里工作一样。

兰迪坐公交的时候虽然很累，但在看到明亮的蓝色 TMW 海报宣布我们正在寻找家里有 13 个月及以上孩子的家庭，号召父母参加培训课程时，他振作了起来。广告语是这么写的："了解 3T 原则——共情关注、充分沟通、轮流谈话。这是为像您一样的父母创建的项目，学习新的易于使用的方法，为您的孩子提供最佳的人生起点。"兰迪觉得有人看穿了他的心事。他的儿子朱利安的年龄刚好可以参加研究，而女儿杰拉尼大朱利安 1 岁，给孩子们最佳的人生起点正是兰迪所想要的。

兰迪梦见把孩子们送去上大学。朦朦胧胧中，他认为这是他在河对岸所等待的东西。但他清楚地知道，他希望自己的孩子可以取得比他更好的成就。"我不希望他们做和我一样的工作，"兰迪说，"我希望他们以后能坐在舒适的空调房里，有自己的办公桌，做脑力工作而不是体力工作。"

不过，兰迪已经开始担心了。杰拉尼健谈而且很有热心，她在学前班蓬勃发展，每天她回家的时候都会展示自己学会的新词，学校也会定期提供报告，告知父母杰拉尼的学习进度怎样。尽管朱利安崇拜他姐姐，并沉浸地听着她说的所有的话，但是他大部分时间都还是在另一种环境中。兰迪和妻子梅拉在工作时，朱利安每周 5～6 天都会去一个家庭式保育中心上学。这个中心的经营者很友善，兰迪认为他们会尽力去照顾朱利安。但是，他担心朱利安会错过注意力的发展和一些活动……他并不完全确定儿子会错过什么，但他确定儿子会错过一些东西。很多时候，当他去保育中心接儿子时，他发现孩子们会一动不动地盯着一台嘈杂的电视机，忙碌的看护人在一旁忙着照顾正在哭泣的婴儿。兰迪知道有更好的保育中心，但他们负担不起。

当他在公共汽车上看到 TMW 的广告时，兰迪拿起了电话。至少在这里，他还可以做些什么。

为上学做好准备，为未来做好准备

兰迪看到了孩子的早年经历和未来发展之间的联系，即使他还不知道这背后的科学原理是什么。为了上大学，朱利安和杰拉尼必须为上幼儿园做好准备。而为了准备上幼儿园，两个孩子需要强大的大脑基础。而大脑建筑师，也就是兰迪本人、梅拉和孩子们其他的看护人，需要建好这个基础。建立强大的大脑这一过程从孩子出生后的前几天就开始了，并不用等到他们上学的第一天。

然而，开学的第一天意义重大。这是一个门槛，标志着孩子进入了一个新的世界。上学第一天可以是激动人心的，也可以是让人害怕的，可以是充满微笑的，也可以是饱含泪水的，或是两者兼而有之。女儿艾米丽第一天上幼儿园的情形，我至今记忆犹新。当时她才3岁，看着哥哥姐姐上学后，艾米丽迫不及待地想有机会能和"大孩子"在一起。我们为上学第一天挑选了一套新衣服，配了一件薄荷绿的衬衫，上面印有扮成海盗的凯蒂猫，还有一条粉色的打底裤和一双闪亮的运动鞋。我们步行了几个街区到达学校，我们俩都非常兴奋，都很向往这一天。艾米丽的教室明亮而温馨，她的老师阿贝拉热情地向艾米丽打招呼。我们找到了写着她名字的放书包的格子。其他许多孩子都是吉纳维芙和阿舍尔同学们的弟弟妹妹，所以艾米丽在这儿已经有了朋友。她边笑边探索着周围的环境，一会儿把我拉到书架边，一会儿把我拉到沙盘旁。

我的宝贝女儿似乎完全适应了新环境。她是我的第三个孩子，我以为一切在我的掌控之中，所以接下来发生的事情我并没有做好准备。我要走的时候，艾米丽就开始哭，还拉着我不放。尽管看着她这样我不忍心离开，但老师坚定地告诉我，我该走了（后来，艾米丽在我走后安定了下来）。第二天的情况也没好到哪里去。在上学的第1周，每次的离别都很痛苦，每一次新的离别都只比上一次稍稍轻松一点，直到她终于在第2周的某一天，在我离开的时候没有哭。（老师还跟我说艾米丽可能在戏剧表演方面有前途。）

学校要求孩子们学会做很多新的事情：安静地围坐一圈、

排队、专心做事，等等。孩子们会学习字母、数字和星期几，会接触新想法，也会交很多新朋友。有些孩子在情感上、行为上和学习上已经为这些新体验做好了准备，但有些还没有。从最全面的角度来看，我们也应该从全面的角度看，"上学准备"这个概念包含了孩子能在学校顺畅活动所需的全套技能和知识。这个概念流行于全世界，被视为缩小孩子的机会差距以及发展所有孩子潜力的战略。[2] 我们通常在四个领域测试孩子是否做好了上学的准备。一是学术领域，也就是孩子的早期语言、读写能力、数学技能以及整体的认知发展。第二个和第三个领域是执行功能和社交情感发展，有了这些技能，孩子们能够耐心等待，轮到自己发言的时候能用语言表达自己的感受，并在沮丧时坚持不懈。最后一个领域是身体健康。[3] 前三个领域与基础大脑发育密切相关，通过强大的外界对话输入，我们可以帮孩子发展这些技能。

整个入学准备的概念提出了一个问题：是孩子应该为上学做好准备，还是学校应该为孩子上学做好准备？在理想情况下，两者应兼而有之。正如美国儿科学会在入学准备的政策中所述："无论孩子处于何种入学准备水平，学校有责任满足所有孩子的教育需求。"[4] 但是，孩子的入学准备水平差异也反映了他们早期已经存在的差异。至少按照对孩子入学准备水平的标准衡量，大多数美国孩子还没有为上学第一天这一重要的时刻做好准备，这一令人沮丧的事实是无法粉饰的。根据一家领先的国家研究机构儿童趋势（Child Trends）2020 年的报告，超过一半的孩子在至少一个重要发展领域不在发展"正轨"上，而这一发展领域是未来成功的基础。与较富裕的同龄人相比，来自贫困家庭的孩子不太可能为上学做好准备。[5] 例如，在伊利诺伊州，只有大约四分之一的孩子在衡量入学准备的所有四个领域都真正做好了准备，而将近 40% 的孩子在这四个领域中，没有一个是做好准备的。[6]

这些孩子在开学之前就必须赶上同龄人的发展进度。然而事实上，如果你一开始就落后这么多的话，以后只会更难赶上。3 年级或是孩子 8 岁的时候似乎是一个关键时期。根据教育政策专家埃利奥特·雷根斯坦（Elliot Regenstein）的说法，如果孩子在 3 年级时能在正轨上发展，大多学区学校都可以支持他们在正轨上继续发展，但很少学区学校能让在这个时候已经落后一年的学生，在高中毕业前赶上同龄人的发展。[7] 这些统计数据清楚地表明，要想改善所有学生的发展前景，我们必须在上学第一天之前就开始帮助他们。

越来越多的证据表明，入学准备涵盖的一系列技能可以预测孩子未来能取得的成功。例如，在一项针对 2000 多个不同种族低收入家庭的大型研究中，孩子的早期学习环境（包括亲子互动的质量）可以预测他们在 5 年级时的学业技能。[8] 而其他研究表明，5 岁就准备好上学的孩子青少年时期在高中辍学的概率更小。[9] 这种影响会延伸至成年。5 岁就做好入学准备的孩子更有可能在 40 岁时进入中产阶级，[10] 他们得慢性病和滥用药物的概率也更低，总体上也更健康。[11] 原因在哪里呢？

就是技能基于技能，随着孩子的发展，他们会变得更强壮、更坚毅。孩子的生长环境帮助他们建立良好的大脑基础，随着年龄的增长，孩子学习更有效率，他们也会接触到更多的词汇、更多的想法、更为复杂的数学概念。

在我们可以帮助孩子早期发展的所有认知技能中，语言是孩子未来发展的一个有力指标。[12] 就像河流的源头一样，语言的习得有个良好的开端，预示着孩子能培养其他一连串的技能。这意味着，如果父母或看护人在孩子生命的头几年能为其提供一个充满互动对话的丰富的语言环境的话，那么与没有这样环境的孩子相比，这个孩子很可能会掌握更多的词汇量，拥有更强的沟通技巧。反过来，孩子掌握的这些早期词汇和语言技能也预示着他们在 8 岁时将取得的一系列令人印象深刻的成就、技能，以及特质：包括大脑信息处理速度、词汇量、阅读能力、语法掌握程度、语音意识、工作记忆和智商。换句话说，帮助孩子在他们生命的头几年建立强大的大脑连接就像创建电脑硬盘一样。有了良好的内置处理速度和内存容量，你可以无限期地进行软件更新。

很多研究都支持我刚刚提出的观点，但有一项研究特别值得强调。2018 年，非营利组织 LENA 的一组研究人员使用他们开发的录音设备和处理软件，展示了孩子在生命头几年接触语言能产生的长期影响。[13] 十多年来，他们一直在跟踪研究数百名孩子和家庭。这项研究的独特之处在于，当孩子们还是婴儿时，为期 6 个月内，父母每天都会记录孩子从周围环境所听到的一切内容，而且每个月中有 1 天会记录整天的会话内容，我指的是一切内容。这些研究人员不像早期的科学家那样，每天只记录 1 个小时的谈话，然后以此推断出总语言接触量。多亏了新科技，我们使用相同的 LENA 设备，这样能够完整地记录孩子们听到的一切对话。一项早期研究表明，虽然孩子听到的语言总量（即纯粹的单词量）很重要，但成人和孩子之间的轮流对话数量对于孩子的早期语言发展更为重要。[14]（需要明确的是，这项研究并没有证明一件事会导致另一件事的发生，但表明了这两件事情是相关的，并且这些研究发现与瑞秋·罗密欧等研究人员的工作发现完全一致。瑞秋·罗密欧是用大脑扫描仪研究孩子大脑的语言病理学家和神经科学家。）

但我认为最值得注意的是其后续研究。事实证明，当孩子读完中学时，早期的语言接触可以预测 10 年后他们的认知和语言技能，而在语言和智商测试中，那些在小时候就与父母有更多对话的孩子得分明显更高。研究证明，孩子 18 ～ 24 个月大之间这 6 个月的时间特别重要，在这期间，孩子的语言能力真正起飞，许多孩子每天能学习多个新单词，这期间的语言习得明显也与后来的语言和认知技能相关联，所以这 6 个月似乎是一个关键的机会之窗。

对于像兰迪这样的父母和像朱利安这样的孩子来说，这就是利害攸关的事情，这就是为什么个别父母在这个关键时期在家中所做的事情会在孩子的生活中以及整个社会产生如此广泛的影响。父母和看护者与孩子的交谈和互动是建立孩子强大认知能力的关键，这就是为什么它是我们在 TMW 一切工作的背后驱动力。当父母与孩子共情关注，注意孩子的兴趣和情绪时，父母就在建立孩子的认知技能，帮他们做入学准备。当父母定期与孩子一起读书、让孩子以对话的方式讲故事、引发孩子对词语和行为的反应时，父母就在建立孩子的认知技能，帮他们做入学准备。孩子能和父母一起做这些事情的时间越多，他们的认知能力就越强。这些长期研究进一步证明，无论成年人有什么样的育儿背景，他们都可以通过与孩子共情关注、充分沟通和轮流谈话来促进孩子的大脑发育。

时间就是金钱

事实证明，兰迪天生就很擅长使用 3T 原则。他和朱利安见了我们优秀的家访工作人员中的一员米歇尔·萨恩斯（Michelle Saenz）。兰迪总是留着光头，永远戴着黑色公牛队球帽，他高兴地接受了 3T 原则的培训，经常坐在地板上和儿子一起玩。这不是他家的男人传统上会做的事情，他们也没做我们所说的共情关注。兰迪的父母严格、传统，带大了 4 个男孩。"我们不会讨论像想法和感受这样的东西。"兰迪告诉我们。他从小就认为学习是在学校里发生的事情，从来没有想过在孩子出生的头几年，他可以做些事情来培养孩子的大脑。"我一直认为，孩子天生就是聪明的。"他说。但他很高兴意识到自己可以帮助建立朱利安的大脑。

可以说，兰迪变成了一个真正的信徒。在加入 TMW 项目一段时间后，在母亲家的一次家庭聚会上，兰迪的哥哥发现他和朱利安一起玩。"伙计，你在地板上做什么呢？"哥哥问。作为 3T 原则的拥护者，兰迪畅谈了成人放低身段到孩子的视线水平并关注他们玩的东西的好处。"每一件小事都很重要！"他说。

在早期的 TMW 课程中，兰迪会坐在客厅地板上铺着的柔软灰色地毯上，一手把朱利安抱起来，放在自己的膝盖上，抚平儿子的黑发，轻轻挠他柔软的腹部。与朱利安交谈时，兰迪能很轻松地在西班牙语和英语之间来回切换，这也反映了他墨西哥和爱尔兰的混血背景。当朱利安捡起字母积木时，兰迪会慢慢地、稳固地帮他把积木叠起来，还边叠边数数（"1……2……3……4……5……"），直到在儿子面前把积木组成一个高到快要倒下来的高塔。

"推倒它，推倒它。"兰迪用肘轻触朱利安，鼓励他把塔推倒。朱利安抬头看着父亲，随着叠加的积木越来越多，他的眼睛闪烁着喜悦的光芒。积木越叠越高，数到 16 时，塔就倒了。

"轰隆！"

兰迪也特别喜欢利用他对芝加哥运动队的热情，包括熊队、公牛队和小熊队（绝不是白袜队），来和儿子讨论数学，帮助其大脑发育。每当在电视上看到棒球比赛时，兰迪都会计算好球和跑垒数，他会记分，甚至会指出每个球员球衣上的数字，这也是朱利安开始认出球队成员的方式。如果朱利安看到游击手哈维尔·贝兹（Javier Báez），他就会大喊："9！"

兰迪充分利用自己能和孩子们相处的时间。毫无疑问，他做得很出色。他听了我们的指导并好好使用这些建议，他知道他需要和孩子共情关注、充分沟通、轮流谈话，他开始相信自己作为大脑建筑师的力量。但是，即使兰迪充分地利用这个培训，学到了知识，它也无法提供他最需要的：时间。

兰迪在孩子大脑健康发育方面所做的努力和经济现实冲突。只要有可能，兰迪就会尽量在晚上及时回家，在睡觉前花至少半小时陪伴孩子。但为了养家糊口，他不得不完成他能得到的任何额外工作。除了常规的合同工和梅拉在牙科诊所的工作外，兰迪还在下班后或休息日时打些杂活来补贴家用，做更多停车场上的工作、修理私人车道、钉石膏板。

兰迪一直是个勤奋的人，这也是他父母一直很重视的价值观。从 14 岁起，他就一直在上班，打的工有时甚至不止一份。他会打包杂货，做过服务员，做过建筑工人，拆迁房屋，高中毕业后，他加入海军并服役了 6 年，其中大部分时间在做厨师。

尽管他有很强的职业道德，但兰迪并没有受过高等教育，因此他身处的就业市场是一个无法提供福利、糊口工资和固定工作时间的就业市场。他只想跟他的父母一样，一直有稳定的工作，而且工作在他们的整个职业生涯为他们提供福利。他的父亲是一名退伍军人，在一家五金店工作了 30 多年，他的母亲在芝加哥北部郊区的一个乡村俱乐部的衣帽间差不多也工作了30多年。但是，当兰迪和梅拉刚组建家庭时，他们很难找到能提供福利和能糊口的工资的工作。相反，他要打好几份零工，凑起来才可以养活家庭。尽管他和梅拉一直精打细算，但他们有限的赚钱能力意味着这些钱似乎永远不够用。

最重要的是，兰迪工作的要求意味着他需要放弃与家人在一起的时间，每天只能和孩子们相处半小时，实在太少了。很多时候，他甚至还错过了这珍贵的半小时，就因为他觉得只要有工作，他就得接，即便这意味着他要工作到深夜。周六，兰迪宁愿在家边看棒球比赛边和朱利安和杰拉尼谈论数学，也不愿在外，在公路上铺热沥青。兰迪和梅拉能支付得起的保育所质量还不高，无法弥补他们没能在家为朱利安做的这些事情，而这还使兰迪能和孩子们相处的时间损失雪上加霜。经济压力和工作带来的疲惫紧紧压迫着兰迪，他们居住的社区还增加了他的担忧。他在同一个社区长大，房子还是叔叔传下来给他的，外面很多地都空着。在这个街区，快餐包装纸散落一地，枪声还经常打破夜晚的宁静。兰迪的两个兄弟在年轻时就被枪杀。"我告诉孩子们这是烟花的声音，"兰迪解释说，"但很快他们就会意识到并不是这样。"他试图到一个叫"城市战士"的青少年安全和暴力预防计划里做志愿者，希望能做些改变。但到了晚上，他常常因为内疚而无眠，担心这，担心那。他这样的心态会影响到孩子们吗？

稳固的小舟

兰迪这样的父母只想帮助孩子取得成功，但如果没有时间、能力和金钱，兰迪就好似让孩子在一艘会漏水的木船上度过童年。他竭尽全力划桨，尽所能养育孩子们，但小舟却一直在进水。维持小舟在水上漂着就已经是一场无休的战斗。在美国，养家费用高昂，为了让孩子读完高中，一个家庭预计要花费至少 200 000 美元，或每年近 13 000 美元。[15] 如果父母要让孩子一路过河，准备好上大学，或追求遥远彼岸上的其他一切机会，他们就需要一艘稳固的舟。如果我可以更详细地解释这个比喻，这艘舟不一定要是一艘游艇，一艘适航的舟或一艘可以经受生活的风暴而不沉没的舟就可以了。那艘小舟建立在一个家庭可以维持生活的工资、合理的工作时间、能负担得起的高质量保育服务的基础上。换句话说，建立在真正可靠的、可以支持父母的资源上。

然而，在过去的 50 年里，对兰迪这样的父母来说，经济机遇反而缩小了。过去，体力劳动者还可以赚到足够养家糊口的钱，现在可不是这种情况了。就业和工资增长的主要是那些需要更高水平的社交或分析技能、需要更多教育或培训的工作。自 20 世纪 90 年代以来，制造业就业人数就下降了约三分之一，知识密集型和服务业的就业人数却增加了一倍。（因此，越来越多的人认为，"密集型育儿"是帮助孩子实现其潜力的唯一途径。）自 20 世纪 70 年代以来，工资就几乎停止上涨，有工资增长的地方也主要流向了收入最高的工薪阶层。这样的结果就是，收入不平等的差距大到令人震惊。[16] 诚然，收入不平等的差距的加剧在美国最为严重，但在绝大多数发展中国家和一些新兴经济体，收入不平等的差距也在加剧（原因大致相同）。其中俄罗斯、南非和印度都出现了显著的增长。[17]

这些事实和数字听起来可能很熟悉。多年来，我们一直在听到收入不平等的问题，但这就是它在现实生活中的含义。即使是像塔利亚这样拥有所谓好工作（有薪水、福利和正常工作时间的工作）的工薪层，如果他们的工资处于收入水平的低端，他们也会在养家糊口这件事上挣扎。2020年，一项针对匹兹堡一家大型医院的此类工薪层（秘书、医疗技术人员等）的研究调查发现，他们中大多数人不得不采取像工资日贷款或延迟支付水电费的极端策略才可以养家。他们需要靠其他家庭成员来照顾孩子，而且家里经常连一些必需品都没有（例如，在《平价医疗法案》（Affordable Care Act）颁布之前，成人的健康保险通常被视为一种负担不起的奢侈品）。[18]

然后就是零工经济。在科技变革的推动下，越来越多的行业受到干扰，越来越多的人从事短期或自由职业，这些工作是他们收入的全部或部分来源。我的祖父就在巨鹰杂货店当卡车司机，他领一份薪水，有自己的家，稳定地处于中产阶级。而现在，这种工作通常是零工经济的一部分。我们很难衡量零工经济的劳动力参与率，但最近的估计是，像兰迪一样，有超过三分之一的美国工人参与到零工经济当中，而且零工经济在全球范围内增长。[19] 对于许多人来说，零工经济意味着有份能赚外快的副业。对于一些全职父母来说，这无疑是一个好处。但对其他人来说，这是他们谋生的主要方式。打零工的优点是灵活度高、（有时）准入门槛低，缺点是缺少福利、工作不稳定和工作时间不自由。如果你有一个家要养的话，这些点都很重要。与大众对零工经济的看法相反，零工经济不仅包括优步、来福车司机或者爱彼迎房东，它还包括独立承包商、待命工人和季节性工人（例如在假期高峰期为亚马逊工作的工人），等等。一份报告指出，40% 到 60% 打零工的人表示（这取决于他们的工作是主要收入还是补充收入），他们将难以支付 400 美元的意外开支，这意味着他们的生活接近财务边缘，这是极其危险的。[20]

这些经济变化和挑战从很多方面给日常生活带来了困难，特别对养育子女产生了连锁反应或附带影响。而当今就业市场的现实与我们对父母和家庭为实现孩子最佳大脑发育日益增长的需要这个认识背道而驰。这些感到经济压力的父母不太可能感受到这些对他们的支持，也不太可能对自己的养育方式设限或感到满意，更不太可能有良好的亲子沟通。[21] 现实情况是，经济和其他压力在家庭的整体运作中扮演着重要的角色，但劳动力问题与幼儿发展问题之间的联系并没有引起太多的关注。

追寻能力，追寻对话

在外工作的父母都非常清楚工作和家庭生活真正有多纠缠，他们也知道保育中心是可以让生活紧凑规整的关键。（正是因为这次新冠疫情导致学校和保育中心关闭，父母需要替代老师去教育和照顾孩子，大家才意识到保育中心有多重要。）因此，就像父母是年幼孩子的大脑建筑师一样，保育服务提供者也是，他们和孩子待在一起的时间也很长。然而，在美国只有 10% 的保育机构被评为质量很高，即生活节奏、活动和对孩子的照料都基于加强儿童发展的知识之上。而其他 90% 机构的质量参差不齐，大多只是在照看孩子。约有 20% 的孩子"处于语言孤立状态"，他们每小时接触的轮流对话数量不到 5 句。[22]（以每小时 40 句的轮流对话数量为基准。）我知道保育中心的许多老师尽力而为地工作，但是像玛丽亚和殖民时代的妇人们一样，她们在保育中心的工作却几乎无法维持自己的生计，她们大多数人的报酬过低、缺乏训练、工作量还大。

在质量较低的保育中心中，让孩子遭受最大影响的一件事就是语言参与度的缺乏。记录了这么多幼儿的早年生活经历的同批研究人员发现，相较于保育中心的环境，孩子在家里接触的轮流对话多了 73%！[23] 还记得研究人员确定了孩子早期语言输入的关键时期是在孩子 18～24 个月大的时候吗？这恰恰是孩子在保育中心里，与外界互动处于最低水平的时间段。值得注意的是，一项对 13 个国家和地区的 1742 名 3 岁以下的幼儿进行的初步研究结果表明，在 2020 年 3 ～ 9 月，由于新冠疫情父母待在家里的孩子的词汇量有所增加，他们如果没有和父母待在家，词汇量可能不会增加如此之多。这项研究发现，这群孩子被动的屏幕使用时间减少，或者看护人给孩子读书的时间更多，这也是新冠疫情带来的极少数好处之一。[24]（当然，这发生在新冠疫情的前 6 个月，随着危机的持续，父母日渐疲累，所以这种积极的影响可能已淡去了。）研究人员得出的结论是："看护人更加了解了孩子的发育，或词汇发展受益于封城期间的密集型亲子互动。"孩子在家的对话数量会多于保育中心，这并不让人感到奇怪，没有人会比父母对自己的孩子更感兴趣，或投入更多时间。而且在家里，需要夺取大人注意力的孩子更少，对话也更不容易中断。但是，这其中的差异程度和孩子认知发展机会之窗突显了优质保育中心的重要性。

由于风险如此之高，加上经济收入不稳定（其中绝大多数父母还必须在外工作），父母先是要找高质量的保育中心，然后还要努力支付保育费用，这使得他们精疲力尽。加布里埃尔（Gabrielle）就是这样的。加比（加布里埃尔的昵称）是内布拉斯加州奥马哈市的一位听力学家和听力研究科学家，一发现自己怀孕，加比就开始找保育中心。实际上，她在怀孕之前就已经开始计划了，她也必须这么做，因为她的工作提供的产假短得可怜。加比解释说："我要么可以请 12 周的无薪假，要么把累积起来的所有假期和病假都用完。"

为了最终能够休带薪产假，加比在工作的头几年都没有休假。经过几次昂贵的生育治疗后，她和妻子凯拉于2019年11月5日迎来了她们的儿子。"他是我体外受精的小奇迹。"加比告诉我。她们把儿子取名为格里森·肯尼迪（Greyson Kennedy），我很喜欢这个名字的取义。他的名寓意着格雷洛克山，是马萨诸塞州伯克郡山脉的最高点，她们俩都在那里长大，也是凯拉向加比求婚的地方。肯尼迪是儿子的中间名，向美国最高法院前大法官安东尼·肯尼迪（Anthony Kennedy）致敬，他是2015年6月联邦政府婚姻平等合法化的多数意见发起人，也是关键投票人。加比和凯拉甚至在婚礼上朗读了肯尼迪·奥贝格费尔诉霍奇斯案（*Obergefell v. Hodges*）评论的最后一段。

格里森的名字富有诗意，但他的出生过程很是艰难，而且出生时他有轻微的兔唇。加比很好地应对了这些挑战。"我想要他想了这么长时间，这么努力地将他带到这个世界上，"她说，"大多数时候我醒来，数着我的幸运星，想着我如此幸运可以做他的妈妈，这种爱很疯狂，所以很难在这种时刻判断困难何在。"

当加比和凯拉开始参观保育中心时，她们头脑中浮现了一些恐怖故事。一位朋友将她的孩子送到镇上的保育中心，在放学接孩子的时候，看护人有两次都给她送错了孩子！她们致电的某个保育中心还说不让准父母进保育中心参观。"这对我来说是危险信号。"有些保育中心卫生条件相当差，空气中都散发着尿布的臭味。"孩子们也脏兮兮的。我们也没想着能有个极其整洁的、崭新的保育中心，但是有些中心是真的很脏。"有的保育中心非常嘈杂，或者会在手推车上安电视。"我不喜欢说别的母亲的不是，但我认为屏幕时间并不能教孩子任何知识，至少在孩子 18 个月或 2 岁大之前是这样。"（她的观点与科学以及美国儿科学会的建议相吻合。）有一段时间她们希望找到一个保育中心，能让格里森能有很多的俯卧训练时间（她们不希望他整日都躺在婴儿车里），在那里，格里森可以和保育中心的看护人建立牢固的关系，但这个愿望却难以实现。（实现后者要求看护人离职率低，这尤其困难，研究估计美国持牌的保育中心每年的离职率在 26%～40%，当然，新冠疫情加剧了这个问题。）[25]

加比和凯拉想要一个有会和孩子交谈和互动的看护人的保育中心，她们认为这点比什么都重要。她们知道和孩子的谈话及互动对其认知发展至关重要。她们想要一个会采用教育方法、专注于孩子发展、记录孩子发展重要节点的保育中心。由于加比的工作要与有听力损伤的孩子打交道，因此她非常了解孩子在生命的头三年能生活在一个语言丰富的环境里有多重要。（你可以说我们专攻的领域差不多。）她专心地观察着看护人：她们是否和最小的孩子说话？她们是否在练习轮流谈话？

最后，在参观一家保育中心时，加比走进了婴儿教室，她看到一位看护人抱着一个大约 5 个月大咿呀说话的婴儿。"看护人脸上带着灿烂的笑容看着婴儿，她有生动的表情，非常棒的眼神交流，还回答咿呀说话的婴儿说'哦，是吗？多告诉我些。哦，真的吗？不会吧！这听起来真棒'。"加比对此甚是喜欢。（如果那时我们有神经科学家的能力，去观察那个婴儿和看护人的大脑，我敢肯定我们会观察到他们的脑电波是同步的。）更吸引人的是，该保育中心的管理人员告诉加比和凯拉，这里的所有看护人都知道基本的婴儿发展迹象，并会根据这些迹象和婴儿互动。他们会给父母一些资料，让他们带回家，鼓励父母在家也练习观察孩子的发展迹象。加比说："这说明了他们真正理解孩子的早期语言学习可以以各种形式进行，以及早期语言学习的重要性。"随着参观的继续，她看到教室里的孩子有集体故事时间，他们还可以做艺术项目等活动。婴儿教室里的婴儿很少有哭的，即便有人哭，看护人也会立马去照顾他们。

加比和凯拉对这家保育中心很倾心，但她们仍得想办法让格里森能上这所中心。当加比怀孕才 12 周时，她们就加入了等候名单，但直到她的产假结束之前，她们才被告知格里森的入学得到了批准，她们整整等了一年！"我着了魔似的一直给这个保育中心打电话，老实说，我以为格里森还是会在这个等候名单上，但由于需求高，保育中心最终把一个 2 岁孩子的教室改造成了一个婴儿教室。"加比说，"所以当我那天给中心打电话烦他们时，他们刚好有个婴儿教室的空位。等候名单差不多也刚好轮到我，这样问题就都解决了。"

为了支付格里森上保育中心的费用，加比除了全职工作外，还在两所大学从事了三项线上兼职教学的工作。"其中一堂课的薪资还取决于这堂课的报名人数。所以，我深吸了一口气。"加比说。如果有 32 名学生报名上这门课，她的薪资可以涨一阶，这样能支付 1 个月的保育费用。"我确确实实就是这么想的。我会想，1 个月的保育费会是多少？我们家庭还是双收入，工作都还不错，我们仍须过得这样真是令人发指。"

有了加比的额外工作和收入，她和凯拉就可以搞定生活成本，但她们还是必须很谨慎地使用预算，比她们所希望的还要谨慎。她和凯拉都希望能有更多的孩子。"老实说，如果养孩子不是那么贵的话，我想要有 10 个孩子，"加比开玩笑说，"我们讨论过要更多的孩子，但是经济限制了我们的想法。"

她们知道看护人的薪酬有多低，所以高昂的保育成本让她们更加沮丧。为了弥补老师，每个大大小小的节日，加比都会给老师准备礼物以示感谢。"他们基本上是在养育我们孩子的人。在某些方面，我倒是希望我们能有一个保姆，起码这样我知道我付的钱都给了他们。我也知道保育是一项业务，会有开销，他们还必须支付场地租赁费。尽管保育费用已经这么高，但是从某种程度上，我希望我能多付 2 倍的钱，这样看护人就可以得到更高的薪酬，我认为这是他们应得的。"

加比送礼送得可能有点多了（凯拉偶尔会这么认为）。但是，加比知道她不仅仅是在帮助看护人，这其中还有更深的动机。她自己的父母在她七岁时就离婚了，父亲不久后去世。然后，她的妈妈过得很苦，患有精神疾病，还对药物成瘾，导致加比需要在寄养家庭里生活。"我的妈妈不会来班上谈论她的工作，她也不会送我上学，更不会为我的朋友准备可爱的情人节小卡片。因此，在某种程度上，我觉得自己在过我希望能拥有的生活，"加比说，"我只是想成为最好的母亲，有时候这意味着我做得有点过头了。"

生活的交缠

孩子和父母的生活交织在一起。这些纽带通过爱和时间建立起来，紧密而牢固，就像谈话能帮孩子的大脑建立持久的连接一样。在父母的调解下，我们童年时期的经历会影射多年后的生活经历。加比的生活就受到父母所经历的困境的影响，而加比和凯拉的选择将塑造格里森的生活。兰迪的生活受到了父母的职业道德以及自己对服兵役的自豪感的影响，而兰迪致电TMW的决定将影响朱利安和杰拉尼的生活。

但是，人们的生活以各种方式交织在一起，而不仅仅是亲子关系这一种方式。当我想到加比给老师送礼物或格里森的名字时，当我想到兰迪在城市战士机构里和小男孩们一起工作或与哥哥谈论他和朱利安在地板上玩耍的方式时，我意识到，我们彼此之间的联系是多么紧密，我们常常以从未想到的方式联系在一起，而这些联系会进一步传播和延伸。我们所生活的国家的政策和我们的生活交织，这些政策还会对我们的生活可能产生直接和深远的影响。（想想最高法院的大法官与小格里森·肯尼迪之间的关系。）然而，作为个人，我们对自己执着的关注常常让我们对彼此一直以来的相互依存视而不见，我们对自己承担责任的关注让我们对自己对某些体制和社会支持的依赖视而不见。毕竟，美国的开国元勋认识到民主需要能普及大众的学校，这样公民可以受到足够的教育，这样他们可以成为有见识的选民。今天，我们必须认识到，父母和孩子的命运与社会和国家的命运息息相关。

根据迈克尔·弗兰克（Michael Frank）在斯坦福大学运营的字库项目，在有更多家庭友好政策，例如实施全民育儿或提供带薪家庭假的国家中，贫富家庭孩子之间的语言差距比美国小。[26] 由于强大的认知发展源于稳固的早期语言发展，因此这些较小的语言差距可以使该国拥有受过良好教育的劳动力，产生其他积极的公共成果，从而让整个社会受益。

这意味着父母面临的挑战影响着我们所有人。如果生存要求父母在外工作，导致他们在孩子醒来的时间很少在家，我们如何能期望父母可以帮助孩子建立大脑呢？许多父母都须努力工作来保持家庭生活的稳定，他们通常打好几份工，即便是拥有我们眼中的"好工作"，例如加比和塔利亚的工作，她们要么是承担不起保育费用，要么就是勉强负担得起。得克萨斯大学奥斯汀分校的社会学家詹妮弗·格拉斯（Jennifer Glass）研究家庭动力学和育儿方式，她告诉我："我们创造了一个几乎不可能养育子女的环境。除非这些父母是百万富翁，否则没有人能养得起孩子，养孩子看着花销不多，但花销会随着时间变得越来越大。有2个或3个孩子可能会让家庭破产。"詹妮弗一直对育儿能带来不可错过的快乐、能有孩子是福气这一浪漫的想法感到震惊。但是，如果你仔细观察的话，就会发现大多数父母并不像你想象的那样开心。这并不意味着他们不爱自己的孩子，无法从孩子身上获取快乐。这意味着他们的轻舟正在漏水，他们正在努力将孩子送到对岸，让孩子能有个光明的未来。

为了调查这个现象是美国独有的还是世界各地都有，詹妮弗与同事罗宾·西蒙（Robin Simon）和马修·安德森（Matthew Andersson）开展了一项令人大开眼界的研究。[27]他们研究了20个主要西方发达国家父母的幸福感（因为他们可以在这些国家找到可比数据），并创建了一个对父母友好的政策的数据库（诸如家庭假、灵活的工作时间、父母能控制工作安排，以及带薪病假和休假的结合政策）。然后，他们把享有家庭友好政策的国家和没有这些政策的国家的父母的幸福感进行对比。詹妮弗说："我们很震惊。"他们调查的这些国家里，没做父母的人都比做父母的幸福。但是，在那些有更多家庭友好政策的国家，特别是提供带薪假和育儿补贴的国家，父母与非父母之间的幸福差距往往较小。重要的是，在那些家庭友好政策增强了父母幸福感的国家中，这些政策并没有减少非父母的幸福感（例如，这些非父母并没有在工作上经历更大压力）。

无疑，兰迪是这些不快乐的美国父母之一。为了维持生计，他需要长时间工作，晚上躺在床上睡不着觉，满心担忧着孩子们的未来。幸运的是，在认识他几年后，他的境况开始转好。当感觉自己受够了炎热的停车场的修理工作的时候，兰迪开始在网上找工作，他找到了自己梦寐以求的工作：在家附近的基督教青年会做检修工作。这份工作提供丰厚的薪水和福利。为了面试，兰迪还休假了一天，告诉老板他得带孩子去看牙医。老板扣了他 100 美元的工资（按照惯例，请假就要扣工资）。兰迪紧张到面试的时候一直出汗，得知自己得到了这份工作时，他高兴得不得了。

兰迪感觉肩上的石头落了下来。以前他要坐车穿过整个芝加哥郊区到印第安纳州工作，但现在这份工作他上下班往返只要 10 分钟。以前要整天铺炙热的沥青，现在他可以在装有空调的大楼里工作。工作满一年，他将可以享有带薪假，还会有退休储蓄计划。

最重要的是，这份新的工作让兰迪可以有时间陪家人。两个孩子现在都在上学，他现在经常在家吃晚饭，而且周末可以休息，这样他和梅拉可以真正和孩子们计划周末的安排。梅拉周六需要工作的时候，他们不再动用有限的资金请保姆，因为兰迪可以在家照顾孩子。

拿到这份新工作的工资后，兰迪最想做的事之一就是带杰拉尼和朱利安看他们的第一场小熊队比赛。他说："一旦你看过小熊队在箭牌球场的青草地比赛，此景将永远留在心中。"

我认为孩子们更有可能记住和父亲在一起的一切时间和与父亲的一切对话。从这艘更坚固的新的轻舟上，兰迪可以更加清楚地看到远岸的轮廓。而我看到的是朱利安和杰拉尼能不断增长的认知技能与其带来的更美好的未来。

第
7
章

超越童年逆境：与养育者建立积极、支持性的关系

> "有时在我们的生活中，我们都有痛苦，我们
> 都有悲伤……"
>
> ——比尔·威瑟斯 [1]（Bill Withers）

现在我的孩子都长大了，所以只能看看朋友的孩子有多可爱。一位好友最近给我发了一段关于她儿子杰西的视频。这个 4 岁的小孩脸颊红润，额头上有一撮柔软的棕色头发，视频里，他坐在一张白色的桌子前，桌上放着一个棉花糖。杰西凝视着它，快速地咕哝了些什么。

"我不明白你在说什么。"妈妈凯蒂说。

"棉花糖变得越来越小了，"杰西低头看着小小的棉花糖，认真地说，"因为它在外面放久了。"当然，棉花糖没变，但是研究它的形状似乎能避免杰西把它给吃了。这就是这件事的目标，凯蒂为儿子重现了著名的棉花糖实验。

20 世纪 70 年代初期，斯坦福大学的研究人员给学龄前儿童做了一个实验。这个实验会给孩子提供一个小零食，零食是

棉花糖或椒盐脆饼，取决于孩子的喜好，并且告诉孩子，他们可以选择现在就吃掉这个零食，但是等 15 分钟的话他们就可以吃两块。[2] 然后研究人员会离开房间，摄像机这时开始拍摄。为了避免提前把零食吃掉，孩子们尝试了各种办法，从唱歌到用手遮住自己的眼睛，有个孩子甚至向天花板做祈祷。多年后，研究人员表示，到了青少年，这些想办法等待的孩子比没有等待的孩子更加优秀，他们的学业能力评估测试（SAT）成绩更高，身体也更健康。[3] 延迟满足的能力似乎是成功的秘诀。

在我朋友发来的视频中，杰西很努力地等待着。他知道如果自己能坚持下去，就能多得一块棉花糖。他又盯着棉花糖看了几秒钟，等了很久，凯蒂在手机上设的闹钟铃声终于响了。他做到了。杰西倒吸了一口气，咧嘴一笑，然后从椅子上跳了起来，大喊："太棒了！"然后他跳起了胜利的舞。他的母亲为此感到非常骄傲。

凯蒂远非唯一训练自己孩子的延迟满足的父母。最近"耐心挑战"在抖音上风靡一时。凯莉·詹娜和加布里艾尔·尤尼恩·韦德等名人还拍摄了他们孩子抵制诱惑的视频，视频里孩子或挑战成功或挑战失败。凯莉在 3 岁的女儿斯托米面前放了一碟巧克力豆，答应女儿如果可以等到自己从洗手间回来的话，就给她吃 3 个。斯托米盯着碟子，盯了整整 50 秒。某一刻，她一度看上去要忍不住了。她慢慢把手伸出去，犹豫地靠近碟子。但她后来开始唱起歌来："耐心……耐心……耐心。"每重复唱一句"耐心"，她抵抗住糖果的诱惑的决心就多一分。

而加布里艾尔的女儿卡维就没能忍住，她马上就把糖果给吃了。但平心而论，卡维年纪要小很多，她还穿着尿布，加布里艾尔可能也没真的想她会等。

耐心与否，小孩做的一切都非常可爱。但是，无论是我的朋友凯蒂还是名人分享的这些视频，都不仅仅是为了好玩。这些视频表明，父母可以帮孩子学习控制自己的行为的这一想法已经完全成为主流。这些父母真正帮孩子发展的是他们的执行功能，即我们控制自己冲动时需要使用的技能。

尽管最初的棉花糖实验很巧妙，但它终究存在缺陷，其中一个问题就是它没有考虑到孩子之间的其他差异会影响他们的实验结果。[4] 但是，好的一点也是重要的一点，这项研究引起了公众的关注，这个关注还很持久。研究一而再，再而三发现孩子的执行功能在学校及其他环境里至关重要。[5] 从直觉上讲，父母知道孩子们用来抵抗黏糊糊的棉花糖的技能与他们在超市排队等候或在学校静坐的同时而不会崩溃所需要的技能是一样的，获取这些技能很难，而且常常令人感到沮丧。通常来说，在 TMW 家访计划的第三或第四课中，父母会说这样的话："我很高兴我说的话可以帮助吉米建立他的大脑。那我说的话能让他最终学会守规矩吗？"

简单来说，是可以的。我开始手术室之外的探索时并没有意识到这点，我当时专注于孩子的语言输入和他们的并行语言发展，而不是执行功能。像许多人一样，我以为执行功能是无关紧要的，而且是天生的。但当我深入研究有关大脑在生命的头几年是如何发展的科学文献时，我才发现事实并非如此，执行功能是父母可以帮助孩子强健的肌肉。在培养孩子语言能力的过程中，这种典型的"发球－回传"的亲子互动，也是帮孩子早年习得调节自己情绪和行为的能力的核心。[6] 这意味着我们在 TMW 专注的事情，也就是生命的头三年的语言输入，也是奠定孩子的强大执行功能的关键。一旦意识到了这一点，我们就开始在与父母和老师共享的培训内容中添加了有关执行功能和行为的课程模块。

话说回来，习得执行功能确实需要时间。父母的努力成果要到孩子满 3 岁之后才会开始显现，而且孩子在其整个童年和青春期将继续发展这项技能。我的孩子上大学了都还在努力学习这项技能！然而，许多父母低估了这个过程需要的时间。当 TMW 调查父母孩子从出生到 3 岁期间应该掌握哪些技能时，超过 70% 的父母认为不到 2 岁的孩子应懂得与人分享和轮流谈话，超过一半的父母认为这个年龄段的孩子应该能够控制得住自己的情绪和冲动。[7] 但事实上，孩子要等到 3、4 岁才能习得这两种技能。

我对许多 TMW 家庭的了解向我自己强调了一个事实，那就是时间不是唯一的考虑因素。孩子发展执行功能需要一个平静、有关怀、支持性的环境，或者近乎如此的环境。焦虑、苛刻的语言和暴力都会减损大脑回路发展的重要过程，而大脑回路是执行功能的基础，对毒性压力非常敏感。生命的特定阶段，尤其是关键的童年经历会设置好我们身体余生的应激反应。这是一个渐进的发展过程，但早期发展的紊乱会造成长远的后果。[8]

生命之河给所有人都带来了挑战。但是对于某些人来说，他们的河流比别人更加湍急。对太多的家庭来说，他们面对的是我梦中所见的洪流，这种以种族主义、贫困和暴力的形式显现的洪流很有可能将我们淹没。它可以带来（或引起）自身的挑战，像抑郁、药物滥用和疾病，而这些挑战可能会像一股强大的激流一样将我们卷入河底。当我们正确建立社会时，社会安全网就可以保护我们免受风暴的侵袭。但是，社会并没有为我们每个人提供同样有效的安全网，最容易受到社会弊病影响的人也刚好是最不可能拥有一艘坚固的舟的人。所以，当养育子女意味着父母需要穿越汹涌的洪流时，他们可能很难摆脱危险的激流。

给坚毅打下基础

这一点萨布丽娜展示得最为生动。我们是通过家访计划认识她的，她和 2 岁的儿子中井长得惊人相似，就连他们戴的长方形眼镜都一样。我们能很容易看得出萨布丽娜对儿子感到很惊奇。"我喜欢看他惊讶的表情，"她告诉我们，"他真的很好玩。"像许多其他父母一样，她很努力地教儿子要表现乖巧。但他很淘气，比如喜欢把萨布丽娜的 DVD 从盒子里拿出来重新排列。（从好的方面来说，当妈妈递给他一个购物袋时，他知道这是他需要帮忙打扫卫生的信号。）他喜欢的另一个游戏是试着从床上翻下来。

"他胆子很大！"萨布丽娜说，"他什么都不怕。"

当中井准备跳时，她就会告诉他。"宝贝，不要从床上掉下来了。"然后她会跟他解释翻下床很可能会让他头上肿个包或更糟。

萨布丽娜很高兴得知自己的育儿冲动——在这些情况下和中井的对话方式——不仅可以防止儿子的头部受伤，而且还有助于他大脑的健康发育。3T 原则培养执行功能的方式与培养传统学术技能的方式大致相同。通过和儿子解释她制定规则的背后原因，萨布丽娜正帮中井加强建立他的行为及其后果之间的关系。在儿子表现良好时给予奖励也是个好主意。每当她"发现"中井表现不错时，她就会跟他击掌，亲切地用她的大手拍他的小手，这让这个蹒跚学步的孩子笑得合不拢嘴。无论他做对了什么，都可以成为一个很棒的和他击掌的理由，这也是和孩子充分交流的一种方式。

她也有意识地帮中井和他的哥哥养成一些好习惯，其中就包括每天 10 点准时去操场，确保他们吃饭前洗手，定期洗澡，等等。这些虽说都是小事，但举足轻重。萨布丽娜参加 TMW 项目的其中一个目标就是为她孩子的生活增加例行活动。"这会让他们感到更加安全和舒适。"她说。她完全正确。科学文献指出，稳定和可预测的例行活动是孩子自我调节和社交情感技能发展的关键因素，所以这些例行活动很重要。[9]3T 原则就旨在促进亲子互动中的这种预测性。正面的语音语调和对孩子关注的反应度尤为重要。当父母将 3T 原则融入日常例行活动中时，比如固定睡觉时间、玩游戏时间和吃午饭时间，这些例行活动的可预测性是帮助孩子培养自我调节功能和执行功能的关键。而且，例行活动的可预测性对孩子培养其复原力也有好处。

我们在 TMW 将大脑的行为控制部分类比为红绿色的信号灯，绿色告诉我们可以按照自己的需求和冲动行事，而红色告诉我们需要停下来思考和控制这些冲动。作为成年人，我们一直使用红绿灯来做（或者试着做）明智的选择。随着时间的推移，我们的大脑就发展了这种控制力，而小孩的大脑才刚刚开始发展这个能力。当大脑发展成熟并变得更强壮时，它会发展并激活红灯的能力，让孩子有能力控制自己的情绪和行为。但在孩子能够自己做到这点之前，他们在生活中还需要大人的帮助。

执行功能不仅仅可以让孩子抑制住冲动，它还可以帮助孩子计划他们需要做的事。这些事情包括他们上学需要的技能，比如工作记忆可以让他们能够更新已经记住的信息。（老师说按颜色对积木进行分类。）执行功能可以让孩子从一项任务转换到另一项任务，这也是认知灵活性的一个例子。（现在老师叫孩子按形状对积木进行分类。）当老师让孩子把积木收起来时，孩子们会一心一意完成任务，而不会被外界因素所干扰。（现在我应该停止玩积木，并把它们放回盒子里。）[10] 如果孩子的执行功能未达到最佳程度，他们就很难适应学校生活，很难集中注意力，也很难吸收老师教给他们的知识。同时，他们难以保持井井有条的习惯，也难以计划长短期项目。更糟糕的是，研究表明，早年的情绪和行为问题通常会长时间持续存在，甚至可能会随着孩子的成长而增加，而具有更成熟的执行功能的学龄前孩子会有更好的社会理解能力，他们的学习能力更强，行为问题也会更少。

过去 20 年积累的证据表明，执行功能（又称坚毅或非认知技能）似乎是取得一切学术成就和终身成功的最重要的能力，这个能力甚至比字母知识和早期数学知识等认知技能更重要。以坚毅和韧性是成功的关键为话题的书籍都是畅销书。绝大多数幼师也认为非认知技能，如执行功能，是孩子做入学准备最重要的技能。[11] 那是因为在课堂上，孩子的行为会影响一切：小组任务可以完成多少，孩子在一起可以玩得多开心，孩子最终可以学到多少知识。当然，正如入学准备的研究表明的那样，认知和非认知技能都是必不可少的。此外，它们还是互补的，其中一个越强大，二者一起作用时，就越能更好地帮助孩子学习。我们现在知道，正如"耐心挑战"视频向我们展示的那样，父母在二者的发展中都发挥着重要作用。

"坚毅"一词提醒我们，执行功能有时也被称为性格技能。在这种情况下，我一直觉得"性格"这个词很刺耳，因为它暗示了一个人的核心身份，暗示了一种与生俱来的特质。这样看待控制冲动和认为孩子应该自力更生的想法一样，是有问题的。正如金·诺布尔提醒我们的那样，婴儿无法自立，而且他们也不是天生就有能力去控制冲动。执行功能是先天与后天共舞的产物。从父母那儿遗传下来的基因提供了一个启动包，但最终如何培养这项技能取决于孩子的生活经历。就像与阅读或做减法一样，执行功能是一项必须培养的技能。随着时间的推移，它会在大脑的特定部位发育，主要在前额叶皮层，这是最后一个完全发育成熟的大脑区域。

执行功能的特殊挑战是，在发育成熟的过程中，前额叶皮层很大程度上会受到慢性压力和焦虑的影响，并对其做出反应。这意味着什么呢？这意味着孩子的自我调节能力会随着在家里、社区和学校中的经历而发展，[12]而孩子经历中的许多问题是系统性的。对于太多的孩子来说，他们家里有含铅油漆等有毒物质，住的社区像兰迪的社区那样充满了暴力，而学校像哈奇姆·哈德曼的社区学校一样人满为患、资源不足。一些家庭还必须与黑帮和毒瘾做斗争。（毒品是美国农村地区很大的一个问题，该地区受到阿片类药物危机的严重影响。）社会学家马修·德斯蒙德（Matthew Desmond）著《扫地出门》(*Evicted*) 一书，他的研究发现有孩子这件事是被驱逐的最大风险因素之一，这令我震惊不已。[13]粮食无保障这个问题在穷人中很常见。像因持有大麻而被捕这样的年轻人行为很难根除，还有可能会限制年轻人的住房和就业选择，具体也取决于这些人的社会经济地位是怎样的。参加 TMW 项目的迈克尔和科约纳的生活就发生了翻天覆地的变化，迈克尔是种族主义政策和冷漠的司法系统的受害者，因为一项他没有犯过的罪行在监狱里待了多年。所有这些加起来就是研究人员所说的毒性压力。

当然，你不必生活在有暴力的社区，也不必经历种族主义歧视，或生活贫困才算是生活在不利的环境中。唐去世后，我不仅非常担心孩子们的身体健康，还非常担心他们的情绪健康。年仅 7 岁的艾米丽就沉迷于死亡这个话题，害怕我也会离开她。在她父亲去世后的第一年的大部分时间里，只有我陪她一起躺在床上她才能睡着，她用小手抚摸着我的手臂或背部，来确保我还在她身边。

在"有害的童年经历"（ACEs）的列表中，失去父母的负面影响排名靠前。幸运的是，这种情况很少见，但只有非常幸运的少数人能安然无恙过活。最终，随着暴风雨的袭来，大风卷起，河流终将起浪。事实上，美国儿童在年幼时或多或少都有过某种负面经历，从经历经济困难或父母离异，到遭受虐待和忽视，或与患有精神疾病、吸毒、酗酒的成年人一起生活。根据美国疾病控制与预防中心的统计数据，大约 60% 的美国成年人在童年遭受过至少一次 ACE，而有六分之一的成年人经历过四次及以上。[14] 迄今为止，大多数关于 ACE 的研究都集中在美国，但 2021 年对 28 个欧洲国家的一项研究发现，ACE 与整个欧洲的主要健康状况和财务成本有关。例如，在英国，每多一个 ACE 经历都会导致收入降低，贫困风险增加，福利依赖风险也会增加。[15] 在低收入和中等收入国家里，针对儿童的暴力行为很常见（80% 受到体罚），这一发现与 ACE 的调查结果也一致。[16]

这些不仅仅是我们需要克服的短期挑战，而且它们可能会产生长期的有害影响。童年时期面临的逆境会深入大脑，如果不加以解决，可能会破坏已经形成的大脑回路的稳定性，从而破坏孩子未来的稳定性。这些负面经验的积累尤其有害。儿科医生纳丁·伯克·哈里斯（Nadine Burke Harris）的工作有力地强调了，一个人在年轻时有四次及以上有害经历，未来患心脏病和抑郁症等负面身心健康结果的风险特别高。[17] 这样的负面影响代代相传。[18] 如果母亲在怀孕期间经历压力，那么这种压力也会影响孩子出生后表达的基因，换句话说，会改变他们的基因编程。[19] 父母压力越大，孩子出现焦虑和抑郁等心理健康问题的可能性就越大。我刚才描述的一切完全不受孩子的控制，而且往往也不受家庭的控制。

陷入急流

虽然失去父亲让人痛心，好在我的孩子们在其他方面受到保护。作为一位医生，我仍然有一份不错的工作，我们仍居有其所，所住的社区也支持我们，数月以来给我们提供食物，在我们以为要倒下的时候扶持我们。但萨布丽娜和家人的生活失控时，他们就没有那么幸运了。本可能支撑他们的安全网辜负了他们。而在 TMW 培训课程上关于不要从床上跳下来的讨论呢？这事就发生在一个收容所里，这个萨布丽娜永远不会相信她会称之为"家"的地方。

当时，她在一家为老年人提供居家服务的社区护理中心里工作，2年前刚庆祝升职。在这里，她从家庭助理开始做起，很快就升职了，成了该公司芝加哥市中心办公室的一名行政人员。（她还对写作充满热情，希望有一天能出书。）萨布丽娜的丈夫韦恩是一名洗衣店服务员。当时，他们只有一个儿子——11岁的杰森。当萨布丽娜从拿时薪转成拿固定工资时，这意味着他们三口之家终于可以进入中产阶级的行列。

但是，韦恩被诊断出患有糖尿病，还住院了一周，这时他们的安全感很快就被瓦解了。萨布丽娜一直在忍受漫长的通勤时间，她早上5点起床，天没亮就离开家去上班，晚上8点左右才回家。而韦恩晚上一直在工作，早上送杰森上学，给他做饭，打扫房间。但在他确诊后的几周内，韦恩无法调节自身血糖，而且身体不佳让他没法在萨布丽娜的上班时间照顾儿子，也没法照顾自己。他们都感觉压力很大，萨布丽娜以为如果自己能多待在家里，她就可以照顾韦恩，让他的健康状况稳定下来。刚开始她请求调整工作时间，然后是申请家庭病假，但是这两个请求都被拒了。

萨布丽娜只好把工作辞了，决定把家庭放在首位。但仅仅几周后，她就发现自己怀上了中井，这让她很震惊，因为她早就放弃了生二孩的梦想。考虑到新生儿会增加支出，开销光靠韦恩的收入是不够的。很快，他们的积蓄就用光了，也租不起房了。后来他们一家在萨布丽娜的母亲家住了几个月，在这期间她生下了中井，但当时家里充满了压力，他们不得不离开。

2019 年的芝加哥收容所的平均驻留时间不到 4 个月，这与萨布丽娜的预期也差不多。[20] 但是，她家在这儿一住就是两年半。中井在收容所里过了他 1 岁的生日，2 岁的生日，大儿子也在这里长到了 12 岁、13 岁。

萨布丽娜和韦恩刚到收容所的时候把他们的小房间打扫得干净有序，而房间外的世界满是脏乱差。萨布丽娜说，在收容所的经历是她一生中最糟糕，也是最痛苦的经历。随即，收容所内就发出了有关性犯罪者的警告。别人告诉她必须把孩子看紧了，于是，一家人无论到哪里都带着小中井。在中井生命的头两年，萨布丽娜确保他的脚几乎从不着地。而且她也从不让杰森和中井自己用走廊尽头的（共用）浴室。虽然她知道电视对年幼的孩子不好，但她有时不得不把它打开，还得把声音调大，才能盖住隔壁邻居争吵的声音。

尽管生活不稳定，压力也无处不在，或者可能也正是因为如此，萨布丽娜加入了 TMW。她想尽其所能给中井最好的取得成功的机会。在最好的情况下，成功地抚养孩子都不容易，而在不利的环境中抚养他们几乎是不可能的。

TMW 做家访的时候，我们会谈到的一件事就是，和孩子对话的单词数量和质量至关重要，同时重要的还有表达这些单词的方式，说话的语调和情绪也十分重要，因为非认知技能尤其会受到育儿方式的影响。严厉的训斥和指示可能会在短期内解决问题，甚至可能会增加孩子接触的词汇量，但是这种方式并不利于孩子发展执行功能。从长远来看，这种方式反而会阻碍它的发展，孩子的自我调节能力会变得薄弱，执行功能也会变差。支持孩子发展其自主性，再与有效管教和父母充满爱、温暖的育儿方式相结合，才能够达到最好的效果。

但萨布丽娜对孩子的担忧和对他们的保护欲望是如此强烈，让他们免受周围世界的伤害的决心是如此坚定，以至于杰森和中井在收容所里如果离开她有几英尺远，萨布丽娜就会冲他们大叫。她惊恐的语气像链条一样将他们拉回她身旁。在了解了执行功能以及它是如何发展的之后，萨布丽娜在想，一直以来她应该怎么做？

老实说，我们团队也没能给出一个令人满意的答案。育儿书籍中并不会提供如何在收容所里抚养孩子的最佳建议，何况这个情况还经常被排除在育儿教育计划之外。当大脑所需，和生活在危险生活环境中的需要发生矛盾时，她应该如何平衡两者呢？我们提供的策略适用于日常经历的挫折，比如她儿子决心要从床上翻下来，以及偶尔父母看到孩子在马路对面追着球跑，而这时汽车迎面开来这些危险时刻。这些时候父母会做什么？当然是吼叫！他们也应该如此。但是，在像萨布丽娜的情况下会发生什么呢？她的生活里每天都会发生紧急情况，而戏剧性的场面又是日常生活的一部分。我想我们都认同这种情况让父母两难：我应该对孩子吼叫来保护他？还是应该慢慢地和他讲道理，希望他能听得进去？很多父母都会选择吼叫让孩子服从。

在贫困中长大，有时还生活在压力非常大也非常混乱的环境中的孩子，更有可能在自我调节方面遇到困难，这一点也不奇怪。[21] 虽然父母和看护人与孩子之间充满爱的互动可以缓解孩子们周围逆境所带来的负面影响，通常情况下，尽管父母尽了最大的努力去控制这种情况，但是巨大的压力还是会渗入孩子正在发育中的大脑。而持续的慢性压力会提高婴儿和幼儿的皮质醇水平，除了会引发一系列的身体疾病之外，皮质醇还会在细胞水平上改变大脑，可能会改变前额叶皮层的生长和发育，从而影响孩子的行为反应。[22] 换句话说，虽然孩子的认知和执行功能技能不是与生俱来的，但孩子出生所处的逆境往往会对这些技能的发展产生负面影响。

我们必须从父母生活的世界、他们的经历和面临的竞争力的角度来看待育儿一事。唐的去世是否影响了我为人母的行为？绝对有，这让我过度保护孩子。直到今天，每当我看到密歇根湖，无论它是像唐去世那天一样湍急，还是像镜子一样平静，我看到的只是它对我孩子的威胁，和我能否将他们带到河对岸，让他们长大成人。更引人思考的是，住在收容所和犯罪率高的社区的父母每天都在与非常真实的恐惧做斗争，天天担心孩子走过走廊或走路上学是否安全。像过去的父母一样，他们仍然需要考虑基本的生存问题，虽然他们也希望用像帕特里克·石冢所研究那种密集型育儿方式来养育自己的孩子，这种基于认知学习的育儿方式不仅能让孩子在当今世界上生存，还能让孩子蓬勃发展，比如上大学，努力成为一名专业人士。许多低收入父母正处于两个不同的育儿世界。

萨布丽娜真正需要的是一个更好的居住场所，但一家子的住房申请一而再，再而三地被拒。通常，他们收到的理由是韦恩 10 年前，当他还是青少年时（在他自己的执行功能发展完全之前）有非暴力的逮捕记录（因持有大麻）。他们被告知，如果萨布丽娜以单身母亲的身份去单独申请住房的话，他们得到住房的机会会更高，这意味着家庭将会被拆散，要不然萨布丽娜就要谎报自己的身份。试想一下，这是一对已婚夫妇，一起抚养他们的两个孩子，丈夫有一份工作，多年来都没有什么麻烦，但这个社会系统除了鼓励他们分道扬镳之外，没有给他们丝毫帮助。"我是不会这么做的。"萨布丽娜坚持己见。

　　然而，有些时候，她觉得很崩溃。在照顾好家庭的基本需求后，比如给家人做饭，萨布丽娜就会爬回床上躺着。她向我们承认自己很健忘，难以记住约定，会忘了给孩子们前后一致的指示。杰森会纠正她："不，妈妈，你不是这么说的。"她的关节疼痛，却迟迟不去看医生。实际上，萨布丽娜很抑郁，这在被驱逐的母亲中很常见。[23]但至少她意识到了这个问题，并且知道自己必须寻求帮助。"我不能一直推迟不去看医生，不照顾自己。"她告诉我，"我身体不好的话，怎么照顾中井？"

内部的激流

　　向西数百里的地方，凯瑟琳也很担心照顾自己年幼的儿子。从表面上看，萨布丽娜和凯瑟琳看起来很不一样。一个是黑皮肤，另一个是白皮肤；一个住在芝加哥市区，另一个住在南达科他州的农村地区；一位将她的孩子送到芝加哥公立学校上学，另一位则计划在家上学。但是，心理健康斗争的暗流同样强烈地控制了她们，可能产生的后果也同样可怕。有时，我们必须跨越的洪流并不像无家可归那样明显，它存在于我们内心。但是，无论压力来源内外，它对执行功能和大脑的健康发育都有形成性的影响。

凯瑟琳生下大儿子后彻夜不眠，但其原因并不寻常。即使孩子安顿、安静下来后，她也会辗转反侧。她的脑海里浮现出一个奇怪的、甩也甩不掉的想法：有一辆汽车在他们家外的路上全速行驶，可能会撞穿卧室的窗户，撞死家里所有人。当凯瑟琳早上起床时，她发现要是不带上孩子，离开家门似乎不大可能。她害怕得不敢让孩子离开自己的视线，即使在洗澡时，她也要把他放在汽车座椅上，然后将他放置在浴室地板上，这样她就能看到他。她妈妈会过来帮忙，坚持要在凯瑟琳去商店买东西的时候帮忙看孩子，但凯瑟琳却坐在车道上哭了起来，无法开车出门。

凯瑟琳变得很多疑，不想把儿子带去公共场合。她的丈夫是一位牧师，他的教堂会众中有些成员想要见见他的孩子，这也真的情有可原。但想到她必须把儿子给别人轮着抱一圈，凯瑟琳内心就充满了恐惧。她找借口说自己累坏了，别人就会微笑着点头说："哦，那是因为才生了宝宝。"凯瑟琳同意这个说法，但她知道情况并非如此，脑海里闯入的这个想法也在扰乱着她的生活。

凯瑟琳不只是感到焦虑，她还感到无比羞耻。为什么我在挣扎呢？她想。我很擅长带别人的孩子，我不应该有这种感觉。我是怎么了？

凯瑟琳得了一种产后抑郁，但她并没有意识到这点。在分娩后的头几天，许多母亲都会经历一阵"忧郁情绪"，其中情绪波动、哭闹、焦虑和睡眠困难这些症状都很常见，而且这些症状持续时间可长达 2 周。这些症状是由分娩引发的激素极度波动以及分娩带来的疲惫、强烈的情绪和日常生活中的巨大变化所引起的。产后抑郁可能看起来像忧郁情绪，但通常更严重，可持续数月甚至 1 年或更长时间。产后抑郁的症状包括哭泣和疲劳，还有凯瑟琳经历的严重焦虑和惊恐发作。[24]

凯瑟琳分娩时，她和丈夫丹尼尔住在南达科他州苏福尔斯市附近，他们刚搬到这个社区。几年前，他们在一个约会网站上相识，当时丹尼尔还在神学院上学，而凯瑟琳住在松岭印第安人保留地，她参加了"为美国而教"计划，在这里教 4、5 年级的学生，并管理一个有机农场，发放免费的有机蔬果给当地家庭。

当发现自己怀孕时，凯瑟琳希望她能在家分娩，但该地区的助产士太少了，去医院分娩是她唯一的选择。她当时分娩了 12 个小时，没有做硬膜外麻醉，也没有医疗干预，她生下了一个漂亮的男婴。6 周后，她进行了一次，也是唯一一次的产后检查。这次检查很敷衍。

"你感觉怎么样?"

"很好。"

"母乳喂养顺利吗?"

"很顺利。"

"你想要做个检查吗?"

"不。"凯瑟琳认为她不需要检查。

然后她就回家了。

诚然,医生确实问过她的情况,但凯瑟琳给出的答案很简单,如果不深入刨问更多信息,医生永远无法找出真相。"产后 6 周的单次检查不足以发现这个问题。"凯瑟琳说。

和凯瑟琳一样,丹尼尔也是第一次为人父母,他也不知道什么才算是正常情况,他也没有意识到凯瑟琳的精神状态有多脆弱。他们都听说过"产后抑郁",但凯瑟琳并没有一直在哭,她以为产后抑郁就是会一直哭。她也不是不能照顾儿子,因为产后抑郁的常见且危险的症状之一就是母亲会忽视新生儿或有伤害婴儿或自己的冲动。[25] 相反,凯瑟琳有的是这些侵入性的想法和严重的焦虑,她对每个人都脾气暴躁。尽管这一切与她平日的言行举止大不相同,但她并不明白这是怎么回事,丹尼尔也不明白。

精神疾病的一大问题是,有时它就像一股无形的激流一样隐藏在表面之下。而太多人试图隐瞒,因为他们担心精神疾病带来的不公平的耻辱,担心他人会将精神疾病视为个人的失败。尽管五分之一的美国成年人(在新冠疫情期间还更多)都有过心理健康问题，二十五分之一的人患有严重的精神疾病，例如重度抑郁症、躁郁症或精神分裂症，但超过半数患有精神疾病的成年人并没有接受精神保健治疗。[26] 除了不愿面对这个问题，或者就像凯瑟琳的情况一样，很多人不明白自己正在经历的事情是可以治疗的，费用也是他们未能寻求帮助的主要原因。《平价医疗法案》要求承保人支付行为和心理健康保险，但许多人仍然无法支付他们需要支付的份额，而且也没有足够的心理健康专业人士可以咨询。超过三分之一的美国人生活的地区，心理健康专业人士都很匮乏。[27] 像凯瑟琳居住的农村地区通常根本没有心理健康专业人士，在城市地区，等候名单又很长。要获得治疗也存在种族方面的障碍，黑人和西班牙裔／拉丁裔人就很难找得到心理咨询服务，也很难找到像自己一样且能够理解自己的文化经历的临床医生。这种情况在其他地方也很常见，在低收入和中等收入国家，大约有 75% 的精神疾病患者没有接受任何治疗。根据世界卫生组织的数据，非洲每十万人中只有一名心理健康工作者。[28]

　　凯瑟琳的情况是，从她生产完开始算起，她花了 6 个月的时间才确认自己经历的事情是不正常的。尽管已经确认自己得了产后抑郁，她也不知道该怎么办。凯瑟琳说："我从来没有在应该寻求帮助的时候寻求帮助，因为我不知道该去哪里请求帮助。"就像最终做了自我诊断一样，她自己做了治疗。她改变了饮食结构和锻炼方式，这似乎有些许帮助。1 年后，她只有一些焦虑症状，但还能应对。（虽然这个方法对凯瑟琳有效，但我们建议任何怀疑自己或亲人患有产后抑郁的人都应该寻求专业帮助。）

产后抑郁只是内部激流的一个例子。但无论是什么问题，父母的精神疾病不经治疗的话，都会对孩子产生实际的影响。与患有精神疾病的父母一起生活对孩子来说是没有好处的，并会使孩子在以后的生活中面临更大的心理健康问题风险。强大的执行功能可以帮助孩子应对这些风险，但与患有抑郁症的母亲（或酗酒，或面临其他心理健康问题的父亲）一起生活有很多的不确定性，这使得孩子很难建立起强大的执行功能。

如果凯瑟琳早点弄清楚发生在自己身上的事情，那一年会有多不同呢？"如果人们知道产后抑郁有哪些症状，也许我们可以更早地发现它。"她这么告诉我。如果她对产后抑郁了解得更多，就会更容易寻求帮助。"产后支持将填补许多女性经历的巨大空白。"凯瑟琳有一个非常美好的愿景——创建国际父母联盟，在这个联盟里，不同年龄的父母可以在教育子女这个问题上相互学习，互相帮助。

救生衣

我喜欢凯瑟琳的愿景，她的愿景类似于一个人类安全网。但我们也需要更强大的社会安全网。这些来自内外部压力的深刻负面影响必须促使我们以不同的框架看待引发它们的社会问题。我们常常看不到无家可归与大脑健康发育等问题之间的联系，或者父母患有心理问题与孩子的大脑发育之间的联系，但实际上它们是密切相关的。为孩子的成长、为其强大的语言和执行功能奠定基础需要平静、稳定的环境，也需要平静、稳定、心理健康的父母。

这也是我们所知道的和我们所做的之间的脱节。我们知道产后抑郁和其他精神疾病对父母和他们的孩子来说是有害的，但是在这个国家和世界上许多其他地方，我们并没有注意到精神健康问题，更不用说采取任何措施来缓解它们了。我们知道收容所并不是抚养孩子的理想场所，但要为一个家庭找到一个真正的家可能需要数年时间。当孩子们在早年经历这样的挫折时，我们会在他们长大后看到严重的不平等，这也就不奇怪了。研究父母幸福感的社会学家詹妮弗·格拉斯发现，支持家庭的政策不太健全的国家更有可能在儿童健康方面出现差距，而这些早期的差距会加剧成人的不平等。[29] 显而易见，拥有更健全的家庭政策的国家缩小了儿童时期的健康差距，从而缩小了成人之间的健康差距。

我们知道什么可以保护孩子：与至少一个成年人建立积极、支持性的关系，接触丰富的语言输入，提供一个安全稳定的环境。与看护人有密切关系的孩子能够更好地调节他们对压力情况的情绪反应，也就是执行功能。孩子的压力需要得到缓解，我们需要给他们救生衣，让他们保持漂浮。这意味着我们也需要给孩子生活中的成年人提供救生衣。当我们这样做时，好事就会发生。

凯瑟琳生下第二个孩子时，她和丹尼尔搬到了密歇根州的一个小村庄，这样可以离家人更近些。这次凯瑟琳知道产后抑郁是什么样子，但她也确保她得到了她所需要的支持。她找到了一位助产士，和她成了朋友。在她整个怀孕期间，两人每月见一次，一次1个小时。她们做了所有常规的产前检查，包括听胎儿的心跳，检查胎儿的位置，测量凯瑟琳的体重和血压。但她们也谈了凯瑟琳的感受。这次检查不像在上家医院做得那么简短，这次凯瑟琳自己掌握了控制权，时间也很宽裕。"我真的很喜欢这个检查。我知道自己所做的一切都是我自己的选择。而且，助产士向我解释了所有的事情，而不是只做但不解释。"

她的第二次分娩很快，只持续了4个小时，而且很顺利。如她所愿，她在家里又生了一个10磅重的男婴。生产结束之后，助产士把所有东西都收拾干净，并给这个新的四口之家准备了一顿饭。第2天她来慰问他们，然后在3天后、1周后、2周后和1个月后都来检查慰问。凯瑟琳总共与助产士进行了八次产后检查，之前她在南达科他州与妇产科医生只进行了一次产后检查。"这次我感觉我得到了很多支持。"

事实上，在她的第二个儿子出生后，凯瑟琳卧床3周，这种做法被称为"坐月子"，以前很普遍，旨在让新妈妈有时间康复并与新生儿建立联系。丹尼尔这次有6周的陪产假，这对凯瑟琳也很有帮助。凯瑟琳说："我就是躺在床上，和宝宝一起玩，丹尼尔会把吃的送来床边。"第二次生产凯瑟琳就没有得产后抑郁。"我认为我这次没有得产后抑郁，很大程度上是因为我在产前、产中、产后都得到了足够的支持。"

萨布丽娜的情况也有所改善。她已经回到学校，取得了创意写作和英语学位。而在他们在收容所住了 2 年多之后，萨布丽娜和她的家人终于离开了。多次住房申请被拒后，他们成功地通过一家隶属于大儿子中学的非营利组织找到了房子。最初，他们在等候名单上排在第 104 位，这 104 人里面只有 100 人可以得到帮助。但并不是每个人都符合申请资格，有一天，他们一家在图书馆时，萨布丽娜的手机响了。他们在名单上的位置挪前了，住房申请被批准了！找到合适的房子还是花了好几个月的时间，但现在萨布丽娜、韦恩、杰森和中井住在一个暴力少得多的社区里的一栋可爱的房子里。新房子很小，但萨布丽娜用上了她的家政技能，把这所房子整成了一个家。儿子们可以步行上学，还有探索的空间，在这里也有安全感，中井变得不一样了。

"在收容所里，他戒心很强，"萨布丽娜说，"他不太愿意冒险。除了我们，他从不会和任何人说话，也不参与活动，人多的地方会让他很紧张。"但现在，中井会从新房子的窗子往外望去，等待新的面孔走过。"他会跟遇到的每个人说话，他非常开心。"

老实说，训练孩子抵抗棉花糖的诱惑并不是我们能做出的最大改变。确保孩子们有安全的住所，每个人的身心需求都能得到满足，才能对孩子产生更有意义的影响。只有这样，所有的孩子才有公平的机会获得两个棉花糖。

第三部分
Part 3

父母联盟

第
8
章

他乡童年：荷兰和挪威
体面的保育服务及系统

> "人们放弃权力最常见的方式就是认为自己没
> 有权力。"

——艾丽斯·沃克 [1]（Alice Walker）

发生在 1968 年 4 月 6 日这个星期六的事在我家的故事里尤为突出。当时，我父母住在巴尔的摩，父亲是约翰斯·霍普金斯大学的一位住院儿科医师，母亲是一位社会工作者。我的母亲当时全职工作，管理一个社区推广计划，该计划是时任总统的林登·约翰逊反贫困战争的一部分。在那个重大的星期六，国家上下处于紧张状态，巴尔的摩也是如此。两天前，马丁·路德·金在孟菲斯被暗杀。巴尔的摩市长召集像我母亲一样的社区领袖和组织者召开紧急会议。黑人对种族主义和经济压迫长期积压的愤怒和沮丧就要失去控制。下午 5 点 30 分左右，一家帽子店的第一扇玻璃窗被砸碎。[2]

母亲还在市中心时，有人叫她去接电话。电话是我父亲打的，他在城的另一头，约翰斯·霍普金斯医疗中心大楼。那时还没有手机，他们俩都不记得他是如何找到她的。但是，因为他平时不会在她工作的时候给她打电话，所以接到电话，她就知道这事一定很重要。

"你现在就得回家。"他说。

他看了新闻报道，城里的局势正在迅速恶化。我母亲主要担忧同事和客户的安全，但她明白自己的安全也岌岌可危。她知道丈夫非常信任她，也非常信任她的工作，所以他不会轻易叫她回家。

当时，她怀着我，有9个月的身孕。

母亲上了车，开车回家。开到街上的时候，透过后视镜，她看到身后的世界被火焰笼罩，巴尔的摩正在燃烧。回家的路上，她开车穿过城市，大火仍在熊熊燃烧。

母亲很害怕，但同时她也很沮丧，很伤心。她认识到一个尖锐的事实：虽然她开车安全到了家，但住在她所服务的社区的那些人，还有住在那里的同事们却没有，他们居住的社区已经冒起了烟。

她回到家，和父亲在焦虑中吃了晚饭，然后就上床睡觉了……然后她开始阵痛。第二天，也就是1968年4月7日，我出生了。

大火和骚乱又持续了几天，愤怒、悲伤和沮丧震撼了整座城市。

两周后，母亲返回岗位，决心帮忙余波后的重建。她把我也带上了，这放在今天都是很不寻常的，在 1968 年简直是令人惊叹的一件事。她在办公室旁边清理出了一个小房间，把它改造成了一个育婴室。然后她雇了一个年轻人坐在房间外面，这样我哭的时候，他可以提醒她，母亲就会来喂我、摇我睡觉，一旦我睡着了，她就会马上回去工作。

几乎同一时间，同一地点的另外一位母亲就没有带孩子上班的选择，悲剧因此发生。1965 年，弗雷迪·乔伊纳（Freddy Joyner）的母亲（姓名不详）和孩子们住在华盛顿特区。她是个黑人，又很穷，还是个单身母亲，支付不起保育服务费，也请不起保姆。反而，在哈里森小学上一年级的弗雷迪会拿学校的免费午餐，然后偷偷溜回家带给两个弟弟妹妹吃。没人注意到弗雷迪是何时离开学校的，食堂的老师以为他在教室里，任课老师以为他在食堂里。确保弟弟妹妹安全无恙、有东西吃是弗雷迪的责任，他也尽职地完成了这个任务，直到这天，在赶回家的路上，他在第 14 街和 U 街的拐角处被一辆卡车轧死了。当时弗雷迪才 6 岁。[3]

我从来没有见过弗雷迪。他在我出生之前就去世了。但透过自己的后视镜，我看到了是什么把我和我母亲、弗雷迪和他的母亲联系起来，那就是孩子的需求、母亲的需求、工作和家庭之间的紧张关系，甚至是民权运动和争取性别平等的历史背景。我也看到了是什么将我们分开，坦率地说，是环境。是环境决定谁可以开车离开，谁又会被车撞倒。一个破碎的系统会影响到每个人，尤其是那些生活在贫困中的人。

我还看到我们四个和一个重要时刻下的更广泛背景交织在一起。1963年，马丁·路德·金在《伯明翰狱中书信》(*Letter from a Birmingham Jail*) 中写道："我们无可避免地陷入了一个相互连接的网络，被命运的外衣捆绑在一起。任何会直接影响一个人的事情，会直接影响到我们所有人。"[4] 人们在20世纪60年代就很敏锐地感受到了这一点。我出生的1968年被称为"震撼世界的一年"，[5] 它带来了混乱，这场混乱改变了世界：拉丁美洲和东欧发生的激烈的反战抗议、反独裁起义，还有对马丁·路德·金和接下来罗伯特·肯尼迪（Robert Kennedy）的可怕暗杀。但这一年人们在妇女权利和公民权利方面也取得了持续的进步。美国全国人民开始觉醒。以马丁·路德·金的名义，约翰逊总统敦促国会迅速批准《1968年民权法案》(Civil Rights Act of 1968)，这是20世纪60年代通过的第三部也是最后一部重要的民权立法，该法案于马丁·路德·金葬礼的第二天颁布。[6] 1968年，性别平等运动的火花也被点燃，那年9月对美国小姐选美大赛的抗议就是导火索。几年之内，国会在民主党和共和党的支持下通过了《平等权利修正案》(Equal Rights Amendment)，而且看起来很快就会得到足够数量的州政府批准。

　　我们认为女性和有色人种能享受真正的变化。

　　我们认为孩子也能享受真正的变化。

　　孩子、母亲和家庭的需求是妇女运动和民权运动的一个重要但未被重视的部分，这与对工作、正义和机会的普遍关注密切相关。有那么一瞬间，这些需求引起了全国的关注。是弗雷迪·乔伊纳的死引起了这些关注。

"这怎么可能发生在美国呢?"[7]

这是当时的美国参议员沃尔特·蒙代尔（Walter Mondale）在思考弗雷迪之死这个悲剧时的发问。这个母亲怎么会得不到保育服务呢? 怎么会没人注意到弗雷迪午餐时间不在学校呢? 一个家庭怎么会要被迫依靠一个 6 岁的孩子作为家庭的安全网呢?

弗雷迪之死只是一个不起眼的贫困悲剧，大家可能转眼就忘了。但大家并没有忘，他的故事本可能催发美国通过立法改变其历史进程。注意这里的关键词是本可能。

年轻的参议员蒙代尔在弗雷迪去世前一年从明尼苏达州搬到了华盛顿。他很快就厌倦领导人嘴上说要为像弗雷迪这样的家庭谋福利，却不采取任何行动。他想行动起来。20 世纪60 年代末，他认为时机已到。蒙代尔与少数其他政治家、父母和儿童发展领域的专家联手起来，开始推动一项雄心勃勃的法案，该法案将做出有意义的改变，防止像弗雷迪那样的悲剧再次发生。该法案，即《儿童全面发展法案》(Comprehensive Child Development Act of 1971，CCDA）在序言中指出，该法案旨在 "为每个孩子提供公平和充分的机会，以助其充分发挥潜力"。[8] 该法案构想了一个全面、及时且普及性强的早期儿童发展计划，让人想起当今欧洲大部分地区的情况，那就是为任何想要参与其中的家庭建立一个为他们服务的系统，无论父母是否在外工作。其目标不仅是为家庭提供保育服务，而且是为家庭提供一个基于发展心理学家、教师以及其他专家的最新建议的教育基础。虽然该法案本身可能受到一个来自贫困家庭男孩的启发，但它为每个社会经济群体提供了不同程度的帮助，并承认所有人都应该获得高质量的保育服务，所有父母都应得到支持。

这个故事最令人印象深刻的部分就是 CCDA 得到了两个党派的共同支持，这着实令人惊叹。此外，它还赢得了社会各界异常广泛的支持，包括劳工、宗教、妇女解放和其他公共利益团体。1971 年，CCDA 在国会两院通过，参议院以 63 票对 17 票通过。这是一项完美的法案吗？不是。大家都支持这项法案吗？不是。但这是大家在政治上达成共识的非凡时刻，考虑到今天国会的分歧，这似乎是不可想象的。

然而，理查德·尼克松（Richard Nixon）总统对这项法案的态度发生了惊人的转变，尽管早前他曾对该项法案表示支持，但现在却否决了该法案的通过。

为什么呢？

因为政治。尽管该法案得到了两党的共同支持，尼克松最初也接受了它，但他的一小群顾问认为该法案不应通过。[9]他们争辩联邦政府支持的保育系统看起来很可疑，这套做法像是苏联的。总统两难了，但最终，他确信签署该法案可能会疏远持有"家庭价值观"的选民。（还记得当苏联在 1957 年发射人造卫星时，美国就采取了相反的方法，加强了科学和数学教育。我们并没有完全放弃这一努力。）

否决该法案本身就已经很具有破坏力，但尼克松宣布该决定的演讲更是加大了破坏。用一位评论员的话来说，尼克松的用词如此强烈，以至于他"刺穿了"CCDA想法的"心脏"，使其碎成了几百万块。[10]这些碎片变成了混乱的体制障碍的一部分，使得当今美国的保育系统伤痕累累。尽管有这么多人渴望CCDA通过，以便从中受益，但尼克松成功地用强有力的比喻辩称，政府对家庭的支持是对美国个人主义、家庭的神圣性和父母权利的直接攻击。诚然，父母的选择应该受到珍惜和保护。但是实际上，否决CCDA关上了父母拥有广泛选择的大门。要是当时签署了这项法案，现在父母会有真正选择的机会。事实上，该法案不仅为在外工作的父母设置了条款，也为那些想和孩子待在家里的母亲设置了条款。（如果有"选择"，弗雷迪的妈妈肯定不会让自己6岁的孩子从学校跑回家照顾弟弟妹妹。）尼克松所说的父母的选择更多指的是象征意义，而不是实际意义，它阻碍了随后50年美国本可取得的进步。

停滞不前的50年

自CCDA短暂的诞生和戏剧性的废弃以来，已经过去了50年。在这50年里，美国家庭的改变还远远不够。尼克松演讲时传递的信息像一团冰冷的雾气，在随后的几十年里缭绕，模糊了人们的视野，让人难以取得有意义的进展，也掩盖了不作为的真正代价。当其他发达国家颁布带薪家庭假、全民幼儿保育和新手父母家访等政策时，美国却因为没有采取任何此类政策或计划，且在早教方面的支出低于几乎任何其他发达国家而显得格格不入。

除了显性影响，CCDA 被否决也造成了更为隐匿的不良影响。它破坏了对民权和性别平等运动的强大承诺和希望。孩子和父母的命运是织成"命运之衣"的丝线，当这些丝线散开时，社会结构就会磨损。

如果所有种族、所有民族、所有性别的孩子都可以茁壮成长，并且平等参与国家的经济和公民生活，那么社会必须提供的支持从孩子出生时就应该开始了，这样他们就可以拥有实现大脑的健康发育所需的东西。这就是我们履行对孩子的承诺，让他们能够充分实现自己的潜能的方式。这就是我们如何能给照顾这些孩子的人，尤其是母亲，一个战斗的机会。大脑的健康发育是平等的基本条件，是一项基本权利。没有它，我们将永远无法创造真正、持久的变化。

从著名的学前教育启蒙项目（Abecedarian）给家庭和孩子提供的支持中，我们可以看到什么样的变化是我们可以实现的。该项目是在 CCDA 被废弃一年后启动的。启蒙项目是一项周密的研究，涵盖了在 1972 年至 1977 年间出生于北卡罗来纳州的 111 名孩子。[11] 所有孩子及其家人从孩子还是婴儿的时候到上幼儿园都享有医疗保险、社会服务和营养支持。此外，大约一半的孩子全年每周接受 5 天的高质量保育服务，以语言为教育中心（"每个游戏都是语言游戏。"该项目的创始人说）。

启蒙项目的目的是调查高质量的学前教育是否可以改善出生于低收入家庭婴儿的入学准备。答案是肯定的。在上学的时候，有去保育中心的启蒙项目的婴儿（其中大多数是黑人）在阅读和数学方面的表现要好于那些只接受健康和社会服务家庭的孩子。但这还不是全部的调查结果。[12] 到了 21 岁这个年龄点，上保育中心的孩子上四年制大学的可能性是另一组的 2 倍多，成为青少年父母的可能性则更小。[13] 这些孩子成年后，他们的肥胖率和高血压率较低，并且不太可能有犯罪行为。他们的收入也更高。[14] 参加学前教育启蒙项目的这些孩子的母亲，她们不仅间接受益于孩子前景的改善，而且与对照组中的母亲相比，那些在青少年时就生了孩子的母亲完成高中学业的可能性也更大。和他们的孩子一样，他们也可能更富裕。2007 年的成本效益分析保守估计，孩子参与学前教育启蒙项目，父母的年收入增加了 3000 美元，如果孩子没有参加该项目，父母的年收入可能就不会增加这么多。[15]

CCDA 被否决的半个世纪后，学前教育启蒙项目展开了，由此不难看出现在这个情形与我出生那年的戏剧性事件之间的相似之处。尽管如此，美国公民仍感受到种族主义带来的刺痛和不平等带来的不公正。骚乱和内乱再次发生。新冠疫情带来的创伤是全球性的，波及范围广泛，但它对每个人的影响程度都不同。谁受害最深，以及为什么这些人受害最深，对此的解释进一步提供了让人瞩目的证据，证明了公民权利、性别平等和家庭需求这些问题是互相交织在一起的。

对于孩子还年幼的父母（尤其是母亲）来说，新冠疫情给日常生活带来的挑战是不可持续的：学校关闭、常态化远程办公，还有本已脆弱的保育系统崩溃。母亲更有可能承担新冠疫情带来的额外育儿责任。她们失去工作的可能性更大，辞职照顾家人的可能性也更大，母亲心理健康恶化的可能性也更大。密歇根大学的经济学家贝茜·史蒂文森（Betsey Stevenson）说："新冠疫情就像是拿起了一根撬棍，撬开了性别差距。"[16]

新冠疫情提醒了我们，有时父母没有办法，不得不让年幼的孩子独自一人待着，就像弗雷迪·乔伊纳的母亲所做的那样。我听说俄克拉何马州有一位年轻的监护员父亲，但为了工作养家，他每天不得不带着他的两个孩子去上班，一个6岁，一个4岁。新冠疫情防控意味着孩子们不能进室内，他就只能整天把孩子锁在停车场的卡车里，每小时去检查一次。

当然，即使在新冠疫情之前，父母也面临着不可能的选择。我认识一个人，她参加了一个家长支持小组，小组里一位刚离婚的母亲（我称她为塔蒂亚娜）和大家分享了她的故事。她带着三个不到10岁的孩子。她的前夫周末的时候本该把孩子接走，所以塔蒂亚娜在她担任管家的酒店答应在周末做双班来挣些外快。但在周五接完孩子几个小时后，她的前夫就把他们送回了她家门口。4岁的孩子肚子痛，病了。"我不会处理这个，"孩子的父亲说，"这是你的任务！"塔蒂亚娜找了朋友和亲戚，但他们都没时间帮忙照料孩子，她只能打电话给老板说她没法去上班了，但她的老板说如果她不去上班，她就会被辞退。几乎整夜未眠，塔蒂亚娜决定，除了让孩子们独自待在家里之外她别无选择。她严格指示孩子不要离开公寓，并且，她不在家时每 30 分钟都要给她打一次电话。"请不要批评我。"她泪流满面地对家长支持小组的成员说道。他们没有批评她。相反，其他几位也面临着困难和育儿挑战的父母立即给了塔蒂亚娜他们的电话号码。

新冠疫情对所有父母来说都很残酷，但对黑人、棕色皮肤和美洲原住民的父母来说尤为如此，他们既要应对保育和教育危机，又要应对根深蒂固的种族不平等，这种不平等还增加了他们生病和死亡的风险。无论他们住在哪里、年龄多大，有色人种都严重受到新冠疫情的影响。根据美国疾病控制与预防中心的数据，黑人、拉丁裔和原住民比他们的白人邻居更容易感染新冠，死亡率也更高。[17]上报的原住民感染率和死亡率相似，但大家认为实际的比率要高得多。造成这些人群更容易感染新冠的原因有很多，比如在一线工作、依赖公共交通出行、住房拥挤、医保缴纳率低、本身潜在的健康疾病，但归根结底是源于美国的种族主义历史。

2020 年 5 月，历史暴露了其丑陋的一面，当时正值新冠疫情最严重的一段时间，全世界目睹了乔治·弗洛伊德在明尼阿波利斯被谋杀，这件事引起了公愤。弗洛伊德的死迫使全美上下反思黑人在社会中仍然受到各种各样的不公平待遇，尤其是受到警察的不公平的对待。弗洛伊德死后，抗议活动还持续了数周。据估计，有1500万～2600万美国人参与了抗议活动，使"黑人的命也是命"这个运动成为美国历史上规模最大（可能是最大）的运动之一。[18] 它在美国境外也引起了共鸣：在60个国家和7大洲也发生了抗议（是的，即使是南极洲麦克默多站的工人也参与其中）。

马丁·路德·金遇刺后发生的骚乱本应是千年一遇的事件，但我母亲于1968年4月在巴尔的摩目睹的场景和2020年5月或6月的情形非常相似。

当然，导致1968年巴尔的摩动乱的严峻经济形势也并没有得到改善。自20世纪60年代以来，这里的种族隔离、贫困和谋杀率基本保持不变。[19] 2008至2012年间，在巴尔的摩西部的一个社区，51.8%的居民失业，年收入中位数仅为24 006美元，仅比贫困线高出了723美元。而在整个巴尔的摩，58%的学生来自低收入家庭，学校系统表示这一统计数据应该比真实数据要低。[20] 当约翰斯·霍普金斯大学的研究人员询问时，巴尔的摩青少年说，相较于印度新德里和尼日利亚伊巴丹的同龄人来说，他们感觉自己的处境更糟。[21]

巴尔的摩并不是个例外。我想起了兰迪在芝加哥住所附近的枪声，或者，萨布丽娜和她的家人不得不求助的收容所根本就不是"庇护所"。我想象哈奇姆·哈德曼的母亲乘坐公交车到一个遥远的社区，宁愿谎报自己的住址，冒着进监狱的风险也要让儿子们进入一所安全、激励人的学校。这些都不是父母可以轻易克服的障碍。

他们怎么可能克服这些障碍呢？这些没那么戏剧性，但仍旧痛苦的选择经常让父母流泪。自己的宝宝在新生儿重症监护病房，但金伯利·蒙特兹不能去陪她的时候，她哭了。杰德不得不离开儿子去上班时，她也哭了，多年后她告诉我这件事时，又哭了。

我们尽力而为了吗？

我们并不总是知道什么是可能的，或者我们需要什么。有时我们看待问题的角度会限制我们的视野。然后，突然间，我们向地平线外望去，明白了还有另一种可以解决问题的方式。艾伦·克拉克（Ellen Clarke）是我在芝加哥大学的一位朋友和同事，与她的谈话让我想起了这个事实。我告诉艾伦，了解一些参与 TMW 项目的家庭的故事以及这些父母在孩子还小的时候就面临的困难，是如何让我的思维发生变化的。事实证明，出于不同的原因，艾伦一直在思考我们为人父母的环境。她其实一直都在关注周围那些已为人父母的朋友，了解他们的处境。

艾伦 30 多岁的时候，她和身边的许多朋友正处于生孩子的人生阶段。追踪调查她的这群朋友的不同经历令她大开眼界。她们中的几个人在威斯康星州的同一个小镇上长大，上同一所大学。但从那里开始，她们的道路已经产生了巨大的分歧。留在中西部的两个朋友，一个是科学家克里斯汀，一个是执业护士阿什利，她们都不享有带薪产假。她们的丈夫也没有

当代正念大师
卡巴金作品

乔恩·卡巴金（Jon Kabat-Zinn）

博士，享誉全球的正念大师、"正念减压疗法"创始人、科学家和作家。马萨诸塞大学医学院医学名誉教授，创立了正念减压（Mindfulness-Based Stress Reduction，简称 MBSR）课程、减压门诊以及医学、保健和社会正念中心。

Jon-Kabat-Zinn©-Jaume-Cosialls

21 世纪普遍焦虑不安的生活亟需正念

当代正念大师
"正念减压疗法"创始人卡巴金
带领你入门和练习正念——

安顿焦虑、混沌和不安的内心的解药
更好地了解自己，看清我们如何制造了生活中的痛苦
修身养性并心怀天下

─ 卡巴金老师的来信 ─

Dear Mark:

Thank you for the beautiful notes that you included in the package of books (vol 1 and 4) that you send to me recently. I am very happy to hold them in my hands and enjoy the elegance of the designs of both the book covers and the interiors. They strike me as extremely inviting to the reader. Thank you.

Your notes did not include an email address, but Hui Qi Tong, copied here, kindly gave it to me, as I wanted to thank you personally for your kindness and all the great effort that went into producing them.

Thank you as well for the lovely poem of Hui Jai that you gifted to me. I actually included the last two lines of it in Wherever You Go; There You Are which you also published, of course. I love that poem. It says it all. And I appreciate your translation every bit as much as the one I used.

Hui Qi also gave me a copy of the CMF edition of Everyday Blessings. My wife, Myla, and I were so happy to see it, and how beautifully designed it is as well. And very happy to see that you kept the dandelion imagery. I hope it proves inviting and helpful for parenting in China.

I am very touched to learn that in the process of editing these books, you have taken up your own mindfulness practice in the service of waking up to the actuality of things in the present moment. I am deeply touched to know that, because that is the whole purpose of my writings and my work in the world. As you say, "This moment is already good enough." And I would add, "for now."

With a deep bow and warm best wishes, and much gratitude,

Jon

亲爱的马克：

　　非常感谢你最近寄给我的中文版"正念四部曲"（《正念地活》《觉醒》《正念疗愈的力量》《正念之道》）以及随作附上的优美留言。手捧这些书，我深感欣慰，不仅为封面和内页的典雅设计而感叹，更因为它们对读者散发出的极大吸引力而心怀感激。

　　虽然你的留言中未附电子邮件地址，

但童慧琦细心地向我提供了你的联系方式，使我能亲自向你表达谢意，感谢你和你的团队在这些图书的制作过程中所付出的巨大努力和无私的善意。

　　感谢你赠予我的无门慧开禅师的诗作。其实，我在《正念：此刻是一枝花》一书中引用了这首诗的最后两句，而这本书也是由贵社出版的。我深爱诗中的意境，它已然道尽一切。我对你的翻译倍感珍惜，丝毫不逊色于我所使用的版本。

　　慧琦还赠送了一本贵社出版的《正念父母心：养育孩子，养育自己》。我和我的妻子梅拉看到这本书的精美设计时，心中充满了喜悦，更为你保留了蒲公英意象而感动。我希望这本书能在中国的育儿方面发挥鼓舞和帮助的作用。

　　听闻你在编辑这些图书的过程中，也开始了自己的正念练习，以此唤醒当下真实的存在，我深感触动。因为这正是我在这个世界上写作和工作的全部目的。正如你所说，"此刻，已经足够美好"（this moment is already good enough）。我想我会补充一句，"正是当下的圆满"（for now）。

　　再次致以深深的敬意、祝福与我的感激。

乔恩·卡巴金

心理创伤疗愈之道
倾听你身体的信号

[美] 彼得·莱文 著

庄晓丹 常邵辰 译

- 有心理创伤的人必须学会觉察自己身体的感觉，才能安全地倾听自己。美国躯体性心理治疗协会终身成就奖得主、体感疗愈创始人集大成之作

创伤与复原

[美] 朱迪思·赫尔曼 著

施宏达 陈文琪 译

[美] 童慧琦 审校

- 美国著名心理创伤专家朱迪思·赫尔曼开创性作品
- 自弗洛伊德的作品以来，又一重要的精神医学著作
- 心理咨询师、创伤治疗师必读书

拥抱悲伤
伴你走过丧亲的艰难时刻

[美] 梅根·迪瓦恩 著

张雯 译

- 悲伤不是需要解决的问题，而是一段经历
- 与悲伤和解，处理好内心的悲伤，开始与悲伤共处的生活

危机和创伤中成长
10位心理专家危机干预之道

方新 主编　高隽 副主编

- 方新、曾奇峰、徐凯文、童俊、樊富珉、马弘、杨凤池、张海音、赵旭东、刘天君 10位心理专家亲述危机干预和创伤疗愈的故事

哀伤咨询与哀伤治疗
（原书第5版）

[美] J.威廉·沃登 著

王建平 唐苏勤 等译

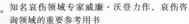

- 知名哀伤领域专家威廉·沃登力作，哀伤咨询领域的重要参考用书

伴你走过低谷
悲伤疗愈手册

[美] 梅根·迪瓦恩 著

唐晓璐 译

- 本书为你提供一个"悲伤避难所"，以心理学为基础，用书写、涂鸦、情绪地图、健康提示等工具，让你以自己的方式探索悲伤，给内心更多空间去疗愈

为什么我们总是在防御

[美] 约瑟夫·布尔戈 著

姜帆 译

- 真正的勇士敢于卸下盔甲,直视内心
- 10 种心理防御的知识带你深入潜意识,成就更强大的自己
- 曾奇峰、樊登联袂推荐

你的感觉我能懂

用共情的力量理解他人,疗愈自己

[美] 海伦·里斯 莉斯·内伯伦特 著

何伟 译

- 一本运用共情改变关系的革命性指南,共情是每个人都需要培养的高级人际关系技能
- 开创性的 E.M.P.A.T.H.Y. 七要素共情法,助你获得平与和爱的力量,理解他人,疗愈自己
- 浙江大学营销学系主任周欣悦、北师大心理学教授韩卓、管理心理学教授钱婧、心理咨询师史秀雄倾情推荐

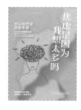

焦虑是因为我想太多吗

元认知疗法自助手册

[丹] 皮亚·卡列森 著

王倩倩 译

- 英国国民健康服务体系推荐的治疗方法 高达 90% 的焦虑症治愈率

为什么家庭会生病

陈发展 著

- 知名家庭治疗师陈发展博士作品
- 厘清家庭成员间的关系,让家成为温暖的港湾,成为每个人的能量补充站

延伸阅读

完整人格的塑造
心理治疗师谈自我实现

丘吉尔的黑狗
抑郁症以及人类深层心理现象的分析

拥抱你的焦虑情绪
放下与焦虑和恐惧的斗争,重获生活的自由
(原书第 2 版)

情绪药箱
应对 12 种普遍心理问题的自我疗愈方案
(原书第 5 版)

空洞的心
成瘾的真相与疗愈

身体会替你说不
内心隐藏的压力如何损害健康

当代正念大师卡巴金正念书系
童慧琦博士领衔翻译

卡巴金正念四部曲

正念地活
拥抱当下的力量

[美] 童慧琦 译
顾洁

正念是什么？我们为什么
需要正念？

觉醒
在日常生活中练习正念

孙舒放 李瑞鹏 译

细致探索如何在生活中系
统地培育正念

正念疗愈的力量
一种新的生活方式

朱科铭 王佳 译

正念本身具有的疗愈、启
发和转化的力量

正念之道
疗愈受苦的心

张戈卉 汪苏苏 译

如何实现正念、修身养性
并心怀天下

卡巴金其他作品

正念父母心
养育孩子，养育自己

[美] 童慧琦 译

卡巴金夫妇合著，一本真
正同时关照孩子和父母的
成长书

多舛的生命
正念疗愈帮你抚平压力、
疼痛和创伤（原书第2版）

[美] 童慧琦 译
高旭滨

"正念减压法"百科全
书和案头工具书

穿越抑郁的正念之道

[美] 童慧琦 译
张娜

正念在抑郁等情绪管理、
心理治疗领域的有效应用

王俊兰老师翻译

正念
此刻是一枝花

王俊兰 译

卡巴金博士给每个人的正
念入门书

硅谷超级家长课
教出硅谷三女杰的 TRICK 教养法

[美] 埃丝特·沃西基 著

姜帆 译

- 教出硅谷三女杰，马斯克母亲、乔布斯妻子都推荐的 TRICK 教养法
- "硅谷教母"沃西基首次写给大众读者的育儿书

儿童心理创伤的预防与疗愈

[美] 彼得·A. 莱文 著
玛吉·克莱恩

杨磊 李婧煜 译

- 心理创伤治疗大师、体感疗愈创始人彼得·A. 莱文代表作
- 儿童心理创伤疗愈经典，借助案例、诗歌、插图、练习，指导成年人成为高效"创可贴"，尽快处理创伤事件的残余影响

成功养育
为孩子搭建良好的成长生态

和渊 著

- 来自清华博士、人大附中名师的家庭教育指南，帮你一次性解决所有的教养问题
- 为你揭秘人大附中优秀学生背后的家长群像，解锁优秀孩子的培养秘诀

正念亲子游戏
让孩子更专注、更聪明、更友善的 60 个游戏

[美] 苏珊·凯瑟·葛凌兰 著

周玥 朱莉 译

- 源于美国经典正念教育项目
- 60 个简单、有趣的亲子游戏帮助孩子们提高 6 种核心能力
- 建议书和卡片配套使用

| 延伸阅读 |

儿童发展心理学
费尔德曼带你开启孩子的成长之旅
（原书第 8 版）

正念父母心
养孩子，养育自己

高质量陪伴
如何培养孩子的安全型依恋

爱的脚手架
培养情绪健康、勇敢独立的孩子

欢迎来到青春期
9~18 岁孩子正向教养指南

聪明却孤单的孩子
利用"执行功能训练"提升孩子的社交能力

情感操纵
摆脱他人的隐性控制，找回自信与边界

[美] 斯蒂芬妮·莫尔顿·萨尔基斯 著

顾艳艳 译

- 情感操纵，又称为煤气灯操纵，也称为 PUA。通常，操纵者会通过撒谎、隐瞒、挑拨、贬低、否认错误、转嫁责任等伎俩来扭曲你对现实的认知，实现情感操纵意图
- 情感操纵领域专家教你识别和应对恋爱、家庭、工作、友谊中令人窒息的情感操纵，找回自我，重拾自信

清醒地活
超越自我的生命之旅

[美] 迈克尔·辛格 著

汪幼枫 陈舒 译

- 樊登推荐！改变全球万千读者的心灵成长经典。冥想大师迈克尔·辛格从崭新的视角带你探索内心，为你正经历的纠结、痛苦找到良药

静观自我关怀
勇敢爱自己的 51 项练习

[美] 克里斯汀·内夫
克里斯托弗·杰默 著

姜帆 译

- 静观自我关怀创始人集大成之作，风靡 40 余个国家。爱自己，是终身自由的开始。51 项练习简单易用、科学有效，一天一项小练习，一天比一天爱自己

不被父母控制的人生
如何建立边界感，重获情感独立

[美] 琳赛·吉布森 著

姜帆 译

- 让你的孩子拥有一个自己说了算的人生，不做不成熟的父母
- 走出父母的情感包围圈，建立边界感，重获情感独立

与孤独共处
喧嚣世界中的内心成长

[英] 安东尼·斯托尔 著

关凤霞 译

- 英国精神科医生、作家，英国皇家内科医师学院院士、英国皇家精神医学院院士、英国皇家文学学会院士、牛津大学格林学院名誉院士安东尼·斯托尔经典著作
- 周国平、张海音倾情推荐

原来我可以爱自己
童年受伤者的自我关怀指南

[美] 琳赛·吉布森 著

戴思琪 译

- 你要像关心你所爱的人那样，好好关怀自己
- 研究情感不成熟父母的专家陪你走上自我探索之旅，让你学会相信自己，建立更健康的人际关系，从容面对生活中的压力和挑战

生命的礼物
关于爱、死亡及存在的意义

[美] 欧文·D. 亚隆 　著
　　 玛丽莲·亚隆

[美] 童慧琦 　译
　　 丁安睿 秦华

- 生命与生命的相遇是一份礼物。心理学大师欧文·亚隆、女性主义学者玛丽莲·亚隆夫妇在生命终点的心灵对话，揭示生命、死亡、爱与存在的意义
- 一本让我们看见生命与爱、存在与死亡终极意义的人生之书

诊疗椅上的谎言

[美] 欧文·D. 亚隆 著

鲁宓 译

- 亚隆流传最广的经典长篇心理小说。人都是天使和魔鬼的结合体，当来访者满怀谎言走向诊疗椅，结局，将大大出乎每个人的意料

部分心理学
（原书第 2 版）

[美] 理查德·C. 施瓦茨 　著
　　 玛莎·斯威齐

张梦洁 译

- IFS 创始人权威著作
- 《头脑特工队》理论原型
- 揭示人类不可思议的内心世界
- 发掘我们脆弱但惊人的内在力量

这一生为何而来
海灵格自传·访谈录

[德] 伯特·海灵格 　著
　　 嘉碧丽·谭·荷佛

黄应东 乐竞文 译
张瑶瑶 审校

- 家庭系统排列治疗大师海灵格生前亲自授权传记，全面了解海灵格本人和其思想的必读著作

人间值得
在苦难中寻找生命的意义

[美] 玛莎·M. 莱恩汉 著

邓竹箐 　译
[美] 薛燕峰 邬海皓

- 与弗洛伊德齐名的女性心理学家、辩证行为疗法创始人玛莎·M. 莱恩汉的自传故事
- 这是一个关于信念、坚持和勇气的故事，是正在经受心理健康挑战的人的希望之书

心理治疗的精进

[美] 詹姆斯·F.T. 布根塔尔 　著

吴张彰 李昀烨 译
杨立华 审校

- 存在 - 人本主义心理学大师布根塔尔经典之作
- 近 50 年心理治疗经验倾囊相授，帮助心理治疗师拓展自己的能力、实现技术上的精进，引领来访者解决生活中的难题

高效学习 & 逻辑思维

达成目标的 16 项刻意练习

[美] 安吉拉·伍德 著

杨宁 译

- 基于动机访谈这种方法，精心设计 16 项实用练习，帮你全面考虑自己的目标，做出坚定的、可持续的改变
- 刻意练习·自我成长书系专属小程序，给你提供打卡记录练习过程和与同伴交流的线上空间

精进之路
从新手到大师的心智升级之旅

[英] 罗杰·尼伯恩 著

姜帆 译

- 你是否渴望在所选领域里成为专家？如何从学徒走向熟手，再成为大师？基于前沿科学研究与个人生活经验，本书为你揭晓了专家的成长之道，众多成为专家的通关窍门，一览无余

如何达成目标

[美] 海蒂·格兰特·霍尔沃森 著

王正林 译

- 社会心理学家海蒂·格兰特·霍尔沃森力作
- 精选数百个国际心理学研究案例，手把手教你克服拖延，提升自制力，高效达成目标

学会据理力争
自信得体地表达主张，为自己争取更多

[英] 乔纳森·赫林 著

戴思琪 译

- 当我们身处充满压力焦虑、委屈自己、紧张的人际关系之中，甚至自己的合法权益受到蔑视和侵犯时，在"战或逃"之间，我们有一种更为积极和明智的选择——据理力争

| 延伸阅读 |

学术写作原来是这样
语言、逻辑和结构的全面提升（珍藏版）

学会如何学习

科学学习
斯坦福黄金学习法则

刻意专注
分心时代如何找回高效的喜悦

直抵人心的写作
精准表达自我，深度影响他人

有毒的逻辑
为何有说服力的话反而不可信

跨越式成长
思维转换重塑你的工作和生活

[美] 芭芭拉·奥克利 著
汪幼枫 译

- 芭芭拉·奥克利博士走遍全球进行跨学科研究，提出了重启人生的关键性工具"思维转换"。面对不确定性，无论你的年龄或背景如何，你都可以通过学习为自己带来变化

大脑幸福密码
脑科学新知带给我们平静、自信、满足

[美] 里克·汉森 著
杨宁 等译

- 里克·汉森博士融合脑神经科学、积极心理学跨界研究表明：你所关注的东西是你大脑的塑造者。你持续让思维驻留于积极的事件和体验，就会塑造积极乐观的大脑

深度关系
从建立信任到彼此成就

[美] 大卫·布拉德福德
卡罗尔·罗宾 著
姜帆 译

- 本书内容源自斯坦福商学院 50 余年超高人气的经典课程"人际互动"，本书由该课程创始人和继任课程负责人精心改编，历时 4 年，首次成书
- 彭凯平、刘东华、瑞·达利欧、海蓝博士、何峰、顾及联袂推荐

成为更好的自己
许燕人格心理学 30 讲

许燕 著

- 北京师范大学心理学部许燕教授，30 多年"人格心理学"教学和研究经验的总结和提炼。了解自我，理解他人，塑造健康的人格，展示人格的力量，获得最佳成就，创造美好未来

延伸阅读

自尊的六大支柱

习惯心理学
如何实现持久的积极改变

学会沟通
全面沟通技能手册
（原书第 4 版）

掌控边界
如何真实地表达自己的需求和底线

深度转变
让改变真正发生的 7 种语言

逻辑学的语言
看穿本质、明辨是非的逻辑思维指南

红书

[瑞士] 荣格 原著
[英] 索努·沙姆达萨尼 编译
周党伟 译

* 心理学大师荣格核心之作，国内首次授权

身体从未忘记
心理创伤疗愈中的大脑、心智和身体

[美] 巴塞尔·范德考克 著
李智 译

* 现代心理创伤治疗大师巴塞尔·范德考克"圣经"式著作

打开积极心理学之门

[美] 克里斯托弗·彼得森 著
侯玉波 王非 等译

* 积极心理学创始人之一克里斯托弗·彼得森代表作

精神分析的技术与实践

[美] 拉尔夫·格林森 著
朱晓刚 李鸣 译

* 精神分析临床治疗大师拉尔夫·格林森代表作，精神分析治疗技术经典

成为我自己
欧文·亚隆回忆录

[美] 欧文·D. 亚隆 著
杨立华 郑世彦 译

* 存在主义治疗代表人物欧文·D. 亚隆用一生讲述如何成为自己

当尼采哭泣

[美] 欧文·D. 亚隆 著
侯维之 译

* 欧文·D. 亚隆经典心理小说

何以为父
影响彼此一生的父子关系

[美] 迈克尔·J. 戴蒙德 著
孙平 译

* 美国杰出精神分析师迈克尔·J. 戴蒙德超 30 年父子关系研究总结
* 真实而有爱的父子联结赋予彼此超越生命的力量

理性生活指南
（原书第 3 版）

[美] 阿尔伯特·埃利斯
罗伯特·A. 哈珀 著
刘清山 译

* 理性情绪行为疗法之父埃利斯代表作

刻意练习
如何从新手到大师

[美] 安德斯·艾利克森 著
罗伯特·普尔

王正林 译

● 成为任何领域杰出人物的黄金法则

学会提问
（原书第 12 版）

[美] 尼尔·布朗 著
斯图尔特·基利

许蔚翰 吴礼敬 译

● 批判性思维领域"圣经"

内在动机
自主掌控人生的力量

[美] 爱德华·L.德西 著
理查德·弗拉斯特

王正林 译

● 如何才能永远带着乐趣和好奇心学习、工作和
生活？你是否常在父母期望、社会压力和自己
真正喜欢的生活之间挣扎？自我决定论创始人
德西带你颠覆传统激励方式，活出真正自我

聪明却混乱的孩子
利用"执行技能训练"提
升孩子学习力和专注力

[美] 佩格·道森 著
理查德·奎尔

王正林 译

● 为 4～13 岁孩子量身定制的"执行技能训练"
计划，全面提升孩子的学习力和专注力

自驱型成长
如何科学有效地培养孩子
的自律

[美] 威廉·斯蒂克斯鲁德 著
奈德·约翰逊

叶壮 译

● 当代父母必备的科学教养参考书

父母的语言
3000 万词汇塑造更强大的
学习型大脑

达娜·萨斯金德
[美] 贝丝·萨斯金德 著
莱斯利·勒万特 - 萨斯金德

任忆 译

● 父母的语言是最好的教育资源

十分钟冥想

[英] 安迪·普迪科姆 著

王俊兰 王彦又 译

● 比尔·盖茨的冥想入门书

批判性思维
（原书第 12 版）

[美] 布鲁克·诺埃尔·摩尔 著
理查德·帕克

朱素梅 译

● 备受全球大学生欢迎的思维训练教科书，已
更新至 12 版，教你如何正确思考与决策，避
开"21 种思维谬误"，语言通俗、生动，批
判性思维领域经典之作

拥抱你的抑郁情绪
自我疗愈的九大正念技巧（原书第2版）

[美] 柯克·D. 斯特罗萨尔
帕特里夏·J. 罗宾逊 著

徐守森 宗焱 祝卓宏 等译

- 你正与抑郁情绪做斗争吗？本书从接纳承诺疗法（ACT）、正念、自我关怀、积极心理学、神经科学视角重新解读抑郁，帮助你创造积极新生活。美国行为和认知疗法协会推荐图书

自在的心
摆脱精神内耗，专注当下要事

[美] 史蒂文·C. 海斯 著

陈四光 祝卓宏 译

- 20世纪末世界上最有影响力的心理学家之一、接纳承诺疗法（ACT）创始人史蒂文·C. 海斯用11年心血铸就的里程碑式著作
- 在这本凝结海斯40年研究和临床实践精华的著作中，他展示了如何培养并应用心理灵活性技能

自信的陷阱
如何通过有效行动建立持久自信（双色版）

[澳] 路斯·哈里斯 著

王怡蕊 陆杨 译

- 本书将会彻底改变你对自信的看法，并一步一步指导你通过清晰、简单的ACT练习，来管理恐惧、焦虑、自我怀疑等负面情绪，帮助你跳出自信的陷阱，建立真正持久的自信

ACT就这么简单
接纳承诺疗法简明实操手册（原书第2版）

[澳] 路斯·哈里斯 著

王静 曹慧 祝卓宏 译

- 最佳ACT入门书
- ACT创始人史蒂文·C. 海斯推荐
- 国内ACT领航人、中国科学院心理研究所祝卓宏教授翻译并推荐

幸福的陷阱
（原书第2版）

[澳] 路斯·哈里斯 著

邓竹箐 祝卓宏 译

- 全球销量超过100万册的心理自助经典
- 新增内容超过50%
- 一本思维和行为的改变之书：接纳所有的情绪和身体感受；意识到此时此刻对你来说什么才是最重要的；行动起来，去做对自己真正有用和重要的事情

生活的陷阱
如何应对人生中的至暗时刻

[澳] 路斯·哈里斯 著

邓竹箐 译

- 百万级畅销书《幸福的陷阱》作者哈里斯博士作品
- 我们并不是等风暴平息后才开启生活，而是本就一直生活在风暴中。本书将告诉你如何跳出生活的陷阱，带着生活赐予我们的宝藏勇敢前行

科普新知

当良知沉睡
辨认身边的反社会人格者

[美] 玛莎·斯托特 著

吴大海 马绍博 译

- 变态心理学经典著作，畅销十年不衰，精确还原反社会人格者的隐藏面目，哈佛医学院精神病专家带你辨认身边的恶魔，远离背叛与伤害

这世界唯一的你
自闭症人士独特行为背后的真相

[美] 巴瑞·普瑞桑 著
汤姆·菲尔兹－迈耶

陈丹 黄艳 杨广学 译

- 豆瓣读书 9.1 分高分推荐
- 荣获美国自闭症协会颁发的天宝·格兰丁自闭症杰出作品奖
- 世界知名自闭症专家普瑞桑博士具有开创意义的重要著作

友者生存
与人为善的进化力量

[美] 布赖恩·黑尔 著
瓦妮莎·伍兹

喻柏雅 译

- 一个有力的进化新假说，一部鲜为人知的人类简史，重新理解"适者生存"，割裂时代中的一剂良药
- 横跨心理学、人类学、生物学等多领域的科普力作

你好，我的白发人生
长寿时代的心理与生活

彭华茂 王大华 编著

- 北京师范大学发展心理研究院出品。幸福地生活，优雅地老去

读者分享

《我好，你好》
◎读者若初

有句话叫"妈妈也是第一次当妈妈"，有个词叫"不完美小孩"，大家都是第一次做人，第一次当孩子，第一次当父母，经验不足。唯有通过学习，不断调整，互相理解，互相接纳，方可互相成就。

《正念父母心》
◎读者行木

《正念父母心》告诉我们，有偏差很正常，我们要学会如何找到孩子的本真与自主，同时要尊重其他人（包括父母自身）的自主。
自由的前提是不侵犯他人的自由权利。或许这也是"正念"的意义之一：摆正自己的观念。

《为什么我们总是在防御》
◎读者 freya

理解自恋者求关注的内因，有助于我们理解身边人的一些行为的动机，能通过一些外在表现发现本质。尤其像书中的例子，在社交方面无趣的人总是不断地谈论自己而缺乏对他人的兴趣，也是典型的一种自恋者类型。

CMP BOOKS

打开心世界·遇见新自己

华章分社心理学书目

扫我！扫我！扫我！新鲜出炉还冒着热气的书籍资料、有心理学大咖降临的线下读书会的名额、不定时的新书大礼包抽奖、与编辑和书友的贴贴都在等着你！

扫我来关注我的小红书号，各种书讯都能获得！

机械工业出版社
CHINA MACHINE PRESS

多少假期，即便她的一个孩子在新生儿重症监护病房待了 6 个星期，他们都没有时间陪她，这是金伯利痛苦经历的重演。另一方面，艾伦的朋友黛安和丽贝卡因为工作机会分别搬到了挪威和荷兰，并在那里生了孩子。在这两个国家，女性和她们的丈夫都可以根据自己的喜好安排丰厚的产假。此外，政府鼓励她们休完应享的全部产假，一旦她们重返工作岗位，还能够享受荷兰和挪威强大的保育系统。

艾伦边告诉我这些，边摇头。和加比一样，她自己也一直在努力寻找位置便利、价格实惠且有空位的保育中心。她开玩笑说保育服务在预算上相当于是"第二次抵押贷款"。她和丈夫经常觉得他们忙里忙外只能维持经济和情感上的稳定。然而艾伦知道，按照美国的标准，她是"幸运的"，她可以休 14 周的带薪假，丈夫的日程安排也比较灵活，而且他们还可以负担得起体面的保育服务。不过，"幸运"这个词感觉不太合适。"我觉得我不应该感到幸运，普通父母都应该能做到这样。"艾伦说。当然，她在欧洲的朋友能获得更多机构的支持，她们的压力明显更少。拥有更加健全的家庭支持政策的国家的健康差距更小，父母（和非父母）也更快乐，这是否令人惊讶呢？

对美国父母的不切实际的期望正在破灭。"有人说，我们应该把这一切都扛在肩上，"艾伦告诉我，"你需要承认你不必这样做。每个人都在家里，在水下，独自一人，根本无法举手求助。"

我必须承认，当听到她说"水下"这个词时，我屏住了呼吸。我立刻想到了唐在密歇根湖溺亡。我想到了我的梦想，我看到了自己独自站在河岸边。而且，这一次，我看到我所遇到的父母们也站在那里。每个人都像我一样，独自一人，肩负挑战，正准备自己的轻舟。大家完全没有意识到边上还有其他人。

无地自满

我们曾经成功地为这个国家的孩子和妇女推进实施了一项具有里程碑意义的、全面的公共卫生计划。这项计划并非由于一个孩子的死亡，而是许多孩子的死亡推动产生的。20 世纪初期，在美国生子是很危险的，婴儿死亡率很高。绝大多数母亲在怀孕或分娩期间没有得到任何建议或训练有素的护理，这一问题在贫困和农村地区尤为突出。（正如我们在凯瑟琳的案例中看到的，农村妇女还是很难获得医疗服务。）

但随后几个有前景的发展项目趋于一致。1912 年，美国成立了儿童局，这是第一个专门关注孩子及母亲福祉的联邦政府办公室。[22] 它也是第一个由女性——朱莉娅·莱思罗普（Julia Lathrop）领导的政府机构。之后，在 1916 年，珍妮特·兰金（Jeannette Rankin），一位来自蒙大拿州的共和党人成为第一位获选进国会的女性（蒙大拿州主要以农村为主）。最后，在 1920 年，美国妇女获得了选举权。兰金和莱思罗普决心要联手为母亲和孩子提供支持。1921 年，由莱思罗普撰写、最初由兰金提出的一项法案签署成为法律。

该法案被称为《谢泼德－汤纳法案》(Sheppard-Towner Act)［因为兰金在该法案通过时已离开国会，因此该法案以其赞助者得克萨斯州参议员莫里斯·谢泼德（Morris Sheppard）的姓和艾奥瓦州众议员霍勒斯·汤纳（Horace Towner）的姓来命名］。该法案推动建立了数千个产前诊所，为数百万人提供了巡回护士家访服务，极大地改善了向母亲提供的有关母婴健康的基本教育知识。这项法案明显挽救了许多生命：在最充分参与该计划的州中，婴儿死亡率急剧下降。例如，作为教育计划的重点，与胃肠道疾病相关的死亡人数在法案生效期间下降了 47%[23]。

这样一项法案能获得通过的关键在于女性新获得的政治权力。女性获得群体投票的权力使政客们很害怕，他们害怕她们会给谢泼德－汤纳这样的人投反对票。一位历史学家写道："多年来，妇女参政论者一直承诺在获得选票后会清理议会。"[24] 政客们相信妇女参政论者的话。但 5 年后，当最初的资金到期时，很明显女性没有形成一个群体去投票。男性政客不再害怕反对延长该项法律的有效期。美国医学协会对该法案持反对意见，该协会成员并不想看到非医疗工作者提供医疗服务的情况，而且他们认为该法案会使国家向社会化医疗更加靠拢，因此他们在第二次投票的时候更有准备。[25]（值得注意的是，美国医学协会的儿科小组支持该法案，当美国医学协会游说反对该法案时，儿科医生解散了该组织，并创建了美国儿科学会以作为反击。)最后，他们达成了妥协：国会延长了资金时限，但只延长了 2 年。

这种不断变化的政治风向今天应该停止。政治联盟很脆弱，公众的注意力转瞬即逝，但家庭的痛苦和挣扎却是真实的，也是持久的。婴儿死亡率在黑人群体中仍然很高。[26] 家庭遭受的苦难也是千式百样。我们很难不去想俄克拉何马州那辆皮卡车上的孩子，任何孩子都不该在停车场里待一整天。

向前辈学习

没有人应该住在鸡棚里。

然而，有一位年长的妇女曾经就住过鸡棚。她绝望的处境值得我们反思，我们要彻底改变这一切，使国家变得更好。这个故事告诉我们父母如何能带来真正的、根本的改变，让我们的孩子茁壮成长。

20 世纪 40 年代中期，一位名叫埃塞尔·珀西·安德鲁斯（Ethel Percy Andrus）的妇女是加利福尼亚州委员会的成员，该委员会关注退休教师的福利。[27] 安德鲁斯博士最近也退休了，此前她是一名著名的教师，是加州第一位女性城市高中校长，也是芝加哥大学的一名优秀毕业生。当安德鲁斯在教师福利方面的工作消息发布时，她接到了一个电话，电话那头让她去拜访一位前任教师。安德鲁斯开车到她给的地址，但屋子里没人应答。就在她正准备离开时，一位邻居跟她说，她要找的女人可能住在"房子后面"。在房子后面，安德鲁斯敲了敲小屋的门，这个小屋没有窗户，之前是个鸡棚。一个穿着破旧外套的女士应声走来，走到门口说话。让安德鲁斯震惊的是，她知道这个女士的名字，她还是个"杰出的西班牙语老师"。这位女士曾计划投资土地，以便自己可以退休，但大萧条和随后发生的洪水摧毁了她的房子，也打破了她的希望。她只能在鸡棚里勉强度日，靠她微薄的教师退休金也住不起其他地方。

安德鲁斯对她所见感到非常沮丧，以至于她余生都在为一项使命而努力：确保没有退休人员沦落至此。

她任重而道远。在 20 世纪中期，65 岁以上的美国人是美国人口中最穷、享受服务最少的人群。除了有限的退休储蓄外，年长的美国人还面临着高昂的医保和住房花销。迈克尔·哈灵顿（Michael Harrington）在他 1962 年关于贫困的里程碑式著作《另一个美国》（*The Other America*）中表示，"50% 的老年人的生活都谈不上体面"。**28**

安德鲁斯的第一步是建立一个致力于解决养老金改革、税收优惠、住房改善和退休教师健康保险的组织。当时，年长的美国人几乎无法获得健康保险。就此，安德鲁斯联系了 42 家保险公司，42 家都拒绝了她的请求。"他们觉得我是个怪人。"她说。但最后，她找到了一个愿意承担为老年人投保风险的人。然而，第一个组织只为退休教师服务，但安德鲁斯的目标不止如此。1958 年，她与其他人联手扩大该组织的服务范围，成立了美国退休人员协会（AARP），这是一个致力于支持所有美国老年人的组织。

他们的成功是个传奇故事。多亏了美国退休人员协会过去 50 年的努力，以及该年龄段数千万人的投票影响力，老年人是美国社会和政府获得最好的选民服务的人群。65 岁及以上的美国人的贫困率下降了近 70%[29]。20 世纪 60 年代，国会通过立法改善了退休福利，并为老年人和穷人提供医疗保险。他们还通过了一项旨在防止工作场所年龄歧视的法律，进一步加强了老年人的经济福利和安全。今天，美国退休人员协会继续在医保、支持处方药、长期护理等方面取得突破。这个协会通过关注造福所有人的权利，跨越社会经济、政治、种族和民族分歧，将选民团结起来。该组织是少数能够与大型企业利益集团正面交锋的消费者权益团体之一，它拥有雄厚的预算和 3800 万会员赋予的巨大政治权力。如果没有美国退休人员协会的领导，针对 50 岁以上公民的实质性政策对话就无法进行。最初，这个组织是一个旨在保护和支持教师的组织，后来它演变成一个倡导团体，极大地改善了所有美国老年人的生活。当一群人用同一种声音说话时，他们就能取得了不起的成就。

我从安德鲁斯的成功中学到了另外一课。从一开始，她传达的信息不仅集中在老年人的需求上，还在他们为社会已经做出和未来可以做出的贡献上。比如这位前西班牙语老师需要帮助，但大部分时间她在帮助他人，她教育了成百上千名孩子。她仍可以继续教书，为社会做出贡献。安德鲁斯不仅为老年人争取福利，她还动员了数百万老年人去当志愿者。通过这样的做法，她改变了社会对老年人的看法。她的座右铭是："服务人民，而不是受人服务。"[30]

未来的摇篮

父母不仅为社会做贡献，他们还创造了社会。他们正在培养下一代，下一波学生和教师、雇员和雇主、选民和家长。作为孩子的监护人，父母的身份不亚于我们未来幸福的监护人。

可悲的是，今天一些父母和幼童的困境近似于美国退休人员协会出现之前老年人的困境。事实上，正如我所提到的，今天美国人口中最贫穷的人群已不再是老年人，而是 5 岁以下的孩子。让我重复一遍：从新生儿到 5 岁大的孩子是我们公民中最贫穷的人群。当然，实际上这意味着这些年幼的孩子与贫困的父母和看护人一起生活。就像老年人之前一样，从很多方面来说，父母正在挣扎，他们是隐形的，也是被边缘化的。正如我们极大地提高了老年人的生活质量一样，我们也可以为最年轻的公民做类似的事情。为了达到这个目的，我们首先应该帮助他们的父母。

父母们已经开始为自己发声。在美国乃至世界各地，有些团体一直在不知疲倦地致力于解决孩子和父母面临的大量问题。

为人父母这个共享经历让他们团结在一起。是的，每个家庭都肩负着独特的挑战、经历和优势，但几乎所有的父母都知道彻夜未眠的感受，也知道自己对孩子的爱无法抵挡。我们都有过想要在家照顾新生儿的渴望，也有过找一个我们信任的保姆的压力。我们担心是否可以实现孩子里程碑式的发展，也对孩子能取得的新成就感到好奇。最重要的是，我们都渴望给孩子一切机会，渴望让他们渡过汹涌的洪流。

没有人会像父母那样关心孩子。因为孩子不能投票，他们也还不能为竞选活动做出贡献，他们需要我们为他们发声，而且我们也有责任为他们而战，为有助于他们健康发展的政策而战。

我们以前也这样做过，在小儿麻痹症和酒后驾驶等具体问题上采取行动。我们今天也在做这样的事情。我看到各地的父母都在试图影响改变：在墨西哥和阿根廷，母亲们每年都会在母亲节游行，就为了引起国际社会对夺走孩子生命的暴力事件的关注；在越南，单身母亲没有得到政府的支持，父亲也不需要支付子女抚养费，所以一群母亲团结起来互相支持，向其中最需要的人发放现金津贴；在马拉维，如果没有当地母亲的辛勤工作，联合国赞助的让女孩上学的工作努力就不会成功。[31]

而在美国，一些父母成功改变了这个体系。例如，在俄勒冈州的摩特诺玛（包括波特兰市），由家长领导的草根运动帮助实现了学前教育的普及。2016 年，家长责任委员会（PAC）开始召开会议和正式成立组织，以确定其为所有人提供学前教育的愿景。四年后，也就是 2020 年 11 月，在该组织的协助下，这一愿景被纳入了当地法律。[32]

就像 1968 年那次国民觉醒一样，现在似乎又开始了一轮新的觉醒。家长们早就觉得，抚养幼儿就像是高空走钢丝，根本不可能实现。他们以为只有自己独自一人在奋斗。但现在他们环顾四周，发现并非如此。他们互相点头表示对彼此的认可。当父母在四处重复述说同样的斗争故事时，很明显，这不是个人的问题，而是系统性的问题，而系统性问题需要系统性解决方案。我看到人们越来越相信社会必须在支持父母方面发挥关键作用，这种支持既不是对父母选择的攻击，也不是对家庭的侵犯。恰恰相反，社会的支持为每位父母提供了真正的选择自由。看着家庭聚在一起，找到他们的集体身份，并提高他们对社会能做什么和应该做什么的期望，这很让人兴奋。

父母也认识到了他们应有的地位——帮助孩子大脑发育的主要建筑师。为了给孩子提供最好的早期学习环境，父母首先必须在自己的生活中感受到支持。这既不自私，也不浅薄。个人健康、社会融合度、职业支持、经济保障和社区资源的获取都会对个人福祉产生深远的影响，进而影响到培养孩子的发展和培养下一代的能力。朋友、家人和其他个人关系网可以帮助解决一时之需，但它们不足以帮我们克服面前的所有挑战，不足以填补我们身处的制度留下的空白，也不足以为孩子或孩子的孩子建设一个更美好的明天。

解决所有家庭需求的一刀切方案并不存在，但如果社会重视父母的角色，那么前进的道路需要制度继续完善，更好地支持父母和孩子。当社会无法支持父母时，孩子的发展就会受阻。为了赋予孩子未来，赋予我们作为一个国家的未来，从今天开始，我们就必须在孩子身上进行投资。

埃塞尔·珀西·安德鲁斯曾经这样说过："如果我们不满足于事物的现状，我们就必须关注事物可能变成的样子。"[33]我们现在必须关心孩子可以成为什么样的人，关心我们可以成为什么样的社会。我们要实现承诺。我们必须创建一个父母联盟。

第
9
章

国家的养育政策是父母联盟的支柱：一分预防胜过十分治疗

"预防为主，治疗为辅。"

——本杰明·富兰克林[1]（Benjamin Franklin）

20世纪80年代，彼得·弗莱明（Peter Fleming）是英国布里斯托尔儿童医院急诊室的一位儿科医生。这可能是一份让人心碎的工作，几乎每周都有一个婴儿死亡或濒临死亡，一位又一位母亲描述着发现孩子死去的场景。"他一动不动，"她们泪流满面地对弗莱明说，"我把他翻过来时，才知道他已经死了。"[2]官方公布的死因是婴儿猝死综合征（SIDS），但这只是个标签。婴儿猝死综合征真正的根本原因是什么？没有人知道，因此没有人知道如何挽救这些婴儿的生命。"很多人仍然认为，如果孩子死了，父母一定是有过错的，"弗莱明后来说，"他们被迫感到非常内疚。"[3]

弗莱明不仅是一名儿科医生，还是一名研究人员，在见过这么多这样的父母后，他下定决心要做些什么。这些家庭和他一样，也下定决心要做些什么。一位失去孙子的女士带头成立了一个基金会，试图解释婴儿猝死综合征的奥秘。弗莱明加入了组织（现名为摇篮曲信托基金会），并开始着手寻找解释。事实证明，答案就在母亲们对他说的话里，尽管他花了一些时间才看到这一点。

首先，弗莱明系统地收集每个家庭的信息。[4] 他甚至还参观了婴儿死亡的地方，这在当时是一个革命性的举措。他坐在一个又一个的客厅沙发上，听着悲痛欲绝的父母向他讲述自己的故事。很长一段时间里，他能做的就只有倾听。之后，在1987年，弗莱明发起了一项正式研究，比较了每个死去的婴儿与其他两个同龄，且住在同一街区存活婴儿的情况。弗莱明和同事们怀疑婴儿过热、衣服过紧、呼吸困难或感染都可能造成死亡，他们在研究中涵盖了针对每一个原因的问题。大约在同一时间，一位澳大利亚的儿科医生提出了这样一种观点，即让婴儿趴着睡是问题所在，尽管包括英国和美国在内的大多数发达国家对父母的标准建议就是让孩子趴着睡。不仅斯波克医生（Dr. Spock）建议让孩子趴着睡，众多儿科医生也这么建议。弗莱明承认，他在研究中加入了关于睡姿的问题，以便排除这种可能性。

两年后，弗莱明的研究结果出来了。令他惊讶的是，造成婴儿猝死综合征的最重要的一个因素是婴儿的睡姿：趴着睡的婴儿的死亡率几乎是躺着睡的婴儿的10倍。

医学界对此表示十分怀疑，弗莱明明白他们为什么怀疑这个结果。"我不敢相信原因竟然如此简单。"他说。同事们要求提供更多的证据，而他自己也想要更多证据。因此，弗莱明计划进行一项规模更大、更为严格的研究来专门比较两种睡姿。但是，当他们试图找婴儿注册参与这项研究时，弗莱明的团队发现早期的研究结果已经传遍了布里斯托尔地区，而且已经没有足够多的趴着睡的婴儿可以让这项研究进行下去。然后，令人意想不到的是，随着当地父母参与这项自然性的实验，当地的婴儿猝死率急剧下降。在弗莱明早期的三年研究里，婴儿猝死率已经下降了一半以上。然而，国内外的医生们仍旧不相信或不知道弗莱明的工作。

然后机缘巧合地，他的研究发现被广而告之。1991年的一天，安妮·戴蒙德发现她4个月大的儿子塞巴斯蒂安死在婴儿床上。7月的那个早晨，阳光明媚，戴蒙德按照医生的建议，让塞巴斯蒂安趴着睡觉，她的两个儿子詹姆斯和奥利弗以前也是趴着睡觉。和那年其他的2000名英国婴儿一样，塞巴斯蒂安死于婴儿猝死综合征。[5]

碰巧的是，戴蒙德是英国首屈一指的新闻机构——英国广播公司的一位知名记者和主持人。像任何优秀的调查记者一样，她开始挖掘能找到的关于婴儿猝死综合征的所有信息，了解到了弗莱明的工作。她发现新西兰的一项研究证实了弗莱明的研究结果。然后，就像之前许多悲伤的母亲一样，她也开始敲响警钟。但与她们不同的是，戴蒙德的警钟被听到了，因为她是家喻户晓的人物，可以利用自己的身份发起一场运动，让英国卫生当局和儿科医生正式改变"婴儿应该趴着睡"的建议。

塞巴斯蒂安去世 6 个月后,第一个"平卧睡觉"的运动开始了。公共卫生工作者采纳了弗莱明的研究结果,发起了这项运动,并通过儿科医生和其他医疗服务提供者传播该研究发现。运动取得了惊人的效果,在英国,死于婴儿猝死综合征的婴儿数量最终下降了近 90%。美国和其他地方的类似运动也取得了同样惊人的成果。[6] 婴儿猝死综合征仍然会发生,具体原因我们还未完全得知,现在医生认为婴儿猝死综合征的主要遗留风险是母亲吸烟。但弗莱明的研究成果和随后在世界各地开展的公共教育活动,挽救了数万名婴儿的生命。

近二十年后,弗莱明对医生们从本次事件中获得的教训进行了反思:"保持思想开放很重要,与整个医疗团队密切合作很重要,但最为重要的是,要认真倾听患者所说的话。"[7]

我认为婴儿猝死综合征的故事教给我们的不止这些。它展示了教育父母的力量,尤其是当传统观点过时时,适时更新这些旧观念可以极大地改变孩子的命运。问题是,所有的父母都是从新手做起的,而婴儿出生时并没有附说明指南。在我认识的所有父母中,包括我自己,都不记得有谁从为人父母的第一天就说:"这件事,我没问题。"相反,当我们的宝贝新生儿坐在婴儿车(就是我们刚刚研究出如何使用的那个)中,在客厅、厨房或卧室里活动,我们凝视着这宝贵的新生命,心想:然后呢?然后我该怎么做?

新手父母就是这样的。不管你读了多少育儿图书，关注了多少育儿网红，甚至像玛丽亚一样，不管你照顾过多少别人的孩子，你的知识和经验肯定存在差距。我们的社会大加宣扬父母是孩子的第一任也是最好的老师的观念。然而，我们没有智力和物力来为父母提供他们需要的知识、技能和支持，使他们出色地完成这份工作。我们说父母应该做的事情和我们要做什么帮助他们去做这些事情之间存在着巨大的差距。

建立一个父母联盟就是去重新构想一个大力支持孩子出生前几年发展为导向的社会，将健康的大脑发育的北极星视为组织原则。正如为健康发展奠定基础意味着连接起大脑的各个部分一样，为父母联盟奠定基础意味着连接社会中很少相交的部分。

医保就是其中需要连接的部分之一，它有巨大的影响力和潜力。然而具有讽刺意味的是，十多年前，我走出了医学界，想弄清楚需要做些什么才能让我的所有患者有机会实现他们对孩子的诺言。现在我发现自己又回到了起点，因为我意识到医保就是我寻求的解决方案的关键。

在美国，我们培养健康和早教的体系是互相分离的。在一个领域，幼儿教育是碎片化的、极其有限的。孩子上幼儿园之前，大多数家庭没有享受到一个统一的教育和护理系统。[8]然而，在另一个领域，也就是医保领域，不论是怀孕期间找产科医生做产检，还是孩子出生后找儿科医生看病，这些医生在就诊时很少提及任何关于大脑发育的知识。而家长教育是加强孩子早教的必要条件，但是就这一基本问题上，我们的系统无法普及教育所有家长。此外，这些医生的就诊通常也与其他支持和服务脱节。[9]

从上游开始

当我想起在探索旅程中遇到的家庭，即本书中描述的这些家庭、我的朋友还有亲戚，我清楚地认识到他们可以受益于一个更融合的系统，以及一个布局更广泛、更深入的诊所预约网络。这样的改变将提供一个真正的机会，缩小我们在孩子需要取得人生最好的开端方面的知识，和我们为他们的成长所需做的事情之间的差距。为了建立一个支持父母作为孩子的第一任也是最重要的老师的系统，医保显然是一个起点，因为几乎所有的家庭都已经和这个系统紧密相连。在美国，大约90%的幼童在某个时间点都会看儿科医生，而绝大多数母亲在怀孕和分娩时都会使用医保系统。[10]正如学校系统提供了一个可在未来触及所有孩子的方式一样，医保系统可以在孩子早年时期为父母提供几乎全民普及的服务。我开始明白了这在我工作中的重要性。TMW开始在家访中和一位又一位的家长合作。但是后来我们意识到，通过将项目嵌入父母已经有联系的地方，比如妇产科、产科病房或儿科医生的办公室，我们可以接触到更多的父母。

但是，要让医保成为父母联盟真正有效和不可分割的一部分，我们必须开始自上而下的改变，这个概念也越来越受欢迎。套用他人的一个想法，如果我们看到孩子乘船前往瀑布，我们会怎么做？[11] 我们不会在瀑布下等着他们沉入水底后才照料他们。相反，我们会涉水，或给他们扔绳子，一开始就会努力试图阻止他们越过瀑布的边缘。更好的办法是，我们沿着河岸走回到孩子们下水的地方，帮他们为接下来的旅程做好准备。

这在实践中是什么样子呢？这将意味着从第一次产前检查开始，医生每次和父母碰面都要给他们普及大脑发育的知识。就大多数父母对脑科学的了解而言，他们往往需要很长时间才能理解脑科学。[12] 例如，兰迪和玛丽亚了解了大脑发育的相关知识，是因为当他们的孩子还在蹒跚学步的时候，他们碰巧报名参加了 TMW。但是，试想如果兰迪在乘坐公交车时没有看到 TMW 的海报结果会是如何。我们不能指望大多数的父母会有这种机缘巧合。但是，大多数父母肯定会带孩子去看儿科医生，而儿科医生、执业护士和其他医疗服务提供者都有能力让父母对自己的角色——孩子的大脑建筑师充满信心。

从上游开始还意味着我们不仅要关注症状，还要找到健康良好和健康欠佳的根本原因，这些原因包括影响孩子发展的社会、经济和环境因素。对于萨布丽娜来说，这样的关注意味着她的儿科医生或妇产科医生会更早发现她的住房不稳定，或许早到可以有所作为，医生可以通过询问一些相关问题作为常规筛查的一部分。（例如，过去 12 个月内是否有过无法按时支付房租的情况？过去 12 个月内是否多次更换住所？孩子出生后是否有地方住？）研究表明，对这三个问题中的任何一个回答"是"的家庭的孩子都面临着健康和发育结果较差的风险，对于 2 岁以下的孩子尤其如此。[13] 如果医生发现某个家庭存在住房不稳定的问题，应该告诉他们可以去哪里寻求支持，以及如何寻求支持。

在没有医保的地方，我们还必须采取普遍、分层的方法为患者提供家长教育和更广泛的服务。首先，我们应该尽可能地广撒网，然后按照各家庭所需，为个别家庭提供更多信息和社会服务。我们的 SPEAK 研究表明，作为个体，父母对孩子的健康发展的了解程度存在着巨大差异。[14] 当然，父母需要的支持也各不相同。有时问题比较紧迫，比如凯瑟琳患上产后抑郁，但有时问题较为持久，比如照顾有特殊需要的孩子。

全民性和个性化的医保可以避免医生做假设的危险。以这种方式工作的每个人，包括我自己，都知道，我们无法根据表象知道某人何时需要帮助……或不需要帮助。有些青少年母亲虽未结婚，但她们背后有坚定的家庭支持，也有愿意担当父亲角色的忠诚男女。但一位同事和我讲了一个儿科医生的故事，她叫一位住院医师对一位母亲进行筛查，这位母亲带着三个女儿，女儿们都还年幼，穿着印有字母的粉红色罩衫连衣裙。在这位年轻医生看来，这家人看上去很有"钱"。住院医师从诊所出来后，儿科医生审查了他在筛查过程中得到的答案，她问他那位母亲对粮食不安全的看法，这位年轻医生表示他没有问这个问题，所以她叫他回去再做个仔细的筛查。这位年轻医生一提到粮食不安全，那位母亲就哭了起来。就在那天早上，她申请了联邦营养福利，因为她的丈夫抛弃了她们，把银行账户里的钱都取走了。

这种重新设想的医保的核心采取的是基于团队的方法。没有人期望医生能独自完成所有这些工作，但我们可以加强建设一支专业团队，在整个过程中与家长保持互动。该团队的组成也许会因各个国家的公共卫生基础设施差异而存在不同，但目标应该是相同的。我设想的医保系统，其运作方式应该类似我在第四手术室的精英团队，只是团队阵容更大，而每个团队成员都掌握了自己领域的专业知识，并有明确定义的角色，但他们也能够相互支持，并捕捉可能错过的信息。

最全面的医保可以是父母的活动枢纽。首先是产前检查室，然后是儿科检查室，它们可以成为孩子的健康和教育相连的地方，它们可以是预测父母和孩子所需之地，它们可以帮助父母了解他们作为大脑建筑师的角色，并帮助他们克服阻碍其前进步伐的任何障碍。我绝非是唯一一个想到这种可能性的人。医保可以成为教育连续体中缺失的一环，并可以架起从孩子出生第一天起到孩子第一天接受正规教育的桥梁。人们支持这一构想的兴趣迅速高涨。

医保的重新构想

为了实现这一目标，我们需要转变我们的思维模式：我们需要改变对医保系统应该是什么样子的看法。在传统意义上，美国的医保是给生病的人用的。一直以来，医学界专注的是治疗疾病，而不是建立健康；是应对危机和治疗疾病，而不是预防它们。[15] 此外，越来越多的医生是专科医生（我自己就是）[16]。虽然当你需要植入人工耳蜗，或需要最有效的癌症治疗时，找专科医生就对了，但我们主要关注患者状况的其中一个方面，而不是他们的整体健康。

需要说明的是，儿科医生也是专科医生，但他们比许多其他医生更全能，他们在为家庭而战方面有着悠久的历史。[17][在此透露一下：不仅我已故的丈夫是一名儿科医生（外科医生），我的父亲、兄弟和堂兄也都是儿科医生。]美国儿科学会长期以来一直倡导促进孩子健康的公共卫生方法，毕竟，它的成立是为了抗议美国医学会反对支持孕产妇健康的《谢泼德－汤纳法案》。美国儿科学会建议对健康儿童进行一系列的检查，即在婴儿出生后的第一年中进行 7 次检查，孩子满 3 岁前再进行 5 次。这 12 次检查会在大脑发育最关键的三年内进行，为评估孩子的成长、提供免疫接种，以及从理论上回答父母的问题提供了重要的机会。"这是一个非常难得的机会。"我的朋友、心理学家拉希尔·布里格斯（Rahil Briggs）说，他是非营利组织"0～3 岁"的一个项目——"健康规划"（HealthySteps）的全美主管。该项目与儿科医疗人员合作，还有涵盖家庭各个方面需求的发育专家加驻。"幼儿早年经历了很多变化。"[18]

然而，在一次平均 15 分钟的婴儿健康检查中，医生们只花了 3 分钟，检查所谓的先期辅导和询问前后两次检查中孩子在身体、情感和发展上的变化。[19] 这个检查是为了给父母补充育儿方面的相关知识。考虑到有那么多的东西可以谈论，例如孩子的运动技能、睡眠习惯、喂养固体食物的最佳方法、选择使用正确的汽车座椅，等等，3 分钟的时间其实并不算长。

很多时候，父母在最后离开儿科医生办公室时，几乎听不到任何关于大脑发育或孩子整体发育的知识，即便儿科医生是他们孩子健康方面值得信赖的权威。我们在进行 SPEAK 研究，在医院和儿科医生办公室的候诊室与新手父母交谈时，我们直接问他们：您的医生是否曾与您谈论过婴儿的大脑发育和早期语言的重要性？答案几乎总是否定的。只有四分之一的父母报告说他们曾得到有关大脑发育的信息。很少有父母听说过婴儿是如何学习的（13%），或者是如何学习说话的（9%）。[20] 这通常是因为父母把注意力放在了其他事情上，而儿科医生则试图为尽可能多的家庭提供服务，但他们的时间和服务受限于目前保险公司制定的条款。

但问题是，在美国，五分之二 5 岁以下的孩子会经历语言发育迟缓。[21] 这几乎是儿童肥胖率的两倍，而儿童肥胖被广泛认为是一种公共卫生流行病。医学界终于承认，语言差异也是一个公共卫生问题。2014 年，美国儿科学会发布了一项具有里程碑意义的政策声明，推崇提高孩子的识字率，这样一来，语言互动和因此受刺激的大脑发育变成了儿科护理的关键组成部分。这项政策还建议用公共资金支持这一医疗实践，其目标是在儿科就诊中整合有关健康大脑发育的信息。[22] 但到目前为止，美国的大多数地方都没有采纳这个政策。

美国目前的方法不仅限制了父母从每次检查中得到的信息，还在更广泛的范围内限制了美国人从医疗系统中获取的福利。在所谓的医保悖论中，与几乎所有其他发达国家相比，美国在医保上的花费更多，得到的却更少。[23] 有一回，一位评论员讽刺地把这种情况比作"个子不大但速度慢的足球运动员"。[24] 美国在健康、医疗服务、手术、药物、医生和保险上的花费占其国民支出的比例（按国内生产总值衡量）远高于经合组织中的任何其他国家。然而，这项投资上整体健康的回报却低得令人尴尬。美国的健康成果比同类国家差得多，预期寿命较低，婴儿死亡率较高。在后项统计上，美国在发达国家中几乎垫底！世界上仅有两个国家孕产妇死亡率呈现上升趋势，一个是多米尼加共和国，另一个就是美国。多米尼加共和国孕产妇死亡事件主要发生在黑人母亲中。[25] 与同类国家相比，有更多的美国婴儿出生时体重过轻。与生活在其他工业化国家的人相比，美国人遭受的伤害、凶杀、青少年怀孕、性传播疾病、艾滋病毒／艾滋病、慢性肺病和残疾要更多。几乎在各个方面，种族之间都存在着惊人的健康差异，新冠疫情已经暴露了这一事实。[26]

这并不是说医保费让人们一无所获，美国在医疗服务领域的速度和数量上都处于领先地位。[27] 在美国，人们可以享受世界上最好的医疗服务，并且该服务还在医保覆盖范围内，特别是价格高昂、需要高科技干预的疾病。例如，孩子的人工耳蜗植入手术就在医保覆盖范围内。但是，在人工耳蜗植入手术后，为使其效果最大化需要进行的言语治疗等其他类型的治疗，就很难得到医保覆盖。

在过去十年中，对话中增加了一个具有启发性的新想法：医保的直接支出远非决定人口健康程度的唯一支出。大多数影响健康的事情都发生在诊所之外，40% ～ 90% 的健康成果可归因于营养、粮食不安全、环境、接触毒素、社会融合度或孤独程度等因素。如果将这些因素视为计算公式的一部分，那么所有经合组织国家的相对支出加起来都会有所不同。美国在医保上的花费远远超过其他大多数发达国家。但是，这些国家每在医保上花费 1 美元，就会在解决社会和环境因素、提高健康生活的社会服务上花费 2 美元。相比之下，美国每在医保上花费 1 美元，却只在社会服务上花费 90 美分。[28] 这个差异令人大开眼界，它解释了为什么美国在医保上花费高昂，但健康成果却相对较差这个问题。

这些重要的非医学因素被称为健康的社会决定因素。世界卫生组织将它们广泛地定义为"人们出生、成长、生活、工作和衰老的条件"。[29] 换句话说，这些因素构成了伴随我们一生的外部洪流。同样的环境会影响孩子能接受的毒性压力水平，这个环境包括从社区步行到最近医院的距离中的一切：接触铅和空气污染这两个与哮喘密切相关的因素、接触暴力和药物滥用。

这些社会决定因素通常与社会经济地位密切相关，因为收入、财富和教育与我们出生的环境有很大关系，它们从多种方面影响着我们从生物性到基因的表达方式。更直接的是，它们最先影响生病或受伤的人。吃不饱、遭受枪支暴力或是在收容所长大的这些经历都会对孩子的健康产生负面影响。其他没那么极端的因素也会对孩子的健康产生影响。例如，像兰迪这样的低收入小时工，请假看病被扣 100 美元工资，那么他更有可能带病工作，因此病得可能更久，病情更为严重，把病传给其他人的可能性也更大。

　　尽管兰迪想要给予孩子他们需要的照顾和关注，但因为生病，他没法做到这点，因此兰迪生病时间越久，他的孩子受到影响的可能性也就越大。这样一来，建设健康的社会决定因素就会引发连锁反应，威胁孩子的发展。生了病或无法维持生计的父母难免会减少与孩子的互动，而这会减少孩子接触的语言，从而减少他们年幼的大脑正在建立的连接，也就是脑回路。

　　我们必须认识到的是，像安德鲁·加纳（Andrew Garner）医生所说的，发展是"一种持续的、动态的、在先天与后天之间不断累积的舞蹈"。以这种方式思考问题会改变我们对医保的看法。正如加纳所写："健康是疾病和康健之间的连续统一体，早期经历起着关键作用，因为不论是疾病还是康健，都是随着时间慢慢积累起来的。"[30]

　　孩子和其家庭需要什么已经不是什么秘密了。从一开始，我们就必须关注建立健康的大脑，关注影响儿童健康和教育成果的所有健康社会决定因素。能同时为孩子及其家人做到这两件事的医保系统将成为一个真正的安全网，它会增强大家的信心（知道自己有后援后，大家当然会信心倍增）并扶持那些处境艰难的人。

幸运的是，我找到了一些有力的例子来说明这样的医保系统如何能在美国发挥作用。

从最初开始

瑞秋生孩子时，其实对分娩并不陌生。她做过助产士，持有母婴健康硕士学位，还是认证的哺乳顾问。但自己生孩子不一样，瑞秋很焦虑。"即使有这些知识和经验，我也还没准备好当妈妈。"瑞秋说。[31]

瑞秋还知道，把埃莉诺从医院带回家后，大部分时间都会是她一个人带孩子。丈夫詹姆斯没有陪产假，他们又住在北卡罗来纳州达勒姆，离两家家人都很远，帮不上什么忙。瑞秋害怕自己会孤立无援。

鉴于每位父母都是从新手做起，即便是像瑞秋这样的人也一样，他们都可以从与专家就诊的机会中受益。在许多其他国家，孩子出生后父母既可以获得专家就诊的机会，还可以获得大量支持。在芬兰，新手父母从医院回家时可以带回一个婴儿箱，里面装着大约 50 件必需品，比如尿布和连体衣（必要的时候这个箱子也可以用作摇篮）。在马来西亚，大多数母亲将现代医疗护理与分娩后的传统坐月子相结合，在此期间，她们可以得到助产士提供的精神支持和社会支持，还可以通过进行一系列滋养仪式帮助身体加速恢复。[32] 在荷兰，孩子出生后的头 8 天，产妇护理护士会为每位母亲提供长达 49 小时的居家护理。护士可以帮助产妇在家分娩、母乳喂养或解释配方奶的全部诀窍（无论母亲喜欢哪一个配方），他们会照顾妈妈和宝宝的健康，甚至可以帮忙干些轻的家务活！[33]

在美国，大多数人就没那么幸运了。但是这种情况已经开始改变。一些州模仿芬兰，开始为父母提供婴儿箱。一些颇为有效的全民家访计划，例如"家庭连接项目"（Family Connects），目前在 13 个州都有站点运营，并计划将其范围扩大到其他地方。[34] 从怀孕后期到婴儿出生后的头 12 周，家庭连接项目都会派经验丰富的护士到新父母的家中帮忙。随机临床试验体现了该项目的多种益处。例如，一项研究显示，母亲得产后焦虑的可能性降低了约 30%，新手妈妈和婴儿之间的联系得到了加强，新手父母的育儿技能也得到了提高。在孩子 5 岁时的一项后续研究中，参与者家庭接受虐待儿童调查的转介数量减少了 39%，儿童紧急医疗护理的总使用量减少了33%。[35]

瑞秋和詹姆斯一听说家庭连接项目，就想要能参与到计划中来。埃莉诺出生大约 3 周后，护士第一次做家访。最初几周，瑞秋都没怎么睡觉，她既迷茫又有些不知所措，但是护士来家里让她放心多了。这还让瑞秋从冬天带孩子出门的这个艰巨任务中解脱出来，为了出门她需要穿很多衣服御寒，还要冒险走在可能结冰、危险无比的路上。护士来了之后，瑞秋甚至不用起床穿衣服！当护士第一次做家访时，她还穿着睡衣。埃莉诺出生时个头很小，护士可以检查埃莉诺的体重和健康状况，并帮助瑞秋母乳喂养，这让她松了口气。瑞秋喜欢护士倾听她的感受，回应她的需要，并承认母亲这个身份带来的巨大变化。"生孩子真的不仅仅是生下来这么简单，"瑞秋说，"这意味着一个新手妈妈和一个新家庭也同时诞生了。"

父母需要知道的不仅仅是如何换尿布和母乳喂养。这种新的幼儿保健方法的下一步是使儿科医生的办公室能够给予父母长久的肯定和鼓励，为父母提供各个方面的育儿信息，尤其是有关父母与孩子之间的基本接触的信息。从父母和孩子进门的那一刻起，加强和强化他们实现最佳大脑建设的技能的沟通可以嵌入到儿科办公室就诊的各个方面。我已经在"援助·阅读"（Reach Out and Read）这个很棒的项目中看到了这一点，这个项目把书作为促进早期语言和加强亲子关系的工具。援助·阅读将共享的亲子阅读时间纳入健康儿童的家访中。该项目成立于1989年，目前在全美拥有6000多个参与点（主要是为低收入家庭服务的诊所），每年为超过450万孩子提供服务。援助·阅读的研究表明，参与该项目的孩子比不参与的孩子有更高的接受和表达语言分数。[36]2021年，该项目对超过100 000名父母进行的一项调查发现，与未参与该项目的父母相比，参与援助·阅读项目的父母与孩子一起阅读的可能性高出 27%。（该结果与早期研究结果相呼应。）更重要的是，项目参与者也更有可能使用阅读策略，例如谈论图中正在发生的事情，并询问孩子他认为接下来会发生什么事。[37]"我们在为父母提供一个工具和一些指导，让孩子喜欢上他们的声音，爱上和他们待在一起的感觉。"我的朋友佩里·克拉斯（Perri Klass）说，他是该项目的国家医学主任，在儿科界很有声望，"这样从一开始，幼童就在对书本和阅读的热爱中长大，因为他们可以通过心爱的声音与所见的文字相遇。"

父母定期做检查时，儿科诊所的接待员会和孩子说："今天你会收到一本书哦！"（在新冠疫情前，候诊室里有共享的书，还有一个舒适的角落供父母和孩子阅读。）墙上还贴有赏心悦目的赞美书籍的海报。儿科医生一进入诊室，她就会递给婴儿一本在发育、语言和文化上都适合阅读的书，离开的时候，父母可以把这本书带回家。观看婴儿翻看一页页的纸板书有助于向医生展示其发育能力，并且在医生检查婴儿的耳朵和腹部时，书可以分散他的注意力。文字的奇妙之处以及它对大脑的作用贯穿于就诊的每分每秒。例如，当医生测量婴儿的头围时，她可能会开玩笑说："这就是为什么谈话和阅读对婴儿如此重要；它就像婴儿大脑的食物，帮助大脑长大。"在一个很好的例子中，儿科医生可以，并且确实应该将他们的角色扩展到诊所之外：援助·阅读项目还与当地图书馆合作（我最喜欢的援助·阅读项目的儿科医生之一迪佩什·纳夫萨里亚

（Dipesh Navsaria），甚至还有儿童图书馆的研究生学位）。当孩子们可以接触到一整个图书馆的书时，为什么要停下来，只读一本书呢？

作为一个枢纽，儿科诊所可以发挥更重要的作用，它可以作为能解决健康的社会决定因素的关键服务的纽带。"高质量的团队护理是利用优秀的儿科平台减少健康不平等的方式。"健康规划项目的一员拉希尔·布里格斯告诉我说。健康规划项目提供了一种分层、全民的帮助服务来填补缺口，例如，确保和父母在早期并且经常讨论健康的大脑发育。该项目现已覆盖全国 350 000 多名儿童，研究表明它对儿童、父母和儿科医生都有积极影响。[38]

这些积极的成果取决于家庭与健康规划项目专家建立的强大关系，拉希尔就向我介绍了其中一位专家。健康规划项目的社区健康专家德亚尼拉·埃尔南德斯（Deyanira Hernandez）就职于纽约布朗克斯的蒙蒂菲奥雷医院，该医院处于不断变化的儿科世界的最前沿。[39] 当德亚尼拉还是青少年，住在多米尼加共和国时，一场飓风摧毁了她社区的许多房屋，通过学校，她花了数周的时间去帮助有需要的家庭。这段经历激励了她将帮助他人作为她毕生的事业，这也是她现在每天在做的事情。"从孩子出生第一天起，我们就和孩子的家人待在一起，共同经历孩子的每个发育阶段。"她说，我们的目标是和父母建立关系，这正是德亚尼拉与一个名叫安娜的母亲所做的。

安娜和她 4 岁的双胞胎在公园长椅上度过的那个夜晚是

她一生中最凄凉的一个夜晚。在过去的 6 个月里，她和孩子们一直住在布朗克斯区的亲戚家。他们睡在亲戚家客厅的沙发上，又挤又不舒服，但至少有个栖身之所。她的儿子有时很不听话，公寓很吵时尤其如此，而且公寓经常很吵。长此以往，亲戚对他们失去了耐心，把安娜和孩子们都赶了出去。无人可依、无处可去，安娜带着孩子们去了附近的一个公园，在那里睡了一夜。

第二天，安娜在蒙蒂菲奥雷医院的儿科诊所为儿子们预约了健康儿童检查。幸运的是，医院的医生问了这样的问题："还有其他什么事情发生吗？你有什么需要帮忙的吗？"他们以这种方式定期筛查不良童年经历和健康的社会决定因素。

安娜含泪向儿科医生说出了他们在公园过夜的经历，然后她问医生能不能帮忙。儿科医生立即打了电话给德亚尼拉。

"你过来一下。"医生说。

德亚尼拉赶到安娜等待的诊所时，这位年轻的母亲明显松了一口气。

"这是我知道的唯一安全的地方。"安娜告诉德亚尼拉。

"她的处境非常艰难，"德亚尼拉说，"这太让人难过了。"

在儿科医生给孩子们做完检查之后，德亚尼拉就负责照顾安娜和她的孩子们。诊所花钱叫了辆车，德亚尼拉带着安娜和孩子们去了附近的一个紧急收容所，母子三人可以在那里过夜，德亚尼拉那天晚上回家的时候已经接近晚上 9 点了。第二天早上，她又见了安娜。并且在接下来的几个月里，她与收容所的工作人员一起为安娜和孩子们找稳定的住房。6个月后，这家人被分配到了一间小公寓。我认为如果萨布丽娜有一个像德亚尼拉这样的人帮忙，她就不会被困在收容所两年多了。

但德亚尼拉的努力并没有就此结束。蒙蒂菲奥雷医院的儿科医生认识到，安娜的儿子之所以行为异常，是因为他患有未确诊的自闭症，这也解释了为什么他在嘈杂的公寓里表现得如此不听话。因此，德亚尼拉让这个小男孩接受了治疗，并教育安娜应该如何与她的孩子相处。几年过去了，尽管这两个8岁的男孩已不再在她照顾的年龄范围内，但德亚尼拉仍然定期与安娜联系。"两个孩子都非常稳定，"德亚尼拉告诉我，"患有自闭症的儿子接受了应用行为分析治疗、职业治疗和言语治疗。他之前不会说话，现在他可以说整句话了。"在他们最近的一次谈话中，安娜告诉德亚尼拉："如果没有你和医院的帮助，不知道我今天会是怎样！"

拉希尔说，健康规划项目的工作是建立父母的信任。"如果我们做得对，父母会开始认为儿科诊所不仅仅是填写学校表格或给孩子接种疫苗的地方，也是我被问及我健康的社会决定因素，了解我是否抑郁或焦虑的地方。"就像对安娜所做的那样，健康规划项目不仅向患者推荐教育计划和早期干预治疗，通过提供食品和食品储藏室清单来解决粮食不安全问题，还会为移民和其他需要的人提供法律援助。

有一个类似的成功项目"各人发展理解和法律合作项目"（Developmental Understanding and Legal Collaboration for

Everyone，DULCE），到目前为止有 3 个州的 13 家儿科诊所参与。与健康规划项目一样，DULCE 为每个团队配有一名家庭专家，这名专家专注于幼教、健康和公共利益法方面的工作，并为诊所的所有家庭提供服务，而不仅仅是收入较低或问题较大的家庭。在一项随机对照试验中，研究人员发现，转介到 DULCE 的家庭获得支持的速度大约是其他家庭的两倍，并且他们更有可能完成健康儿童检查和疫苗接种，需要急诊室护理的概率也较小。[40]

全面、互联、凝聚

我在想，要是科约纳和迈克尔能够获得 DULCE 提供的法律援助会怎么样。如果一位 DULCE 专家及时介入，为迈克尔提供所需的法律帮助，为儿子卡什治疗镰状细胞贫血症提供所需的医疗（和心理）支持，当迈克尔在狱中时，为迈克恩提供刺激他大脑发育所需的信息，情况会有何不同呢？专家可以清楚地看出，迈克尔的被捕、卡什的健康和新生儿的最佳发育是相互关联的，科约纳生活中任何一部分的微小改进或挫折都会对其他部分产生影响。

正如科约纳的境况所展现的那样，这个重新构想的医保世界可以涵盖很多领域，这就是为什么医保提供者与其他组织开展合作是如此重要。这并不是要让医保提供者承担更多的责任，而是确保我们现有的项目组合在一起时没有遗漏掉哪个方面，认识到我们需要的是一个集成系统，这个系统是将各个部分组合在一起，让真正的全民、全面医保变成现实的最后一步。俄克拉何马州的塔尔萨县和北卡罗来纳州的吉尔福德县的社区就正在建立类似这样的系统。

塔尔萨的"从新生儿到8岁战略计划"（BEST计划）就与家庭共同努力，让他们更容易获得从孕前到早教的服务。[41] 而且，卫生、教育、社会服务和刑事司法部门的非营利和公共机构联手，推动实现为所有孩子增加机会的共同目标。这些机构在医生办公室、教堂、家庭和学校联系当地的家庭，在各个工作场所宣传关于健康大脑发育的信息。多亏了BEST计划，专业护士会探访每个在塔尔萨县医院出生的孩子，分享有关早期大脑发育重要性的知识，以及如何与婴儿进行安全和充满爱的互动，在这家医院出生的来自贫困家庭的新生儿数量是最多的，每个新生儿家庭都可以享受家庭连接项目的家访服务。超过60%的接受家访的母亲完成了BEST计划。

吉尔福德县的人也在思考。多年来，政府和私人机构的不对等投资虽使孩子能从一些项目中受益，但总体而言，全县孩子的学习成果并没有改善，而且只有大约一半的孩子上幼儿园时已经做好了学习的准备。家长团体、医生、幼教提供者、商人和民选官员共同创建了一个新的中立的非营利组织，名为"为上学做准备，为人生做准备"。这个新组织在当地被称为"准备组织"（Ready），是现有四个项目的主干。这四个项目中每一个都大获成功，同时也与医疗系统保持着长期合作关系，其中就包括上述三个项目：家庭连接项目、健康规划项目以及援助·阅读项目。除此之外，第四个项目是"护士与家庭合作项目"（Nurse-Family Partnership），该项目给在生命的最初几年期间有更高需求的新手父母派遣护士，以帮助他们。（在这个项目的下一阶段，他们准备组织计划通过与学校体系合作，为年龄较大的孩子提供服务，以便提升服务的连续性。）[42]

在吉尔福德县，人们打赌成功的秘诀是实施一个既有深度协作又全民的计划，并且根据风险和需求以分层方式为该县的每个家庭提供服务。"不管是业绩优秀的单个项目还是社区范围内的合作，要想改变整个系统，每个人都需要全心全意地投入其中，这样我们才可以扩大影响。"北卡罗来纳州健康规划项目统筹员娜塔莉·塔基特（Natalie Tackitt）如是说。（在我们的谈话中，她的兴奋之情溢于言表："能到吉尔福德县真是太棒了！"她情不自禁地补充道。）准备组织创建了一个"导航员"团队来指导父母的育儿工作，引导他们在正确的时间做正确的事，并将他们与各个组织的能提供的服务联系起来，以避免冗余，并以此创建一个有凝聚力的体系。

这个全民的方法提醒所有相关人员，每个人都需要支持。据娜塔莉说，当家庭连接项目从仅服务医疗补助计划内的家庭扩展到吉尔福德县的所有居民时，符合条件的家庭的参与率几乎增加了一倍，达到 80% 以上。那些认为他们的病人不需要健康规划项目任何帮助的儿科医生惊讶地发现他们其实错了。健康规划项目的专科医生会提出一些不同的问题，并以不同的方式传达信息，他们关注的不仅仅是婴儿，还有父母。"母亲常常会敞开心扉大哭起来。"娜塔莉说。当专科医生向医生报告这些时，儿科医生常常感到很困惑。

"可她说她很好。"他们说。

"不，"专科医生说，"她只是在说客套话。"

娜塔莉说，他们工作的核心是关注看护人和孩子之间的关键联系。"在家庭教育方面，我们为父母提供爱的养分，未来，父母才懂得如何给予孩子更多的爱。"

革命常识

上述理念非常浅显易懂，很可能使家庭教育领域产生结构性的变化和调整。医保革命通常意味着开发一种新药或新技术（如人工耳蜗或新疫苗），但我所描述的这个重新构想的医保将绝对是低技术含量的。当答案一直摆在我们面前时，就不需要浮华的解决方案，如同彼得·弗莱明和布里斯托尔市的父母一样。通过这种悄无声息的革命性方式，塔尔萨县和吉尔福德县正在实行的一体化、协作式的医保系统可以成为指导父母在育儿之旅中值得信赖的声音。

为了最大程度发挥所有这些早期干预措施的长期效果，我们必须让大脑发育成为指引我们前进的北极星。神经科学向我们展示了关于大脑发育的一切，包括它的可塑性以及它是如何受到环境影响的，这意味着以前的做事方式已经过时了。当我们充分认识到影响大脑发育和健康的所有因素时，我们就会从问"这个病人怎么了"到问"这个病人怎么了？这个病人会怎么样"。

俗话说，预防为主，治疗为辅。健康对大脑发育既有长期影响也有短期影响。而且大量证据也将早期认知和行为发展与我们在成人中看到的一些最普遍的健康问题联系起来，例如心血管疾病、中风、高血压、糖尿病和肥胖症，等等。高质量幼教对长期健康大有益处，其积极影响在 40 年后仍有所显现。所有这一切都意味着，从长远来看，尽早解决孩子的生活问题会降低社会成本。娜塔莉·塔基特认为，不管怎样，我们都会付出代价。"我们要么现在花点儿小钱完善医保，让人们可以过上更好、更快乐、更有效率和更充满爱的生活，要么等到以后花大笔钱解决问题或者处理不良后果。"

彼得·弗莱明通过倾听父母的意见、与他人合作，并且保持开放的思想，使孩子的健康发生了巨大的变化——婴儿猝死综合征死亡人数减少了 90%。试想，如果我们能再次将这些教训付诸实践，使医保成为我们父母联盟的支柱，那又会发生什么呢。

第
10
章

企业和雇主的善良投资：承认员工既是员工也是父母的双重身份，让工作服务家庭

"善良是唯一永不失败的投资。"

——亨利·戴维·梭罗 [1]（Henry David Thoreau）

我丈夫唐的追悼会办得很隆重。他的去世不仅使我和孩子们悲痛欲绝，还震惊了我们整个社区。唐是芝加哥大学科莫儿童医院的儿科外科主任，这是他帮忙创建的一家医院。在这里，他受到大家的尊重和爱戴，大家都不敢相信他走了。我们聚在芝加哥大学洛克菲勒教堂的巨大拱顶下纪念他，数百名追悼者坐在长椅上，脸上都写满了悲伤和震惊。

克里斯起身演讲缅怀唐。10年来，克里斯一直在唐的身边担任外科护士。

"唐对所有人都是有求必应，"克里斯说，"我的工作就是确保这一切成功。"这意味着克里斯要确保手术安排高效合理，帮患者为手术做好准备，然后手术室中协助唐，就像我的精英团队协助我一样。

克里斯说："无论如何，唐总是会抽出时间处理最大的病例，他诊断这些病例的熟练程度让我和其他人都无比敬畏。他总是会调整他的时间安排，或是为病人和病人家属多做一些事情，让他们开心。"

但唐的日程安排里有个细节只有克里斯知道。那是一个周五，那天他们有6台手术。唐告诉克里斯，按时做完这些手术尤为重要。"五点钟我要和杰夫·马修斯（Jeff Matthews）开个会，我不能错过这个会议，所以麻烦你打电话给手术室，确保他们尽早准备好。"唐说。（马修斯医生当时是外科主任。）这一天进行得很顺利，直到最后一个病例可能会耽误紧密的日程安排。新生儿重症监护病房的一个早产儿患有腹股沟疝。由于缺少必要的工作人员，婴儿被带到手术室的时间有所延迟。如何解决这个问题？唐说，"没有不重要的任务"，他说自己和克里斯会带婴儿进手术室，这在平时可不是外科医生主任的工作内容。他们把婴儿接到手术室，手术进行得很顺利。

周五下午4点50分，唐准备离开手术室。"你今天做得很棒。"他告诉克里斯，"我得走了。"大约45分钟后，在确保婴儿被安全送回新生儿重症监护病房后，克里斯离开医院回家。他走路到火车站，坐火车穿过芝加哥大学校园，经过当地的一个公园，那里有人正在打棒球。

"我能听到欢呼声，远处还传来球击中接球手手套的轻声，裁判大喊'击中'。"他回忆道。

克里斯当看向棒球场的边线时，他注意到一个人，那个人高大黑发，穿着绿色外科手术服，看起来特别像唐。他想，这肯定不是唐，唐正和马修斯医生开会呢。然后他又仔细看了看，这个人就是唐。他再仔细一看，还认出了另一个人，这个好球就是我们10岁的儿子阿舍尔击中的。

"和杰夫·马修斯的会议实际上是阿舍尔的棒球比赛。"

这时，挤坐在洛克菲勒教堂长椅上的人爆发出一阵大笑。

然后，克里斯开始了结束语。随后的周一早上，他到唐的办公室，发现他双脚跷在桌子上，在阅读医学杂志。

"和杰夫的会开得怎么样？"克里斯问道。

"会议很棒，"唐回答道，"周五谢谢你了。"

"不客气……顺便问下……阿舍尔投了几个三振球？"

唐调皮地笑了笑，带着一丝欣喜和自豪，轻声坦白道："8个。"

余下的棒球赛季，克里斯和唐用"与马修斯医生开会"作为阿舍尔棒球比赛的暗号。唐很少错过比赛。

听了克里斯讲的故事，我们都笑了。回想起这件事，我却有不同的看法。认识唐的人从不会质疑他对工作的承诺，对照顾孩子、照顾病人、关照同事和学生的承诺。坐在那个小教堂里的每个人都知道他对我和孩子们同样忠诚。但他对棒球的热情是另一回事，他对阿舍尔作为一名小联盟投手的崭露头角的实力感到自豪也是另一回事。那么，为什么唐还觉得自己无法向克里斯坦陈观看阿舍尔比赛的事情呢？毕竟，那天早上他6点30分就开始上班了，还做了6台手术。他根本没有推卸工作责任。然而，即使是唐也觉得有必要隐瞒自己想要看儿子比赛的愿望。这是布朗大学经济学家艾米丽·奥斯特（Emily Oster）所说的"秘密育儿"的一个典型例子。[2]这是一种感觉，在工作的时候，我们必须假装自己的孩子并不存在，他们不会占用我们的时间，也不会转移我们的注意力。几乎所有为人父母的人都知道这种感觉。女性比男性更能感受到这一点，但如果男性对此免疫的话，唐就不会假装自己有会要开。

他一定是担心周五下午5点去参加阿舍尔的棒球比赛会让他看起来不像个敬业的好医生。为了尽职敬业，我们在为人父母和职业生活之间竖起了一道牢不可破的墙，我们表现得好似我们不用参加棒球比赛、孩子不会发烧、日程安排不会冲突、保姆不会临时爽约一样。但这堵墙只是假象，所有这些事情确实存在，而且有时它们的确会影响我们的工作能力和养育子女的能力。如果我们不再假装这些事不会影响我们，我们就会成为更好的员工、更好的榜样和更好的父母。

新冠疫情充分说明了在很大程度上，我们的私人生活和职业生活是相互交错的。我们的生活是多孔的，具有渗透性，我们并不需要把工作生活和私人生活完全分开。如果父母要充分发挥他们作为大脑建筑师和慈爱的看护人的作用，做这件利于整个社会的事情，工作生活就不能完全与私人生活隔离开来。现在是企业和雇主认可并接受我们作为父母的身份的时候了。这种情况以前就一直存在，但在新冠疫情在工作和个人生活中引发动荡后，我们的境况更加紧迫。这种接受始于文化和价值观的转变，企业和雇主必须制定政策，承认员工既是员工也是父母的双重身份，这样人们的行为方式才会发生转变。

生意的精髓是什么

我们是如何沦落到如此境地，期望父母能"密集地"，还得"秘密地"养育孩子？在很大程度上，我们落到此番境地是因为我们优先利润、边缘化群众，推动密集型育儿需求的经济力量（日益加剧的教育的不平等和教育投资的更高回报），也促使人们对此保持沉默。

然而，这种现象并非巧合，大约在50年前这种现象就是常态。事实证明，那是个特别关键的时刻。1970年，就在尼克松否决《儿童全面发展法案》的前一年，芝加哥大学经济学家米尔顿·弗里德曼（Milton Friedman）在《纽约时报》上刊登了一篇极具影响力的文章，题为"企业的社会责任是提高利润"（The Social Responsibility of Business Is to Increase Profits）。[3]弗里德曼认为，生意就是生意，任何社会或环境问题，如果无法向股东提供更多利润，那么在商界中它们就没有立足之地。根据这种观点，员工的存在纯粹是为了给公司赚更多的钱。由此可见，员工是否为人父母这件事对雇主来说既无趣也不重要，弗里德曼在他的文章中甚至都没费心提及家庭。他写这篇文章的时候，男性出去上班养家糊口，女性待在家里照顾孩子的时代即将结束。那时，大约40%的女性已经进入劳动力市场，而制造业衰退所带来的最严重的经济破坏还在后头。弗里德曼确实详细讨论了"只有人才能承担责任"的想法，并声称任何社会或环境责任都只能落在个人身上，而不是公司身上。他建议个人责任应是解决社会问题的方法，这一想法与美国历来对个人主义的推崇相吻合，也撇清了雇主的责任。

这种想法延续了"理想员工"的愿景，一个人从年轻时开始工作，全职专注于工作 40 年，家务事放在家里想。[4] 这个理想愿景早在弗里德曼学说前就已经存在了，其历史可以追溯到工业革命时期，但弗里德曼学说对利润的单一关注强化了这一理念，并使其在社会上永久流传。我们大多数人都像唐一样将它内化了。

但这并不意味着我们喜欢这个理念。杰德在星巴克工作了这么多年，现在是一名法律助理，周一到周五，朝九晚五地工作。她做这份工作是因为能拿到更高的薪水，但这更是在她享受灵活工作时间后的一次工作调整。她告诉我，她发现很难把所有需要做的事情都留到晚上做，包括做饭、给孩子辅导作业，或者了解孩子最近都在做什么。杰德希望新老板能够理解父母的处境，他们必须兼顾家庭和事业。在业绩评价期间，她想听到的是"你累不累"或"手头的事情忙得过来吗"，但她从来没有听到这些话。"你只能假装一切都好，继续做你的工作。职场女性没有太多自由空间，"她说，"社会说我们有，但实际上我们没有。"

当然，弗里德曼学说的影响远远超出了崇尚"理想员工"

和"秘密育儿"的范围。在美国,对工人的保护不断削弱,而且令人担忧的是,个人的经济不安全感也在上升,这使得员工更加容易受到意外和破坏性事件的影响。在20世纪的大部分时间里,在美国,主要是雇主给员工提供医疗保险和退休金,社会保障、医疗保险和医疗补助只是一个后备方案。然而,自20世纪70年代以来,在政治学家雅各布·哈克(Jacob Hacker)所称的"巨大风险转移"中,曾经由机构承担的许多经济负担和风险已经被推到了个人和家庭的肩上。[5]这样一来,突发疾病或突然失业很容易让一个家庭陷入债务旋涡,或让他们流离失所。这就是发生在萨布丽娜的家人和其他许多人身上的事情。在新冠疫情期间,这一现实更加清晰地成为人们关注的焦点,当时数百万拖欠房租的家庭面临被房东赶走的风险。[6]

现在,美国普通家庭的收入呈现惊人的规律性上下波动——从20世纪70年代到21世纪10年代初,其波动性几乎增加了一倍,个人破产和房屋止赎也更为普遍。20世纪70年代,每300户家庭中有1户房屋止赎,到21世纪10年代,这一数字增加到每20户家庭中就有1户。如果这些家庭失去工作,大约有70%的美国人的储蓄不足以支撑他们超过半年。[7]根据皮尤慈善信托基金的数据,总体而言,超过75%的美国家庭"财务脆弱"。[8]这种风险的累积影响着各个社会经济阶层的大量人群,从穷人和工人阶级,再到受过教育的专业人士。哈克写道,日益严重的经济不安全感"改变了,有时甚至打破了有关美国梦的最基本的期望：有稳定的中产阶级收入、负担得起的住房、有养老金保障、良好的医保、能为孩子提供更大的经济保障"。[9]

风险的震中

在探索旅程中，几乎每个我接触的家庭都有故事，一个个都说明了经济只关注给股东带来短期利润，而不愿在孩子和家庭上投资以获取长期利润，这种做法给家庭带来了痛苦。兰迪在铺停车场时，他是零工经济的一部分，他不仅做兼职，还在晚上和周末上班赚外快。塔利亚·伯科维茨被迫辞职，因为以她的收入根本支付不起高昂的保育费。尽管玛丽亚热爱幼教的工作，擅长和有特殊需要的孩子打交道，但靠这份工作她没法养活自己。当女儿在新生儿重症监护病房时，金伯利·蒙特兹却没有带薪家庭假。尽管这些父母中，一些人自己解决了问题（兰迪找到了一份新工作，加比承担了额外的教学任务以支付保育费），但这种个人解决问题的方式并不能带来真正的改变。

组建家庭已经成为一场可怕的赌博，越来越多的年轻美国人选择不参加这场赌博。他们把生孩子的时间往后推，或者选择根本不生孩子。这种现象遍布世界各地。1950 年至 2017 年间，全球生育率几乎减半，从 4.7 降至 2.4（实现人口自我更替需要 2.1 的生育率）。到了 2100 年，全球生育率预计将降至 1.7 以下，远低于更替水平。此外，西班牙和日本等国家的人口预计将减半。[10]

2020年，美国的出生率（即每千名15～44岁女性生产的婴儿数量）持续下降，自2007年的近期峰值以来下降了约19%。[11]这些年轻人中的大多数发现，在现今的工作环境中，找不到自己既能做"理想父母"，又能做"理想员工"的出路。"成家曾是躲避风险的一个方式，"哈克说，"今天，它是风险的震中。"[12]（但在社会网络更强大的国家，这种说法显然就不太对了。）

我们现有的系统适用于以前那个时代。那时候，双亲家庭里往往一个负责养家糊口，另一个负责照顾孩子，但现在情况已经变了，这个系统也已经过时了。考虑到工人保护的丧失、过去50年来更多女性进入劳动力市场，以及缺乏实惠的保育服务，这种情形是可以预见的。从1960年到2000年，双职工家庭的比例增加了一倍，从25%增加到了60%，这一变化主要是因为他们入不敷出。[13]超过30%的家庭是单亲家庭。[14]随着父母在努力平衡工作和家庭，雇主也因此失去了利益。根据旧金山联邦储备银行的数据，如果美国企业能提供更多家庭友好政策，那么多达500万名工人将愿意加入美国劳动力市场。（这份报告显示，加拿大实行产假并发放育儿补贴，保持了较高的劳动力参与率，尤其是女性劳动力参与率。）[15]这一点具有国家意义，因为国内生产总值，也就是所有商品和所生产的服务的总价值，是由劳动力和生产力增长驱动的。

即便如此，美国和其他国家大多数的工作场所仍然带有反父母的偏见（无论是对母亲还是父亲都是如此），年轻人也看出了这点。女性害怕做母亲带来的惩罚——分娩代表着会失去20%～60%的收入。[16] 2015年《华盛顿邮报》进行的一项民意调查显示，在美国，75%的母亲放弃了工作或升职的机会，或辞去工作以便照顾孩子。而男性也不再例外，过去，组建家庭会增加男性的财务稳定性和收入，但现在情况已不再如此。这项民意调查还发现，50%的男性表示，他们也因为育儿问题不得不放弃工作机会。[17] 在新冠疫情的大辞职期间，当人们成群结队地辞职时，我们就看到了这一鲜明对比。和养育子女一样，员工会认为辞职是个人失败而因此感到郁闷，当他们无法兼顾家庭和工作时，他们会感到内疚，就像塔利亚一样，她觉得自己"在生活的各个方面都失败了"。

在我的同事身上，我也看到了我们如何将这些理想内化。医学界的女性尤其受到压榨，尽管截至2017年，女性学生在医学院中略占多数。[18] 我的亲身经历让我知道成为一名医生是一个折磨人的过程，需要多年的培训和长时间的工作。和大多数女性住院医师一样，由于工作压力，我推迟了生孩子的时间。那些有孩子的住院医师，有些人只休了2周的产假。她们觉得在不威胁自己的职业生涯，或给同事带来负担的情况下，她们没法休更多的假了。在一项研究中，超过80%的妇产科项目主管认为为人父母会降低医学生的表现。（这些是资深的妇产科医生，他们的工作是将婴儿带到这个世界上！）[19] 而2019年的一项研究表明，在结束培训后的6年内，几乎有

40%的女医生要么只是兼职工作，要么已经离开了劳动力市场，主要原因就是工作和家庭的冲突。[20] 经过了多年培训，这些女性觉得自己无法在胜任这份工作的同时做一位合格的母亲，最终选择离开职场，这对医学界和社会来说是多么大的损失！

在TMW，我的同事们每天都沉浸在父母参与到孩子早年经历的重要性中，所以他们也害怕生孩子。

"我们的会议结束后，你有时间谈谈吗？"有一天，丹妮·莱文（Dani Levine）郑重地问我。我能感觉到她声音里的恐惧。丹妮是一位年轻但才华横溢的发展心理学家，她负责SPEAK研究项目。我能感觉到自己的喉咙发紧。我们开会的时候，出于母亲的直觉，我很难不去担心她。她是生病了吗？她是不是遇到了什么麻烦？终于，会议结束了，只剩下我们俩了。

"达娜，我要和你说一件事情……我怀孕了。"

我忍不住高兴地大笑起来。

"TMW家族又要多一个孩子了！"我说道。

丹妮后来承认自己很害怕告诉我怀孕的消息，但我的反应让她松了口气。6个月后，她生了一个女儿，和我的吉纳维芙一样，脸胖嘟嘟的，漂亮极了。现在我们正在商讨兼职重返工作岗位的细节，这样她就可以有更多的时间陪伴小宝贝麦迪。好消息是，丹妮正在慢慢地重返工作岗位。

我很惊讶，居然有人认为我听到她有了小宝宝的消息后，除了高兴之外，还会有别的反应。但是，我也明白他们担心的原因。我知道为什么对于某些组织来说，产假会引发更多的害怕，而不是喜悦。经营 TMW 很像是经营一家小企业。丹妮是唯一能做这份特定工作的人，长时间的产假可能会意味着她的工作需要完全停下来。在这种情况下，我们聘请了一位才华横溢的博士后卡罗琳，丹妮在怀孕之前就在训练她，这样她就可以在丹妮不在的时候接手她的工作。但是，如果在 TMW 宣布怀孕都会引起焦虑的话，在更不友好的组织中，情况只会更加糟糕。

我们经常环顾四周，以为其他人已经成功在家庭与工作之间找到平衡，但这并不能帮助我们自己实现两者的平衡。我的孩子逐渐长大，我开始成立我的外科诊所，建立 TMW 时，人们会问："你是怎么做到的？"任何身居高位同时还需要抚养孩子的女性常常会被问及这样的问题。我的答案——我想也是大多数人的答案——是身边人的付出让我的生活能够正常运转。简而言之，我得到了很多帮助，我不仅得到了唐的帮助，还得到了保姆、管家、我的父母和其他人的帮助。我们都不是拥有平衡工作与生活的神奇能力的超级英雄，我们只是普通人。当我们承认这一点，承认有些人有更多的资源去解决这个问题，但有些人是家里的唯一依靠时，我们就会成为英雄。正如社会学家杰西卡·卡拉科（Jessica Calarco）所说的那样，"其他国家有社会安全网，而美国有女性"。[21]

新冠疫情带来了远程工作和远程教育的转变，使平衡工作和家庭生活的挑战变得非常明了，但我们无法再回归疫情前的正常生活。

让工作服务于家庭

用我一个最好的朋友拉尔夫·史密斯（Ralph Smith）的话说，外面还是有些亮点的。他是阅读活动的负责人。"不要低估一个好例子的造化潜力。"拉尔夫说。星巴克就是个例子。我去买冰咖啡的地方也是杰德获得健康保险和灵活工作时间的地方，当时她还无法成为她一直想做的全职妈妈。

早期的痛苦经历启发星巴克的长期首席执行官霍华德·舒尔茨（Howard Schultz）做一些和以往不同的事情。舒尔茨在布鲁克林的廉租房中长大，父母没有读完高中，他是家里最大的孩子。家里的钱从来都不够用。舒尔茨7岁左右的一天，他回到家，发现父亲"心烦意乱"地躺在客厅的沙发上，脚上打着石膏。那是一个冬天，他的父亲弗雷德·舒尔茨（Fred Schultz）在为一家尿布公司送货时，在结冰的人行道上滑倒了，摔断了脚踝和臀部。他立即被解雇了，没有医保，也没获得工伤赔偿，更没有存款。[22] 就这样，舒尔茨的父亲这一摔就摔失业了，家里陷入了经济不稳定的境地。

舒尔茨说："我父亲坐在沙发上满脸无助的画面一直萦绕在我的脑海里。"他用童年经历过的一件难事来解释自己这样做的动机。"我从来没有想过要建立一个全球性的企业，"舒尔茨说，"我想要建立的是一家我父亲从未有机会为之工作的公司，一个尊重所有人的公司。"

舒尔茨通过制定实施具体的政策，确保所有员工都能得到应有的尊重。这就是为什么杰德会去星巴克找工作，也是为什么她会在那里待那么久的原因。在那里，她可以自由安排轮班时间，确保自己上班的时候她的丈夫或母亲在家里照顾内森。公司给兼职咖啡师的福利待遇也还不错。当她的家人无法从其他地方获得医保时，星巴克给他们提供了医保。每周工作 20 小时的人都有资格获得医保。舒尔茨在 1988 年制定这项政策时，为兼职员工提供健康保险当时在美国可以说是闻所未闻，现在其实也不多见。除了给兼职员工提供健康保险外，星巴克还给每一位员工发放公司股份。它与亚利桑那州立大学合作，为员工（他们公司内部称之为"合作伙伴"）提供免费的在线大学教育。星巴克为母亲及其伴侣提供带薪产假和带薪陪产假。他们还与 Care.com⊖网站合作，为员工提供为期 10 天的紧急护理服务。[23] 这不禁使我想到了塔蒂亚娜，孩子生病期间，她不得不在让孩子独自待 2 天和失去酒店管家的工作之间做出抉择。要是她能得到这样的帮助，结果会是怎样呢？（星巴克的一些员工和其他许多公司的员工一样，正在寻求额外的工人保护，在本书英文版付印时，舒尔茨第一个站出来投票成立工会，这点值得注意。）

⊖ 美国家政服务品牌。——编者注

舒尔茨亲身经历了雇主对家庭的直接影响，这一事实无疑帮助他理解了为什么企业需要改变其文化和政策。他知道雇主除了赚取利润之外还有其他的责任，也意识到自己提出并实施的家庭友好政策其实是务实的，因为这样的政策可以帮助底层员工。正如舒尔茨喜欢指出的那样，星巴克在为员工提供所有这些福利的同时，还为股东带来了超过 20 000% 的投资回报。[24] 股东其实很难抱怨什么！此外，情况也在发生变化。现在，员工越来越喜欢用辞职来表达不满，根据 Care.com 网站的一项调查，83% 的千禧一代员工表示，如果另一家公司提供的家庭友好福利比他们当前的雇主更好，他们就会换工作。[25] 也许，这就是美国许多大的雇主开始提供带薪产假的原因。

此类政策的好处最终会延伸到公司本身，这会为他们提供积极肯干、忠诚且高素质的员工。正如娜塔莉·塔基特指出的，吉尔福德县开展儿童早期教育的一个动机是"如果吉尔福德县是世界上最适合养家糊口的地方，那么你将拥有乐于为你工作的员工。如果吉尔福德县所有的孩子都准备好上学了，你就有了一个后备员工队伍，并从中受益。所以，每个人都应该关心幼教这件事"。她的话得到了美国商会基金会的认可和赞同，该基金会指出，"培养世界一流的员工要从建立世界一流的教育体系开始，建立世界一流的教育体系要从给孩子早年打下扎实基础开始"。[26]

有了儿童早期神经科学的指导，雇主的道路就变得清晰明确了。我们可以利用我们对孩子基础大脑发育的了解，来指导一种新的企业经营方式。简而言之，父母在子女幼年时要注意以下3点：①给足孩子安全感（免受毒性压力侵害）；②多和孩子讲话（丰富的语言输入）；③与孩子充分交流（增加互动）。父母需要的是为孩子提供这些东西的能力。

满足这些需求的方法是让雇主承认我们的双重身份，我们既是员工，也是父母和看护人。作为一个社会，如果我们相信优先考虑所有孩子的健康发展符合我们的利益，那么工作场合的文化应该反映出这种信念。这也意味着，我们需要制定切实可行的政策和项目，并将其付诸行动，以此来帮助父母和他们的孩子。

正如新冠疫情打破了传统办公的神话一样，我们也需要打破"理想员工"的陈旧标准。一些公司，比如一位名叫伊莉丝的女性所工作的公司，就已经打破了这个标准，员工和老板都从中受益。通过我的朋友兼同事丽兹·萨布里奇（Liz Sablich），我认识了伊莉丝，她曾试着与伊莉丝雇用同一个保姆，但后来发现伊莉丝已经不需要保姆了。

对伊莉丝来说，世上根本没有秘密育儿的办法。别人一走进她办公室，就知道她有个孩子，因为孩子就在办公室里。她曾在华盛顿特区的国家法院指定特别辩护人／诉讼监护人（CASA/GAL）儿童协会办公室工作。CASA/GAL制定了一项政策，鼓励生完孩子的员工，在孩子满6个月前，把孩子带到办公室。伊莉丝的老板们知道，伊莉丝如果辞职，他们就得找人顶替她的工作，但是雇用新员工的成本比为她的孩子腾出

几个月的空间成本要高得多。（更换一名员工的费用估计相当于6～9个月的工资。）²⁷

对于伊莉丝来说，这项政策意味着产假结束后，当儿子格里芬3个月大时，她每周有2天半可以带着他去上班。（其他几天她的丈夫可以待在家里照顾格里芬。）起初，伊莉丝很紧张，担心格里芬会太吵或太闹腾。坦率地说，她担心自己将不再被视为"理想员工"。她的办公室很小，她怀着格里芬的时候只有4个人在那里工作，而且其他人都还未生养。但很快，她的同事们就成了格里芬口中的"阿姨"，如果伊莉丝需要上洗手间或有紧急电话要接，这些"阿姨"都很乐意花几分钟照看他。首席执行官塔拉·丽莎·佩里（Tara Lisa Perry）每次到公司，见到格里芬都会兴奋，但如果她来的那天孩子和他爸爸一起待在家，她就会感到沮丧。这个工作时间安排非常适合伊莉丝，她会把最费力的工作，把大部分会议安排在不带格里芬上班的日子里。带格里芬上班的时候，她主要是完成日常工作任务，等他在走廊尽头的大厅里打盹时，她就可以出去接打电话。"格里芬有自己的办公室。"伊莉丝笑着说。

真正的改变

像伊莉丝的雇主那样，一旦雇主完全接受员工有孩子的事实，下一步就是承认父母需要花费大量的时间和精力养育孩子。正如我们在兰迪身上看到的那样，即使是最稳固的家庭，经济压力也会压垮他们。为了给孩子提供一个丰富的环境，父母需要保持经济稳定和财务健康，即需要一艘坚固的船可以承载孩子。然而，只有当他们获得充足的薪水，可以支付包括住房、食物和儿童保育在内的基本生活费用时，他们才能达到这个目标。2019 年，有 5300 万人，即 44% 的劳动力时薪低于16.03 美元（国家基准时薪）。这些时薪低于国家基准时薪的人群叫作低薪员工，女性和黑人群体在其中占比最大。[28] 在前 10 名低薪工作中，女性占到了 70% 以上（例如，根据美国劳工统计局的数据，2014 年，95% 的女性幼教工作人员的平均时薪为 9.48 美元）。[29] 和我共事过的许多家庭一样，兰迪发现打两份甚至三份工是养家糊口的唯一办法。但这样做的同时，他们几乎不可能有时间和精力全身心投入到育儿工作当中。当他最终在基督教青年会找到工作时，他很高兴，因为他的收入增加了，能够享受退休福利，还不用再打额外的工。最重要的是，兰迪很高兴自己能有更多时间陪伴孩子，有时间扬帆掌舵。

大量研究表明，给父母支付工资可以给他们提供稳定性和安全感，对孩子是有好处的，孩子会出现更少的行为问题，认知技能也能得到提升。[30] 具有讽刺意味的是，尽管当今许多公司将有竞争力的工资与低工资等同起来，但是最初固执的美国商人亨利·福特（Henry Ford）却表示，支付员工更高的工资也可能对企业有利。在 1914 年，福特将工人的工资提高了一倍多，达到每天 5 美元。[31] 福特并非出于好心做出此举，他这样做是为了降低飙升的离职率和培训新员工的成本。然而，此举大获成功，提高了福特员工的稳定性和质量（同时让他们中的许多人跻身中产阶级）。福特认为加薪是他做过的最好的削减成本的举措！

成为大脑建筑师，父母需要时间和空间。但现在很少有公司明白，颁布和实施给予父母育儿需要的时间的政策，比如支付员工工资，对企业其实也是有好处的。对许多父母来说，时间代表灵活性，但只有少数员工有时间。在 2018 年的一项研究中（新冠疫情前），96% 的员工表示他们需要自由，比如自主改变工作时间、工作地点和出差频率的自由，以及在工作日可以短暂离开岗位处理私事的自由。但只有不到一半的员工表示他们享有这种灵活性。[32] 没有自由，看护孩子就是负担，健康和幸福感就会受到影响，员工就会变得痛苦和不满。对公司而言，其结果是员工的工作效率降低，离职的可能性更大，敬业度也更低，对雇主的看法更负面（也不太可能支持公司的产品和服务）。

萨布丽娜的工作就没有灵活性，如果可以变动工作时间，她和两个孩子就不会在收容所待 2 年之久。在她辞掉工作（这最终导致她无家可归）之前，萨布丽娜做的第一件事就是要求变动工作时间。她想，如果她的工作时间能延后一点，那她早上就可以在家照顾大儿子，并帮助丈夫学习如何处理他新诊断出的糖尿病，这样一来情况就可能会好起来。但雇主拒绝了她的请求，由于缺乏工作灵活性，第一张多米诺骨牌倒了，连锁反应导致一家子沦落至收容所。

　　不幸的是，现在许多行业提供了错误的工作灵活性，那就是"临时"工作安排，这意味着员工的日程安排会在短时间内发生改变，这具体取决于要完成的工作量。[33] 这种临时工作安排是为了满足雇主的需求，而不是员工的。对于小时工来说，轮班工作是根据每个商店的繁忙程度按周排班的，员工们永远不知道他们会工作多长时间，或者何时工作。费城地区塔吉特公司的一名员工在开始这份兼职工作时被告知每周工作时间为30 ～ 35 小时。但很快，她的工作时间就减少了，时长波动很大，有时候一周 8 小时，有时候一周 20 小时，还有的时候一周 12 小时。[34] 工作时间如此不稳定，有稳定的收入简直就是难上加难。保育服务时间也无从安排。具有讽刺意味的是，这种临时安排对雇主的损害其实比他们想的还要大。2018 年，一项针对 Gap 门店的精心研究发现，为员工提供稳定的工作时间可以提高销售额和生产力。[35]

　　工薪阶层也面临着挑战。对他们来说，问题往往是永远都会有工作需要。雇主期望他们长时间工作，全天候回复邮件，永远不会让家庭冲突成为工作的阻碍。[36] 因此，在新冠疫情前，灵活的工作时间和部分工作时间远程办公难能可贵也就不足为奇了——员工有控制工作的余地。调查发现，员工认为能够自行安排日程值得他们放弃 9% 的工资增长，远程办公值得放弃4%。[37] 新冠疫情进入封锁状态之前，一些公司已经在朝着这个方向做出改变。总部位于亚特兰大的金融公司 Credigy 等大公司都制定了灵活的工作时间表，允许员工在工作完成后能来去自由。但是员工充分利用这种变化需要时间。Credigy 公司发现关键是确保高层，包括男性和还未成为父母的人也使用这种工作时间表。换句话说，领导者必须自上而下发出文化变革的信号。

除了合理的工资和工作灵活性外，员工还需要另外的保护，避免不幸事件以及经济学家所谓的"负面经济冲击"的影响。带薪家庭假和带薪病假显然是第一步。如果金伯利当时享有带薪假，她就可以在新生儿重症监护病房陪着女儿佩内洛普；当改变工作时间这个方案行不通时，休带薪假也是萨布丽娜的候选项。研究表明，带薪假可以提高员工的生产力、忠诚度和士气。[38]

要是每个符合条件的人都休带薪假，这也会促进性别平等。陪产假可以加强父亲和孩子之间的纽带，也可以帮助他们建立更加公平合理的长期育儿习惯。早早学会如何给孩子换尿布和喂奶的父亲自信心更强；从长远来说，休更长陪产假的父亲在未来几年陪伴孩子的时间也会更长。父亲对育儿更上心，孩子也会更健康。[39]（对我和孩子来说，有一个当儿科医生的父亲的好处就是他是尿布方面的专家，他负责换脏尿布。）此外，意想不到的是，当父亲休更长的假时，母亲也会受益。在短期内，母亲患产后抑郁的可能性较小。从长远来看，家庭收入会更高，夫妻双方离婚或分居的可能性也更小。[40]

平衡工作和家庭的一种方法就是自己当老板。这就是 20

年前，得克萨斯州奥斯汀市的一位有远大创业梦想的年轻女性的解决方案。当时，她的第一个孩子即将出生，但她自己还怀有从事时尚事业的梦想，因此她花了 500 美元购买材料，开始在一间闲置的房间里设计珠宝。"我想要一份能让我把妈妈这个角色放在首位的工作。"她多年后这么说。[41] 儿子出生后，她会带着他去当地的商店，试着说服店主卖她的商品。她带孩子去纽约参加批发活动时，她的女朋友也一同前往，帮忙看孩子。2009 年她开了第一家店，正值金融危机最严重的时候，那时她已经是一位离异单身母亲，带着两个儿子。退一步说，这很有挑战性。"我的两个儿子一直和我待在一起，因为我没钱雇人帮忙。"但肯德拉·斯科特（Kendra Scott）坚持了下来，截至 2021 年，她开创的同名珠宝业务现在市值 10 亿美元，拥有 100 多家门店和大约 2000 名员工。（要想知道她的珠宝作品有多受欢迎，我只要看看艾米丽和她的朋友们就知道了，她们都有肯德拉·斯科特的项链。）

　　鉴于这个起源故事，后来再婚且有了第三个儿子的斯科特建立了彻彻底底的"家庭至上"的公司文化也不足为奇。她的公司员工中 90% 以上是女性，其中许多是年轻的母亲。而且公司提供的福利正是父母需要给孩子的：①给足孩子安全感；②多和孩子讲话；③与孩子充分交流。公司给所有员工都提供产假和陪产假，包括兼职员工。它提供生育和收养协助，还提供慷慨的带薪假。此外，斯科特还建立了一个家庭基金，通过员工捐款和斯科特本人的赞助给面临意外经济困难的员工提供帮助。准确来说，这个基金涵盖了会引发员工收入不稳定和员工不安全感的所有事情，例如房屋受到飓风破坏、家人突然生病或受伤。因为"生活里再小的问题也是问题"，斯科特的公司还制定了"转移婴儿"政策。保姆病了？幼儿园关门了？没问题，带孩子上班就行了。"我们的每周例行会议上，我和同事围坐成一圈，孩子们就在圈里面玩耍。"一位高管说。斯科特还表示公司能从为员工提供的福利中获益：95% 的员工在休完家庭假后返回工作岗位，晋升率和士气高涨，人员流动率低。[42]

但是，职场现状并不会因为一个公司的变化而发生改变。当各个群体聚集在一起并认为改变是必要的时候，职场文化和政策的真正转变才会出现。肯德拉·斯科特的公司是得克萨斯州 400 多家大中小型公司中获得"在职父母最佳工作场所"称谓的公司之一。[43] 这种认可源于沃斯堡市的商界领袖、教育工作者、非营利组织、慈善家和公民领袖的共同努力，并已传播到该州的其他城市，例如肯德拉·斯科特所在的奥斯汀，以及全美的其他城市和州。"教育孩子不仅仅是学校的责任，"迈尔斯基金会的组织者之一萨拉·雷丁顿（Sara Redington）告诉我说，"商界领袖知道教育就是经济发展。对家庭友好的政策有助于在职父母在工作中出类拔萃，同时也可以支持孩子在家的成长和发展。"

"在职父母最佳工作场所"活动列出了实践证明对家庭有益且能帮助企业盈利的十大政策。这些政策是：公司支付健康保险、带薪休假、产假、护理福利、带孩子上班、保育服务补助金、备用保育服务、灵活工作时间、远程工作以及（当然还有）"在职父母最佳工作场所"的称号。公司可以进行 3 分钟的自我评估，看看自己是否符合条件，并审查哪些地方可以改进。"在职父母最佳工作场所"还颁发年度创新奖，以表彰那些在帮助员工平衡工作和生活方面做得特别有创意的公司。我在其他州（北卡罗来纳州就是其中之一）发现了类似的联合组织，他们在其社区中宣传"家庭友好等于公司友好"的理念。[44]

我相信许多弗里德曼的支持者会对此感到震惊。但是，我也相信还有其他方式可以解释弗里德曼对公司责任的评估。公司的盈亏底线既取决于短期利润也取决于长期利润。农民在春季给庄稼施肥时，该季度的成本是增加了，利润降低了，但是，施肥可以确保秋季农作物的丰收，确保秋季利润的增加。既然神经科学如此清楚地显示了投资幼教的回报，因此对弗里德曼专注"利润"的字面解释，呼吁大家对现今的家庭进行再投资，而不是进一步减少这方面的投资。这种再投资有助于培养下一代高技能、高学历和高生产力的员工。生意的精髓就是投资家庭，延迟收益。

最终

这些都是公司应该投资孩子和家庭的经济原因——他们现在会得到更快乐、更有效率的员工，将来会得到更强壮、更有效率的员工。但是，还有另一个更强有力的理由去推动公司帮助建立父母联盟。这个理由很简单，因为这是公司该做的事。当一个社会的孩子获得公平的人生起点时，社会的所有成员都会受益。所有父母都能从与孩子的充分互动中受益。

我可不是随便说说。唐的去世提醒着我生命中最重要的是什么。我知道他为自己的工作感到自豪，但今天，他会为我们的三个孩子感到更自豪。他没能看到他们长大成人，这比他短暂的职业生涯更让我忧伤，因为我知道看着孩子长大对他意味着什么。

我们要阻止这样的悲剧发生，这不仅事关儿童健康发展，同时也关乎千万家长的幸福，以及整个社会的发展进步。我们如何对待父母的方式也很重要。商业领袖可以用人性化的方式管理公司、理解员工、尊重员工。

当然，公司制度也有它的局限性，并不是每个公司都可以带孩子上班。唯一能进我手术室的婴儿是那些需要接受人工耳蜗植入的婴儿。而且，并不是每一个公司都能满足"在职父母最佳工作场所"政策的愿望清单上的每一项要求。但这不是重点。想想伊莉丝的雇主在制定公司政策时把尊重员工纳入准则；肯德拉·斯科特在建立公司的时候，按照自己作为年轻母亲的需要构思了公司的政策，为母亲提供了各种福利；霍华德·舒尔茨小时候经历了贫困，因此在制定公司政策时，致力于帮助贫困的家庭，这些思考都将推动我们所需要的文化转变。

我觉得如果唐还活着，这正是他会重新思考的。他不会像2010年那样，要通过编一个虚构的会议才会被视为理想员工，像唐这样受人尊敬并处于权威地位的人需要以身作则。当然，他们仍然必须努力投入到高效的工作当中，但是，他们不应该假装孩子没有棒球比赛、没有音乐会、没有家长会，或是假装孩子不会生病，保姆也不会爽约。

　　以我对唐的了解，我相信，要是他还在的话，今天他会像穿着手术服一样自豪地承担起为人父的责任。通过这么做，他可以帮助打破个人生活和职业生活之间摇摇欲坠的墙，建立起我们需要的父母联盟。这样做的另外一个好处是，他可以自豪地对所有人宣布，阿舍尔投了8个三振球。

当务之急：国家出台
对父母的友好政策

"我们要时刻牢记，任何社会规划的核心都必
须是孩子。"

——富兰克林·德拉诺·罗斯福[1]

（Franklin D. Roosevelt）委员会谈及经济安全

我喜欢听美好的爱情故事，迈克尔和科约纳的爱情故事就是我的最爱之一。科约纳是迈克尔的姐姐（大家都叫她悠悠姐姐）最好的朋友，所以两人已相识多年。但迈克尔比她小6岁，这个年龄差异之前似乎是个大问题，但突然之间这个问题就不存在了。正如迈克尔所说，他们的恋情始于2012年一个美丽的夏日，当时他看见她悠闲地坐在朋友家的门廊上，穿着蓝橙相间的扎染连衣裙，配了双牛仔绑带凉鞋，看着漂亮极了。她的发型很夸张，她把头发漂染成了金黄色，梳成一个尖尖的造型。迈克尔不停地和悠悠说他有多喜欢科约纳，悠悠回道："迈克尔，和我说没用，和她说去。"

那个夏日，他终于开口了，他告诉科约纳她穿那件衣服有多美。他们开始打情骂俏（迈克尔称之为"交谈"）。迈克尔喜

欢她的自信，而科约纳喜欢他的幽默和温柔体贴，她觉得作为这个年纪的男人，他已经很成熟了。科约纳"心直口快"，而迈克尔则更为保守，他们截然相反的性格并没有把他们分开，反倒把他们拉到了一起。

很快，他们一有空就聚在一起。迈克尔喜欢带着科约纳的儿子卡什和迪亚曼特出去玩。然而，在他们交往的第一年，这对情侣就面临着他们关系中众多考验中的第一个。上班的时候，科约纳突然感到腹部一阵疼痛，痛到她整个人都蜷缩起来，她吓坏了，于是赶紧打电话给迈克尔，他带着她去了医院。检查结果是她怀孕了。他们激动了好一会儿，但随后医生解释说科约纳是宫外孕，正常胎儿应该在子宫着床，但科约纳的胎儿被困在科约纳的一根输卵管中。为了避免胎儿导致输卵管破裂危及科约纳的生命，她必须进行紧急手术，摘除输卵管，停止妊娠。迈克尔和科约纳很是崩溃，他们担心科约纳无法再怀上孩子，担心他们永远不会有孩子。

在接下来的几个月里，他们的关系变得更加牢固了。迈克尔正式搬去跟科约纳和她的孩子们一起住。两人的工作都不错（迈克尔在肉类批发商工作，科约纳在保险公司工作），他们一起把卡什和迪亚曼特带大，他们的小家幸福又安全。但是，他们是多么渴望能有一个自己的孩子啊。"我们只能对着天上的星星许愿。"科约纳说。

一年后，他们的梦想成真了，科约纳又怀孕了。"我们高兴坏了，"迈克尔说，"那天对我们来说很重要。"知道科约纳怀孕的最初几周里，孩子们晚上上床睡觉后，他们会一起坐在沙发上。迈克尔会把手放在她的肚子上，想象他们的孩子可能享受的未来。他们觉得这胎肯定是个女孩，因为科约纳头两个孩子都是男孩。迈克尔把这个婴儿称为"公主"，他们梦想着可以把他们自己的名字迈克尔和科约纳合在一起给孩子取名，向世界展示他们对彼此的爱有多深。

任何一个婴儿的出生，即使背后没有爱情故事，也都代表着一个新的开始，代表着一个充满潜力和可能性的宝贵新生命。出生通常寓意着新的开始，不仅是新生活的开始，也是重大的努力的开始。这就是为什么我们倾向于用充满希望和乐观的语言来谈论我们国家的诞生。我想，当美国的创始先驱制定出这个新国家诞生之时的框架时，他们的感受也应该类似于新手父母。"我们认为这些真理是不言而喻的，"他们在《独立宣言》（Declaration of Independence）中写道，"人人生而平等，造物主赋予人们不可剥夺的权利，其中包括生命权、自由权和追求幸福的权利。"[2]

人们被赋予这些权利，且这些权利不受制于君主，这个想法是具有革命意义的，这是一个建立共和国国家基础的先河，这个国家建立在民主原则和远大抱负之上。然而如今我对《独立宣言》的看法却并不那么乐观，我并没有认识到现如今困扰着我们的许多冲突和矛盾在当时就存在了。因为事实上，并非所有人都得到了平等对待，现实相差甚远。年轻的国家奴役着人民，剥夺着妇女的权利，土著人被杀，或被赶出他们世代居住的土地。这些扭曲事件造成的影响回荡在历史中，助长了系统性的种族主义，为今天我们太多的公民设置了障碍。

尽管如此，宣言中提出的想法仍然激动人心、雄心勃勃。几个世纪以来，它们一直激励着美国人，也激励着今天的我。我们相信这个国家的每个公民都有享有生命、自由和追求幸福的权利，这给人们提供了激发他们去实现美国梦的无限机会。美国做出的承诺是让这个国家的孩子们都有能力实现他们的前途，让他们学习、成长并取得成功，让他们成为社区和整个社会卓越的一分子。

但是，我们必须认识到，基本的大脑发育是实现这一承诺的先决条件，它本身就是一项基本权利，这能让每个孩子都得到真正的平等机会。因为，如果你在生命的最初几年就失去了生命、自由和追求幸福的权利，那么这些权利的价值何在呢？

被打乱的梦想

2019年，就在迈克尔出狱2周后，他和科约纳与我分享了他们的爱情故事。同样是在这个位于芝加哥西区北朗代尔区的三层无电梯的公寓楼里，他们坐在我对面，在这里，他们最初梦想着他们未出生孩子的未来。自这些快乐时光以来，发生了很多事情，但现在他们又一起坐在沙发上了。他的手臂搭在她的肩膀上，她的手放在他的大腿上，就像情侣们那样轻松、深情。尽管他们经历了这么多，当他们谈及未来时，当他们回忆起迈克尔被捕前的那段时光时，我仍然可以听到他们声音中的喜悦，那时，他们正期待着这个孩子的降临。

但 2014 年 5 月这决定性的一天打断了他们一起抚养孩子的梦想——迈克尔因自己并没犯下且完全无关的谋杀罪被捕。由于保释申请被拒，他只得在审前拘留中一直等，等到他的案件得到审理。[3] 他们的孩子在迈克尔入狱 6 个月后，于 11 月下旬出生了。由于迈克尔还在狱中，科约纳生产时，她的姐姐在产房里陪着她。第二天早上，迈克尔的两个姐姐到了产房，悠悠带来了儿童汽车座椅和其他必要的婴儿用品。科约纳和迈克尔都猜这胎是个女孩儿，结果生了个男孩儿，但科约纳按照着他们之前约定的计划，将他们的名字结合起来，把儿子取名为迈克恩。

一个月后，她带着迈克恩去探望迈克尔。他们在监狱的访客室见面，各自坐在玻璃隔板两侧的小隔间里。"她把小帽子从儿子的头上摘下来。"迈克尔回忆道。这时迈克恩正睡着，但他睁开眼睛看了看他的父亲。"他长得很像我。"科约纳给迈克尔看了看小迈克恩的小手指和小脚趾。对迈克尔来说，这段回忆苦乐参半。他既满是自豪，但又因为无法拥抱科约纳或迈克恩而深感悲痛。"我错过了我第一个孩子的出生。"他说。这是他永远无法挽回的，他知道错过迈克恩的婴儿时光也是永远无法挽回的。

近五年来，他的案件在司法系统中的处理进度缓慢，每周日隔着玻璃的 15 分钟的互动也就变成了迈克尔、科约纳和迈克恩的互动方式。每次探访，科约纳都必须通过复杂的安检。安检甚至还扫描了迈克恩的奶瓶。当他们终于见到迈克尔时，迈克恩常常已经等了 45 分钟或更长时间，这时他要么睡着了，要么脾气暴躁。卡什一起来探访时就会好些，因为他能和小弟弟玩。但是到后来，科约纳有时会让儿子们待在家里。"卡什不想去探访的时候，迈克尔就会很伤心。"迈克尔还在监狱里时，科约纳这么跟我说，"我告诉迈克尔，你必须明白，每次探访都会花很长时间，而且我们已经一直坚持探访很长时间了。"

尽管身处困境，迈克尔还是下定决心力所能及做最好的父亲。尽管他已经是卡什和迪亚曼特的父亲，但他从未有过自己的孩子。因为有很多东西要学，他还满腔热情地报名参加了一个监狱里针对父亲开设的课程。"他们试着教我们如何成为一个好父亲，教我们如何与孩子互动。"他说，"我像一块海绵一样，吸收着一切信息，努力学习。"这个课程部分目的是要激励参与课程的囚犯能与他们的孩子有更多的探访接触，能抱着自己的孩子是对他们的奖励。"我想抱抱儿子。"迈克尔说。然而，在他和其他父亲得到这个机会前，这个课程就被终止了，他对此感到非常失望。五年来，迈克尔一次都没有把迈克恩抱在怀里过。

在那段时间里，科约纳只得一个人去探望他。"如果我倒下了的话，整个家庭都会跟着倒下。"迈克尔出狱前，她这么告诉我。对我来说，她就是个奇迹。我刚认识她时，就看到了她的决心和毅力，这让她熬过了多年的困境。16 岁她就有了迪亚曼特，但她仍然上完了高中，带着她的孩子走过舞台去拿毕业证书。在迈克尔入狱期间，她在家人和朋友（包括她的母亲和迈克尔的姐姐）的帮助下抚养着三个儿子。卡什因为镰状细胞性贫血需要频繁输血，一次她带着卡什去输血时，看到了 TMW 海报。即便忙得不可开交，科约纳还是报名参加了我们的家访计划和纵向研究项目，她从不透露自己的生活有多艰难。我之所以知道迈克尔在坐牢，是因为科约纳说她周日要去监狱探访，不能使用 LENA 设备，因为监狱的安检太难通过了。

看着她做母亲的样子就像观看奥运会运动员的训练似的。她很忙，而且一直在与孩子说着话。她尽量每天都给迈克恩读半小时的书。"书对他来说就像糖果一样。"她说。甚至当她让迈克恩看《芝麻街》节目时，她也会坐在他旁边谈论节目，让他能充分理解他的所听所见。她试着限制儿子们对科技的接触，还把自己的笔记本电脑藏在床下，这样孩子们就拿不到电脑，没法下载那些会占用他们所有时间的游戏。（后来，为了让他们少看视频，多跟她互动，她还把无线网络的密码给改了。）她每天早上 5 点半起床，这样她可以在去沃尔格林的轮班之前和迈克恩相处一段时间，这份工作是她在迈克恩出生后开始做的，因为工作时间更加灵活。在那些清晨，他们两个之间开展了大量的互动。"从 6 点到 8 点，就是我和迈克恩的时间。"科约纳当时说。

科约纳把这个家撑起来的同时，迈克尔也试着在监狱日益增加的痛苦和折磨下坚持下去。在这5年里，先是他的母亲，然后是一个叔叔，后来是一个阿姨都过世了，他错过了他们的葬礼。"我失去了很多。"迈克尔声音发颤着告诉我。但迈克尔和科约纳互相支持。"她让我感觉很好，"他回忆道，"她会说，你会没事的，会轮到你的。当我失落时，她会想办法使我振奋起来。"她甚至给他写诗来激励他。科约纳知道迈克尔没有杀人。"我想在他身边支持他，"她告诉我，"什么都无法跟有你的另一半在身旁支持你、一起共渡难关相比。"她想他能出狱，这样他们就可以一起抚养迈克恩。"在那段时间里，我们互相扶持，"迈克尔说，"我必须在监狱里保持坚强，而她必须在监狱外保持坚强。"

终于，在2019年7月，他们的坚毅得到了回报。迈克尔的案子上了法庭。DNA证据与他的不匹配，而且证人陈述可疑（记着其中一个证人描述的肇事者比迈克尔矮了6、7英寸），陪审团释放了迈克尔。等待了漫长的5年后，审判短短一天半就结束了。出狱后，迈克尔做的第一件事就是抱住迈克恩，亲吻科约纳。然后，他们回了家，试图重拾梦想的碎片。

作为一个国家，有时我们也会觉得自己在拾起我们梦想的碎片，或者我们干脆放弃了这些碎片。可以肯定的是，我们没有实现我们的理想，我们没有让孩子拥有前途，也没有履行对他们的承诺。为了确保每个孩子一出生就享有自然权利，为了修复美国长期存在的不平等现象，我们需要像父母养育和保护他们的孩子一样，培育和保护我们的基本原则。

做得更好的机会

"这种情况不会一直持续下去。"我问科约纳，迈克尔在监狱里的那段时光她是怎么熬过来的，她这样告诉我。她跟迈克尔说过同样的话，好让他振作精神。她是一个不断前进的人，做好所有需要做的事情。对于迈克尔，当他因未犯下的罪行与家人分别多年后终于获释时，我知道他很愤怒也很痛苦。谁不会呢？但他没有陷入这些坏情绪中。相反，他就像得知科约纳第一次怀孕时那样乐观。他期待着新的生活。

"我感觉自己重生了。"他告诉我。

迈克尔和科约纳并没有灰心，他们恪守着让他们当初走在一起的信念。作为一个国家，美国应该坚持其建国准则。从孩子出生的第一天起，满足每个孩子的需求是我们可以做的最有效的事情，这可以让我们实现承诺和理想。而强大的家庭和孩子是维系社会的纽带。

拥有强大的大脑发育的基本权利应该激励我们努力建立一个以孩子、家庭及其社区为中心的父母联盟。我最喜欢的语录之一，是华盛顿大学的神经科学家琼·卢比（Joan Luby）说的话，她阐述了解决这个问题的重要性，接着展示了科学是如何指引前进的道路的。"健康的人类大脑发育是我们文明的基础。因此，培养和保护我们孩子的大脑发育是重中之重。"她说。她总结道，这门科学代表了"一个罕见的路线图，它带领我们保护和支持我们社会最重要的遗产，那就是正在发育的大脑"。[4]

幼教乃是公益事业

神经科学让我们了解到教育和学习从生命的第一天就开始了，而上心、慈爱的父母和看护人是其中的关键。知道了这一点，我们就完全有能力规划并实施明智的公共政策。以脑科学作为指导，就更容易看出对幼儿保育和幼儿教育的投资是公益事业（从字面意义上讲，不是从严格的经济意义上讲）。对于一个正常运转的社会来说，它们就与投资建设公园、道路和消防部门一样必不可少，最重要的是，K-12公共教育同样必不可少。

美国在建立免费公共教育方面领先世界其他地区，美国公共教育的历史可追溯到美国建国时期。人们认为教育能促进平等，是实现美国梦的关键。拥护普及公共教育这一举措促使美国成了20世纪的主导超级大国，[5]就是因为美国肯在人力资本上投资。

我们虽然知道了孩子需要什么，但我们行动得还不够早。尽管美国是第一个为6～18岁的孩子提供免费公共教育的国家，但世界其他大部分地区都赶上并超越了美国，先是增加了幼儿园，然后是学前班。纽约大学幼教专家阿杰·乔杜里（Ajay Chaudry）表示，几乎每个在 1940 年没有提供免费 K-12 教育的国家到 1990 年都开始为孩子提供免费公共教育。[6]

为了建立一个不仅仅涵盖，还支持孩子早期教育的系统，我们必须重新构想全民公共教育的含义。这意味着我们要看看街灯没有照亮的地方（也就是 K-12 教育），要明白这样的系统需要的不仅仅是"学校"，它还必须包括医保、带薪假、所得税抵免、高质量的保育服务，等等。这需要父母、社区、医保服务提供者以及企业与各种公共机构通力合作。这样的系统可以促使一个以孩子、家庭及其社区为中心的新社会框架的诞生，该框架从生命的第一天就开始运作了，并承认孩子的早年经历是教育和看护的一个重要组成部分。

幸运的是，美国政府领导人已经开始意识到，如果他们想要公民健康、高效，就必须支持孩子的基础大脑发育。"许多决策者越来越相信科学，相信孩子的早年经历很重要。"辛西娅·奥斯本（Cynthia Osborne）说。辛西娅在幼教科学和政策的交叉领域工作，她的任务是将科研结果转化为可行计划并将其立法。说服决策者的往往是孩子脑部扫描图的差异，就是金·诺布尔所做的那种脑部扫描图，而孩子生活经历的差异造成了这些差异。最近一项初步研究发现，反贫困政策确实能够保护孩子的大脑发育，在现金津贴更为丰厚的州尤为如此。[7]但即使决策者了解了其中利害关系，他们也不一定知道从哪里入手。为了帮助他们，辛西娅在得克萨斯大学奥斯汀分校林登·贝恩斯·约翰逊公共事务学院建立了针对产前至 3 岁孩子的政策影响中心。该中心为州政府提供资源（因为他们是得在美国实地制定幼教政策的人）。"我们的目标是填补这一空白，并为他们提供最有效的投资指导。"辛西娅说。

在我看来，填补这一空白就意味着我们需要在基础设施中建立基础连接。当然，每个社区和每个国家的解决方案都有些不同，因为这些解决方案必须响应当地家庭的需求和愿望，且必须贴近当地的文化。然而，不管他们采用哪种解决方案，都应该以培养大人与孩子的互动为方案中心。决策者首先需要知道，投资孩子的发展就是投资成年人的生活。"在家庭教育方面，我们为父母们提供爱的养分，未来，父母们才懂得如何给予孩子更多的爱。"辛西娅说。

像辛西娅一样，我开始相信我们提供幼教和保育服务的举措应该是一个连续的过程，从母亲怀孕开始一直持续到孩子第一天上学，阿杰在他的《从摇篮到幼儿园》（*Cradle to Kindergarten*）一书中如是建议。[8] 提供医保也应该是个连续的过程。在这种扩展举措中，每个涉及幼童的项目，无论是早期干预、食品券、学前班还是其他项目，都应该作为一个连贯整体的一部分，协同作用，以确保父母作为大脑建筑师可以帮助他们的孩子建立其所需的关键大脑连接。

我们非常清楚什么方法是有效的，当然我们也知道为什么我们需要尽早开始。辛西娅和阿杰等人付出了艰苦的努力，审阅了数百个直接或间接影响幼童的计划和政策的相关研究结果。辛西娅所在的组织还制定了一份非常具体的清单，他们称之为路线图，就像琼·卢比所做的那样，这个路线图列出了各州应首先采纳的最重要的政策和战略方案，确保投资利益最大化。[9]许多其他人一直在努力基于研究结果制订计划和政策。[10]

我们已经拟定了一份如何建立父母联盟的初步蓝图，现在我们需要做的是采取行动构建这样一个父母联盟。在我看来，幼教和保育服务连续体的一方面包括一系列会影响这些经历怀孕和分娩的家庭的政策。例如，团体产前护理可以将准妈妈聚集在一起进行统一护理，为她们建立一个互助社区，也为她们争取多一些产前指导的时间，这在我们目前的系统中是很难得到的。就像凯瑟琳得产后抑郁时所需要的那样，这些准妈妈也应该得到充足的产后护理。准父母的筛查和转诊计划覆盖面积也会更广，例如家庭连接项目计划就已经在吉尔福德县等地发挥了积极作用。

提供带薪家庭假和病假也是帮助家庭和孩子的最佳且最有效的方式之一：从长远来看，它有助于提高孩子的学习成果；父母双方都可以参与孩子的成长；此外，它还解决了早期保育的一些需求。在一份2020年联合国儿童基金会对世界各地企业进行的调查中发现，员工可用的休假时间存在着巨大差异，从4周到90周不等。但是，超过一半的受访公司并没有采取联合国儿童基金会提出给员工提供至少18周带薪假的建议，而且只有不到一半的公司提供陪产假。在美国，带薪产假通常被视作就业福利的一种，但只有在大公司上班的员工才可以享受这个福利。但是，即便在收入最高的人群中（带薪假通常作为工作福利发放给他们），也只有五分之一的员工可以享受带薪假。[11] 无论这些人在哪里工作，为金伯利·蒙特兹和萨布丽娜这样的员工争取带薪假的唯一方法，就是让决策者建立并强制实施这一项社会保险计划。联合国儿童基金会指出，像带薪假这样的家庭友好政策的"最强大推动力"是国家立法或统一强制要求执行。[12]

在这个服务连续体中的下一组政策看着与幼教发展无关，但像辛西娅这样的父母觉得这些政策很重要，因为事实证明这些政策能有效提升家庭整体的幸福感。这些政策包括家庭税收抵免、最低生活工资还有覆盖范围更广的医保和领取 SNAP 品牌的营养品。它们帮助父母建造坚固的船只，将孩子运送到河对岸，帮助他们顺利长大成人，并帮助他们在狂风大作时驾驭船只。如果丈夫的工作能提供医保，杰德可能就可以做她梦寐以求的全职妈妈；兰迪需要一份工资体面的工作，这样他就不用同时打三份工。

我们还需要一系列项目来支持有新生儿到 5 岁孩子的家庭。需要解决的主要问题是改善那些没有普及保育服务的国家保育系统。这也正是加比和塔利亚所需要的：无须打额外的工就可以负担得起的优质、便捷的保育服务。事实上，我们需要有全面性的、更好的选项，我们需要让像杰德这样想待在家里陪伴孩子的人有待在家里的选择。而且，对于大多数在职员工来说，我们需要提供能真正满足孩子和父母需求的、以培养亲子互动为中心的保育服务。但是，在寻找如何大规模实施高质量保育服务的模式时，我发现有一个美国组织在这方面做得非常出色，那就是军队。美国国防部在国内外设有大约 800 个保育中心，为 0 ～ 12 岁的孩子提供高质量、全民、价廉的儿童发展教育服务。[13] 我没想到保育服务的创新思维会影响到国家安全的思考，但事实证明这正是这样做的原因。

大约 30 年前，军队的保育服务和如今最差的保育服务相差无几。M. A. 卢卡斯（M. A. Lucas）被请来改变当时的状况，她眼中的 20 世纪 80 年代初的保育服务中心是"马厩、半拱形活动屋、刷满铅基油漆、填满石棉的二战前建筑。对孩子的看护充其量是监护孩子"。[14] 而且许多保育中心还没达到安全标准；规章制度不完善，教师培训跟不上；老师的薪水比其他在军事基地的所有人都低，比捡垃圾的人都低。人员流失率高达 300%。（现在的人员流失率接近 30%，还是很高，但已经有了很大的进步，比几乎所有其他保育中心的人员流失率都低。）在 20 世纪 70 年代末期，我的朋友琳达·史密斯（Linda Smith）在亚利桑那州的一个空军基地负责经营一家保育中心（他们称之为"保育所"）。她看到孩子们挤在一个房间里（婴儿挤在围栏里），教室里没有玩具，只有一台电视，一个没有接受过教师培训的人在照顾（根本谈不上"照顾"）着孩子们。和 M. A. 卢卡斯一样，看到这一幕，琳达惊呆了。琳达跟我说："显然，挑战是巨大的。"

军队的领导人清楚地意识到保育不仅事关孩子及其父母，还事关军事准备。简而言之，军队必须弄清楚如何处理内部保育问题，其中就包括记录入伍女兵数量，确保她们能心无旁骛地投入工作，取得佳绩。正如卢卡斯多年后所写的那样，"很明显，保育服务或缺乏保育服务可能会影响国家安全和军队准备保卫国家的能力"。[15]

实现这种转变需要国会做出行动。在《1989年军事儿童保育法案》（Military Child Care Act of 1989）中，国会计划并资助该系统的全面改革。这些变化始于给教师加薪和增加教师培训。为什么从这儿开始呢？因为1989年的一项研究表明，保育质量的首要指标是给教师更高的工资。这一研究激励了军队领导人做出此举。[16]该研究发表后的24小时内，国防部官员与该研究的作者通了电话，想了解教师薪酬与保育质量之间的关系。[17]正如亨利·福特在他的汽车工厂中发现的那样，给幼师提供更高的工资会影响谁想要这份工作、谁会留下来做这份工作。除了加薪外，军队领导人还要求提高班主任的资质，并基于最新的儿童发展方面的思考，规定教师需要参加的培训和课程，每年还需组织突击检查，以评估整体教育质量，以及审查教师与孩子的互动质量。他们还打破了家庭能够支付的费用与高质量服务的费用之间的界限。父母只需支付他们能负担得起的费用，按工资比例计算，需支付的金额不超过其收入的10%，军队会补上差额。这与美国其他地方的保育服务方式相反，在军队外，大部分保育费用都转嫁给了家庭，当父母负担不起保育费用时，他们获得的保育服务质量就会受到影响。

"军队教会我们的最重要的一课，就是一个复杂的问题没有单一的解决方案。"琳达这么告诉我。在改善了亚利桑那州的保育中心后，她继续在其他基地复刻这种保育模式，后来她与卢卡斯合作，彻底改革了整个系统。（现在，她在华盛顿特区的两党政策中心指导幼儿政策方针。）在她看来，军队之所以能成功解决保育问题，是因为它看到了存在的所有问题并从正面解决它们，这些问题包括职业发展和薪酬、行业标准及其执行、家庭支付成本以及保育服务的可用性。"许多人认为投资保育服务就可以解决所有问题，资金很关键，但单靠资金是解决不了问题的。"她说。

当军队的保育服务与私人保育服务发生冲突时，例如，当一个军队家庭的孩子已经在基地保育中心的候补名单上，但不得不暂时被送去私人保育中心时，两者之间的差异就显现出来了。一位在空军担任语言学家的技术中士把她的五个孩子都送到了军队儿童发展中心。"这些保育中心就像我孩子的第二个家，"2017年，她这么告诉记者，"那里的老师对孩子们真的很上心。"因此，当她不得不把自己的一个孩子送到一个基地外的私人保育中心住上几个月时，她真的很震惊。私人保育中心每周的费用相当于她在军队保育中心几个月的费用。"相差太大了。"这位技术中士说。在与部队外的同事交谈时，她意识到大多数家庭选择保育中心时都要考虑费用。"我们只是想生个孩子，"她说，"我觉得如果我不在部队里，费用肯定会对我们是否想继续生孩子产生巨大影响。"[18]

值得注意的是，军队的保育系统能照顾新生儿到学前班的孩子，还给孩子提供课后辅导中心，直到孩子满 13 岁为止。它巧妙地建立了一个将幼教与 K-12 教育系统联系起来的连续统一体（包括全民的学前教育）。完善的幼教和看护服务能使孩子们在上学前就做好学习的准备。

军队的例子并不完全适用于社会的其他领域，但军队为早期儿童教育带来的质量、资源和承诺正是我们所需要的。事实上，这样的转变发生在一个重大政府机构中是令人鼓舞的。"这不是奇迹，"一位研究军方巨变的专家说，"这是一种决心，而且你必须资助这样的决心。"

没办法，没有资金就无法创建高质量的幼儿服务，大部分我所描述的内容都需要各级政府去增加投资才能实现。但是，我们在这方面屡屡失败。美国在幼教方面的支出，也就是影响儿童及其家庭的项目和服务约占国内生产总值的 0.2%，而同类国家的平均水平为 0.7%。[19] 这些支出主要用于补贴儿童保育服务。美国平均每年在每个孩子身上花费 500 美元，而其他富裕国家平均每年在每个孩子身上花费 14 000 美元。[20]（其他国家在社会服务上的花费比美国多得多，这只是其中一方面。）没有稳定的资金解决方案，我们就无法建立一个父母联盟。此外，对儿童早期的投资将在短期内产生红利，因为它可以让更多的父母进入劳动力市场，从长远来看，它可以培养强大和卓越的后代，这样一来，后期回报大，支出也就更少。当然，琳达说得很对，没有单一的解决方案，单靠资金也无法解决军队面临的问题。除了增加支出外，我们还必须谨慎选择投资项目，明智管理所投项目。但没有资金，项目就无法向前推进。

一席之位

乔瓦娜·阿丘莱塔（Jovanna Archuleta）亲身体验了在身无分文的情况下，作为年轻母亲生存有多艰辛，也体验了在当下的体系前行有多难。怀上儿子艾登时，她才 19 岁，住在阿尔伯克基。这时她即将上大学，也是家里第一个上大学的人，为此，她各处拼凑奖学金，还贷了款来支付学费。然而做单亲妈妈并不是计划的一部分。没有她的母亲，乔瓦娜不知道自己是否能够坚持下来。"我的妈妈一直在我身边，鼓励我、宽慰我、用心地照顾我。"

为了生孩子，乔瓦娜回到了圣达菲以北 15 英里[⊖]位于南贝普韦布洛的家。当艾登 6 个月大时，她带着他回到阿尔伯克基上学。无论按什么标准衡量，她都是穷困的。他们靠食品券过活，靠着早期启蒙计划来照顾孩子。"我们当时就只是在生存。"然而，她对与儿子的这些早年经历记忆犹新。"那可能是

⊖　1 英里 ≈ 1.6093 千米。

我们一生中最美好的时光。"她说。她不用上课时，就陪着艾登。"我们做的事情都是不花钱的，"她说，"比如说我们会经常去公园，会在客厅搭帐篷，在里面看电影。正是这些小事建立了我们之间的纽带。"16 年后，在回忆那些日子时，她还热泪盈眶。"我有点太激动了，"她说，"我们说自己的州和人民生活贫困，但这并不意味着他们过得苦。贫穷不会阻止给孩子充满爱的人生经历和体验。"但让她心碎的是，在她迫切需要帮助时，这些机构对待她的方式。"一旦你去这些机构寻求帮助，他们就会用异样的眼光看你，觉得你这不好、那也不好。这样的经历很糟糕，也很费时间，"她说，"每次都差点让我想要放弃学业。"

乔瓦娜没有放弃。当她获得学士学位时，艾登已经从早期启蒙计划"毕业"了。然后她继续攻读了工商管理学硕士学位，结了婚，生了第二个孩子，名叫莉莉，我们面谈时莉莉才 3 岁（艾登 16 岁）。正是在她怀着莉莉的时候，她开始通过私人基金会在幼教领域工作（"我说做就做"），工作内容是支持新墨西哥州土著社区的幼教工作。2020 年，她被聘请担任美国原住民幼教和保育的全国首位全州助理部长，代表着 23 个新墨西哥州部落（包括 19 个普韦布洛部落、3 个阿帕奇部落和纳瓦霍民族）。[21] 今天，作为助理部长，乔瓦娜不仅在抚养自己的孩子，她还参与了新墨西哥州所有美洲原住民孩子的抚养工作。

她的新上司伊丽莎白·格罗金斯基（Elizabeth Groginsky）

也是她这个工作的开启人。作为幼教政策领域的资深人士，她从启蒙计划就开始了自己的职业生涯，并通过提高学前教育的质量和增加孩子的入学机会，加强了华盛顿特区的全民学前教育的推广力度。在新墨西哥州的幼教和保育部门成立时，她被任命为首任内阁秘书，这份工作很适合她。在幼教和幼儿健康方面的每一项指标中（儿童贫困、儿童福祉等），新墨西哥州的排名都基本垫底。[22] 新墨西哥州成为美国第四个成立专门负责儿童早期教育的内阁级机构的州，伊丽莎白改变了现状。（联邦政府都还没有一个致力于幼教的内阁级机构！）

这位内阁秘书告诉我："这个新部门改变了一切。"传统上，幼教一直是次要问题，或者更准确地说，它只是其他内阁级部门职责的一小部分，比如儿童福利、教育、卫生，等等。此外，在地方、州和联邦政府中，儿童早期教育项目是零散的，从而导致了项目之间的差距和管辖权的重叠。拥有一个专门的部门可以精简、简化基础设施。它最终为 0～3 岁的孩子和他们的父母提供了一席之位，使得他们在幼教的优先事项和资金上拥有话语权。"你必须有一个接入点，能去与政府高层官员联系，使他们了解影响 0～5 岁孩子的家庭的这些问题。"内阁秘书说，"很长一段时间以来，在任何一个重大的决策台上一直没有幼教的声音。"

我想，当部落领袖们要求新墨西哥州的这个新的幼教部门需要有一个致力于服务他们社区的人时，那是因为他们希望自己部落里的人也能在决判桌上有一席之位。这个人应该清楚当地精神和文化信仰的中心地位，也应该熟知这个国家是如何将印第安纳孩子从他们的家庭和社区中驱逐出去的可耻历史，以及这件事造成的创伤和不信任感。乔瓦娜就是他们精心挑选的候选人。

作为助理秘书，乔瓦娜观察力敏锐，在科学的指导下，她利用自己的新职位加强对土著社区家庭的支持，同时加强土著文化的独特性。"部落社区相信每个婴儿都是送给社区的一份礼物，是帮助他们维护所需之物，"乔瓦娜向我解释道，"这些孩子将继续维护土著人民。"在这里，也总算是有机会为孩子和父母做对的事了。乔瓦娜并没有采用一刀切的方法，相反，她一直在与部落领袖分享基础大脑发育的重要性，并在这些方面向他们寻求指导，确保幼教项目尊重土著文化、志向和精神信仰。她支持的幼教项目包括语言浸入式学前班，年幼的孩子可以在此学习其母语。这些幼教中心正在蓬勃发展，提供引人入胜、丰富大脑发育的项目，这些项目有多个语言版本，讲课的老师都能流利地使用项目中的语言。

她自己所在的南贝普韦布洛就直接受益于孩子的早期经历对孩子将来健康和幸福的影响。她与普韦布洛前部落领导菲利普·佩雷斯（Phillip Perez）合作，致力于缩小当地保育服务与其他地区的差距。普韦布洛新建了一个儿童发展中心，这能给南贝的孩子们有一个良好的人生起点，进而让整个社会变得更健康。"如果我们能和我们的孩子、我们的家人一起建立这个基础，并确保孩子对大人依恋和养育关系，"乔瓦娜说，"那么，我认为我们正走在治愈的路上。"

新墨西哥州针对其部落社区的具有文化特殊性的方针，是幼教计划可以应变服务于所有社区的一个有力例子——前提是这些幼教计划建立在充满爱且丰富的互动的基础上。与瑞秋·安德森（Rachel Anderson）交谈时，我就想到了乔瓦娜的灵性，瑞秋领导着一个名为"重视家庭"的基督教团体，该组织正在努力制定例如带薪假、儿童税收抵免和保育服务相关的政策和计划。[23] 瑞秋也希望能确保她所在社区的父母能够做出反映他们信仰的选择，这意味着与基于信仰的组织合作，提供一些服务。但最重要的是，正如瑞秋所说，这意味着承认"家庭生活是人类繁荣的核心，也是所有工作的尊严所在。"她希望看到对父母的支持，不论他们是选择待在家里照顾孩子还是选择出门工作。她说，政府的作用不是"处理家庭关系"，也不是"控制家庭的文化和宗教决定"。[24] 在她看来，政府能做的是建立广泛的标准，推动我们建立一个对家庭友好的工作场所和支持母婴健康的社会。

她要解决的这些问题也是自己的亲身经历。像许多其他人一样，因为瑞秋自己做了母亲，她也试着争取带薪假期和医疗保险。"让我震惊的是，在一个如此重视家庭的国家，组建家庭的准备却如此之少，对为人父母的期待也如此之少。"瑞秋说，"这种现实与我自己的传统体验相差甚远，我本以为家庭是我们尊重各种形式的生命的一个神圣的地方。在许多方面，家庭应该塑造社会的其他结构，或者至少与其重要性不分上下。"而这就是问题的核心。

在瑞秋的工作和话语中，我看到了另一个民族理想——美国是一个由不同信仰、不同种族、不同机构组成的国家，差异可以让人们一起变得更强大。而我们建立的父母联盟也会是一样的，通过为家庭创造真正的选项，我们也在尊重自己的多样性。正如瑞秋所说："不同价值观和不同信仰的人和机构构成了公共广场。然而，我们都被要求在这个民主国家中共同努力，以维护共同利益。"

当下之急

出狱后的两年里，迈克尔发现重新适应狱外的生活并非易事，他面临着大大小小的挑战。比如，他和科约纳第一次在芝加哥一条繁忙的街上逛街购物，迈克尔想过马路，却愣住了。"汽车开得太快了。"他和科约纳说，她就像往常一样疾步到街边，牵住他的手，带他走到马路对面。

他们携手坚持了下来。"回到家人身边，回到让我感觉舒适的地方，我很开心。"2021年夏天的一个周日，迈克尔和我一起共进早午餐时对我说。为了弥补失去的时间，他回忆着在重获自由生活的最初几周是如何与儿子共度时光的，他和儿子一起做了能想到的一切事情：去动物园、划船、玩新推出的电子游戏（迈克恩很喜欢做游戏专家的感觉）。

很快，迈克尔在一家肉类批发商找到了工作，还被提拔为经理助理。科约纳现在在芝加哥房管局工作，她也得到了提拔，工作还得到了褒奖。他们通过使用住房券，终于搬到了柳条公园住，这是一个比北朗代尔更安全的社区，孩子走路上学终于不用担惊受怕了。

但是，他们故事中最快乐的部分是迈克恩。在上幼儿园的时候，他就在读小学二年级的读物了，而一年级时，也就是我们见面那时，他们正在考虑是把迈克恩送到社区的学校上学还是重点学校。显然，科约纳与儿子的亲密互动满足了他成长的需要。尽管迈克恩茁壮成长，但我不禁想到，过去5年里，科约纳一个人抚养、教育孩子有多难。迈克尔也失去了在迈克恩人生中关键的头五年成为他大脑建筑师的机会。

当我与迈克尔和科约纳共进早午餐时，在交谈中我能听到他们现在共同育儿的紧迫感，他们意识到时间是多么宝贵，与孩子相处的时间有多重要。他们为迈克恩感到骄傲，也喜欢听儿子长大后想做什么的各种想法，今天他说他想当篮球明星，明天说想当建筑师。（我支持他做一名医生。）尽管他们经历了这一切，但他们对未来仍然充满希望。

当我撰写这本书时，国会正在考虑制定新的法律来支持家庭，州政府也有前所未有的动力来支持家庭。辛西娅说："新冠疫情给很多人带来了无法估量的危机。"政府挺身而出，帮助人民应对这些挑战。"这表明我们是可以做到这一点的。如果我们奠定了基础，并表明它能产生影响，我希望我们能够在这些临时实施的基础工作上，将这些措施永久化。"

我们必须在社会和孩子的大脑发育中奠定这些基础。在这方面，我能感同身受迈克尔和科约纳的希望和紧迫感。

50 年前，国会差一点就签署了《儿童全面发展法案》，当时的我们站在一个十字路口，最终却选择了转身回去。

今天，我们站在一个新的十字路口。这一次，我们必须勇往直前。在这里再借用马丁·路德·金激动人心的话就是，我们又一次"面对现在的紧迫感"。

这真的很紧迫。这 50 年来发生的变化虽然不多，但有些方面还是发生了变化。

我们对大脑的了解要求我们紧迫起来。1971 年，当国会制定《综合儿童发展法案》的时候，人们才刚刚开始明白幼年的经历对孩子发展的重要性。从那时起，我们渐渐学到了很多知识，这些知识关乎孩子需要什么、何时需要，以及父母和看护人作为孩子的第一任，也是最好的老师所扮演的重要角色，所有这些在神经科学上都很重要。

我们在新冠疫情期间所经历的一切都要求我们紧迫起来。虽然新冠疫情带来了一些不可避免的挑战，但它也揭示了"任何人都可以成功独自育儿"的想法是荒唐的谬论。它向我们表明，我们的职业生活和个人生活是相互交织的。我们不能再假装不是这样。

最后，人类理想需要我们紧迫起来。30 多年前，世界各国领导人齐聚一堂，制定了《儿童权利公约》（Convention on the Rights of the Child），该公约指出，我们必须保护童年这个特殊时期，孩子有权学习、玩耍和有尊严地茁壮成长。这些权利是孩子与生俱来的，但是我们并没有完全尊重他们的这些权利。是时候让每个国家都出台对父母友好的政策了，这样我们才能真正保护孩子，世界各地的父母联盟将联合起来组成一个父母世界。

结语

我们的孩子

"在这片'浩瀚的'星空中，我们选择了北极星来指引我们前行的道路……

对于数百万生活在我们引以为豪的自由之国的人来说，北极星就是希望之星。"

——弗雷德里克·道格拉斯 [1]（Frederick Douglass）

唐逝世后，随着岁月流逝，汹涌的洪流也开始平息，初升的太阳慢慢驱散了天空中的黑暗，河岸缓缓映入眼帘。河岸上，盯着我看的不再是三张惊恐的小脸蛋，而是吉纳维芙、阿舍尔和艾米丽成熟、快乐的面孔。他们带着对父亲的记忆和共鸣，以及父亲的身高，进入了青年时期。

而我独自一人继续前行，每天早上都走过以前唐和我上班走过的路。我的研究项目和我的孩子一样，仍是我慰藉、目标和继续学习的源泉。作为一名自学成才的社会科学家（也是一名受过正规培训的外科医生），我从周围的每个人身上都学到了很多。我从一起工作和照顾过的这些家庭中学到了很多，也从来自世界各地不同国家不同大学的同事身上学到了很多。追求事情的复杂性背后的真相、保卫每个孩子的前途是我毕生的追求。

幸运的是，我遇到了一位才华横溢的经济学家约翰·李斯特（John List），关于孩子的这些问题在他心里占有特殊的位置。

经济学家们提到了芝加哥大学那句幽默的格言："这说得很好，实践也不错……但理论上是怎么运作的呢？"他们创建简化的方程式或"模型"，除去"噪声"来揭示生活的基本真理。我们开始一起工作的时候，约翰向我展示了我所寻求的答案其实很简单。

对这位经济学家来说，理论并不是一切。作为一名慈爱的父亲，他从不秘密育儿，他毫不掩饰自己（和出色的前妻珍一起）抚养着五个出色的孩子：安妮卡、伊莱、诺亚、格蕾塔和梅森。他是孩子们棒球队的教练（库珀斯敦冠军）。他还引诱他们反复观看他最喜欢的电影《音乐之声》（*The Sound of Music*）。他还向他们介绍经济学的"乐趣"，即使他们中的一些人认为这挺矛盾的。他启发他们去思考他们想为世界贡献什么。他的目标很简单，那就是让回忆充满爱。

随着时间的推移，这些回忆变成了我们的回忆，先是我们的工作，然后是我们的生活，再是我们的家庭开始交织在一起。

约翰用爱包围着艾米丽、阿舍尔和吉纳维芙，我怀着复杂的心情想象着，唐此时此刻也在守护他心爱的孩子们。从某种程度上来说，约翰的出现痛苦地提醒着我，虽然唐在我心中的位置永远不会被取代，但他没能活着看着自己的孩子长大。但我知道，要是唐知道自己的孩子受到此般爱护和照料，我也在抵挡洪流时得到了他人的帮助，他会感到平静和快乐，这让我有了一丝安慰。约翰以最深挚的方式向唐致敬。他珍视唐的终极遗产，对唐的孩子视如己出。我的孩子和他的孩子成了我们的孩子。

深感幸福的我们正式成立了我们的联盟。我们的婚礼登上了芝加哥大学校刊（*Maroon*）的头版，标题是《从 3000 万字到三个字：我愿意！》当我们在那个美丽的秋日交换誓言时，我意识到这位经济学家确实引导我找到了我一直在寻找的答案。这是一种感觉，当我把病童从他们父母的手里接过，抱在怀里并把他们带进手术室时，我能在父母脸上观察到这种感觉。约翰创造了一个完美的"模范"，让大家了解让所有孩子都能实现其前途需要什么样的根本必要条件。

这个必要条件就是一种能力，一种将别人的孩子视如己出的能力，一种在他们的父母奋力跨越汹涌的洪流时支持他们的能力。

我的科学之旅也带我从 3000 万字变成了五个字：我们的孩子。

行动
指
南

培育社区、打造集体认同感、为改变而战

现在你已经读完了本书，你可能会想为建立一个父母联盟添砖加瓦。好消息！本指南可以助你一臂之力。

建立一个与父母合作并为其服务的父母联盟，第一步也是最重要的一步，就是转变他们的思维方式。父母是一个非常多样化的群体，我们每个人都有自己看世界的视角，并将生活经历带到育儿这个神圣的任务中。但我们也是一个集体，对孩子强烈的爱和对他们未来的无限希望将我们联系在一起。这种集体身份可以激励我们对父母感同身受，给他们创造一种社区感和归属感。我也许长得不像你，和你生活的方式也不一样，但

我和你一样也深爱着孩子，而这让我们成为合作伙伴。

这种集体身份给予我们力量，我们可以利用这种力量来确保我们能够得到我们需要的系统性支持。父母不能也不应该独自承担抚养孩子的重要工作，我们可以，也应该邀请公司、社区和国家为父母提供必要的支持，这样孩子从小就能得到滋养。科学要求我们这样做，我们的孩子也理应得到这些支持。

如果你想为父母和孩子做点什么，你可以考虑以下几种路径。

- 了解各地为父母和孩子服务的组织。如果可以的话，你可以选择一个组织，以志愿服务的形式表示支持。
- 在你的社交平台上分享这些组织的工作，带动其他人也这样做。
- 在社区里创建一个家长咨询委员会，确保所有家长的声音和需求都能被听到。
- 与你所在社区、市镇的父母谈谈他们的经历。
- 对你工作场所的父母进行调查并找出对他们最有效的支持方式，与领导分享调查结果。
- 给当地报社或全国性报社的编辑写一封信，提倡支持父母和孩子的项目或政策。
- 组建一个读书俱乐部来讨论这本书，或向你现有的读书俱乐部推荐这本书。（请参阅讨论指南部分。）

- 创建或加入父母村。父母村是由家长组成的小组，他们聚在一起互相支持、确定和讨论社区中家庭的需求，并制订计划来满足这些需求。你的父母村可以由一群同事、一群你孩子学校的家长组成。十个能做出承诺的变革推动者就可以组成一个父母村小组。

討論指南

读者须知：如果你的讨论小组人数较少，你可以选择讨论所有论点。但如果你的讨论小组人数较多，请随意从每一章中挑选 1 ～ 2 个讨论要点进行讨论。

第 1 章　向新的北极星前进，建立父母联盟

讨论要点：

- 你是否具备育儿所需的工具和队友？
- 如果没有，寻找或保留这些工具和队友的障碍是什么？
- 谁 / 什么可以帮助你消除这些障碍？
- 你是否能够帮助社区中的其他父母消除这些障碍？

- 在新冠疫情期间，在育儿方面你面临的最大挑战是什么？
- 你是否有因为承认育儿的压力大而感到羞愧过？
- 你认为其他父母是你的盟友吗？

第2章　塑造孩子更强大的学习型大脑的根基：父母的语言

讨论要点：

- 关于大脑自我重组的能力，夏洛特的故事教会了你什么？
- 你认为，她的故事会如何影响我们对待幼教和保育的方式？
- 关于美国的资源和机会分配，哈奇姆的故事教会了你什么？
- 社会是帮助还是阻碍了夏洛特、哈奇姆的成功之路？
- 试想在一个将基础大脑发育视为北极星的社会，我们的学校、工作场所、社区会发生什么变化？
- 你能帮助实现这些改变吗？

第3章　他乡童年：公平的芬兰教育系统

讨论要点：

- 在你开始上全日制学校之前，父母在照顾你这方面有哪些选择？

- 这些选择与你为人父母时的选择有何不同？

- 社会可以通过哪些方式提高幼师的工资，而不是简单地将成本转嫁给父母？

- 如果你可以用 21 世纪的思维重新构想我们的学校系统，你最先想要改变的会是什么？

- 有些家长可以并且希望在孩子上学之前在家照顾他们，这些父母需要什么支持？

- 有些父母需要或更愿意在外全职工作，这些父母需要什么支持？

第 4 章　父母是孩子大脑的建筑师：3T 原则构建更强大的学习型大脑

讨论要点：

- 花点时间思考或与小组讨论"无知之幕"思想实验。

- 在育儿方面，你想象中的社会与美国社会有何不同？

- 它们又有什么相似之处？

- 你知道父母（包括你自己）的梦想是如何被意想不到的障碍搁置的吗？

- 金伯利将她的故事带到了美国儿科学会，在那里她帮忙制定了一份关于带薪家庭病假重要性的政策声明。你能用你听过或亲身经历的育儿故事做些什么呢?

第5章　父母的养育知识和信念，以及女性的养育困境

讨论要点：

- 你是在何时何地第一次了解到，婴儿需要什么才能有健康的大脑发育?
- 这是否改变了你与孩子的互动方式? 如果你是第一次得知这个信息，它会改变你今后与孩子互动的方式吗?
- 有哪些方法可以更早、更系统地将这些信息传递给父母?
- 根据作者的描述，你认为你是"协作育儿"式父母还是"自然成长"式父母?
- 苏斯金德写道，作为一个国家，我们所说的和我们所做的之间的脱节对父母会有直接的，有时是可怕的后果。你能想出一个例子吗? 你能想出这个问题的解决办法吗?

第6章　养育环境与养育成本

讨论要点：

- 你是否曾希望能有更多时间与孩子互动？

- 经济压力如何影响了你的育儿经历？

- 保育费用对你在成为父母后何时以及是否重返工作岗位的决定有多大影响？

- 你是否能够找到你可以负担得起的保育服务，同时这个保育服务也为孩子提供你所想要的照料？

- 工作场所还可以有哪些其他方式与父母合作，而不是与父母背道而行？

第7章　超越童年逆境：与养育者建立积极、支持性的关系

讨论要点：

- 你认为萨布丽娜和凯瑟琳的故事有什么相似之处？

- 你是否在这些女性或她们的家庭中看到自己的身影？你看到了你认识的其他父母的身影吗？

- 你的社区是否能够帮助父母为他们的孩子提供一个平静、稳定的生活环境？你周围的社区呢？

- 凯瑟琳构想设立有目的的育儿社区，将来自不同背景的父母聚集在一起，让他们可以互相支持。在你住的地方，这个社区会是什么样子？

- 研究表明，在家庭支持政策不够健全的国家，孩子更有

可能出现健康差异。在系统层面上，政府应该制定哪些政策以便父母可以获得凯瑟琳梦寐以求的支持？

第 8 章　他乡童年：荷兰和挪威体面的保育服务及系统

讨论要点：

- 为了支持美国家庭，现代版的《儿童全面发展法案》应涵盖哪些内容？
- 为了改善父母和孩子的健康和福祉，我们可以从美国退休人员协会的成功中学到什么？
- 健康的大脑发育是否应该被视作一项公民权利？为什么或者为什么不？
- 作者写道："有时我们看待问题的角度会限制我们的视野。然后，突然间，我们向地平线外望去，明白了还有另一种可以解决问题的方式。"你觉得有其他可行的方式吗？为什么或者为什么不？

第 9 章　国家的养育政策是父母联盟的支柱：一分预防胜过十分治疗

讨论要点：

- 你的医疗服务提供者（妇产科医生、儿科医生）是不是你了解孩子大脑需求的可靠信息来源？
- 你通常会去哪里寻找有关构建孩子大脑的资源或建议？
- 这些资源是否容易获取？
- 你对于美国用于医保与社会服务的支出比率印象如何？我们应该在社会服务上投入更多资金吗？还是应该投入更少？你对我们目前社会服务的现状有什么看法？为什么？

第 10 章　企业和雇主的善良投资：承认员工既是员工也是父母的双重身份，让工作服务家庭

讨论要点：

- 你是否觉得有必要向雇主隐瞒你的家庭需要？
- 如果你告诉雇主，你需要在某个时间离开工作岗位以观看孩子的棒球比赛 / 演奏会 / 学校比赛，或带孩子去看医生，你的雇主会是什么反应？
- 你是否与同事讨论过你的工作场所是否有利于育儿？如果有的话，你是否有与上级沟通过这些事情？
- 你认为企业能否兼顾利润和员工的个人生活？
- 政治学家雅各布·哈克说："家庭曾经是风险的避难所。今天，它是风险的震中。"是什么变化带来了这种转变？

第 11 章　当务之急：国家出台对父母的友好政策

讨论要点：

- 1989 年的《军事儿童保育法案》重新构想和塑造了为服役家庭提供的保育服务。你能想象在平民世界中也可以有类似的改变吗？

- 带薪假、儿童税收抵免和保育服务等问题是否具有内在的政治意义？为什么或者为什么不？

- 作者在整本书中向我们介绍了许多家长。谁的故事最能引起你的共鸣？为什么？

- 在阅读本书前，你是否对其他父母有一种归属感或集体认同感？

- 本书让你看到了希望吗？为什么或者为什么不？

致
谢

　　都说养育一个孩子需要靠一个村庄的支持。写书也是如此。在此我想感谢许多相信我的想法并为之付出时间、给我提供智慧和指导的人。

　　首先，我要感谢我的写作伙伴 Lydia Denworth。Lydia 和我有一份罕见而理想的合作伙伴关系，我们俩观点完全一致，却拥有互补的技能。例如，作为一个新闻人，她措辞谨慎，而我却由衷热爱感叹号！然而，Lydia 是我理想的写作伙伴，并不是因为她卓越的新闻或科学专业知识，而是她对故事的热情，她相信故事能够改变世界。Lydia 是我唯一想一起写这本书的人，对此我永远感激不尽。

　　对这本书中描述的故事主人公和家庭，我也感激不尽。感谢你们让我进入你们的生活，分享你们最脆弱的时刻。我敬佩你们的勇气，为你们对孩子无限的爱而感动。在此，我要感谢 Keyonna、Michael、Mariah、Sabrina、Randy、Elise、Katherine、Jade、Gabrielle、Rachel Anderson、Jovanna Archuleta、Kimberly Montez、Hazim Hardeman、Ellen Clarke、Dani Levine 和 Talia Berkowitz。

我也要感谢那些慷慨为我提供智慧和建议的出类拔萃的专家、有远见的人、朋友和家人，如果没有你们，这本书永远也写不出来。在这里我衷心感谢：Ajay Chaudry、Chris Speaker、Cynthia Osborne、Deyanira Hernandez、Jovanna Archuleta、Elizabeth Groginsky、Jennifer Glass、Natalie Tackitt、Patrick Ishizuka、Rahil Briggs、Sara Redington、Stephanie Doyle、Patsy Hampton、Molly Day、Lai-Lani Ovalles、Naadia Owens、Kimberly Noble、Rachel Romeo、Susan Levine、Linda Smith、Perri Klass、Comer Yates、Luis Avila、Karen Pekow、Elliot Regenstein、Ralph Smith、Beth Rashbaum、Diana Suskind、Sydnie Suskind 和 Roberta Zeff。我还要特别感谢 Eric Schultz，感谢他相信这些想法，作为我的参谋，给予我的支持。

我非常感谢 TMW 中心出色的同事和合作伙伴，特别是 Katie Dealy。作为首席运营官，Katie 务实且有原则性的领导让我们从一群以使命为导向的个人转变为一个同心协作的活动中心，在愿景和目标上保持一致。她也确保家庭将永远是我们一切工作的核心。Katie，我很感谢我们的合作伙伴关系，我也很享受每一次用洒满彩虹糖粒的冷冻酸奶的庆祝活动。

TMW 中心的传播总监 Liz Sablich 包揽了从精美的写作到卓越的战略，再到必要的物流方面的所有工作。看出点子不好时，她敢于指出这个点子不值得花时间，她也富有创造力，能看出如何把好的想法做得更好，而且她还能够亲切地用同理心和理解来处理这两种情况。Liz，你是上天赐给我的礼物。

我也非常感谢 Yolie Flores，是她把这些想法从书上带到了全国各地父母的手中，带到了他们的心中。她用谦逊、智慧和热情帮助孩子和家庭去处理每一个问题。Yolie，大家都说我很幸运能有你和我一起分享这段旅程，我完全同意。

Jon Wenger 是本书团队的"万事通"。他的创造力帮忙塑造了我们的使命，他周围的所有人都可以感受到他对帮助孩子和家庭的热情。Jon，你才华横溢、工作勤奋、善良体贴、TMW 每天都受益于你的这三个特质。

Heidi Stevens 是本书团队中不可替代的一员。怀着博爱和同理心，Heidi 孜孜不倦地努力振奋家庭和机构，去建设一个父母联盟。此外，Heidi 天生就是一个会说故事的人，她坚定地相信故事不会止于读者，故事应该是我们实现社会变革的最好的机会。Heidi，我非常感激我们长久的友谊，正是因为这份友谊，我们才会一起做这项重要的工作。

我很幸运，有其他同事和我一起在 TMW 中心工作。Beth Suskind 一直以来都是我参与的每个项目上的朋友、合作伙伴和我的创造力的来源。Snigdha Gupta，她加入时还不知道自己参与的是什么样的项目，但从教学到技术开发的各个方面，她一直是一个不可或缺的战略性合作伙伴。Julie Pernaudet 和 Christy Leung 不断提醒着我科学的艺术和研究发现的魅力。Jodi Savitt 的金融头脑帮助描绘了未来，她非凡的善良鼓舞了我们的精神。在这项研究开始时，Kristin Leffel 也是 TMW 的一员。尽管她已经不在 TMW 工作了，但她当初帮助建立的文化让我每天都能感受到她的影响和想法。Hannah Caldwell 和 Dru Brenner 将他们的每分热情、兴奋和远见都带到了团队，他们带头开启了这个项目，将本书倡导的原则引进医学教育，也为其他无数项目做出了宝贵的贡献。我还要感谢 TMW 的整个团队，包括 Steph Avalos Bock、Amanda Bezik、Zayra Flores-Ayffan、Kelsey Foreman、Iara Fuenmayor Rivas、Teja Garre、Caroline Gaudreau、Paige Gulling、Debbie Hawes、Imrul Huda、Jacob Justh、Andy Lewis、Arnoldo Muller-Molina、Michelle Saenz、Melissa Segovia、Diana Smith、Alicia Taylor、Mia Thompson 和 Milagra Ward。

我也感到很幸运，在我的职业生涯中，我得到了许多人的支持、信任，也收获了很多友谊。虽然有太多的名字无法一一列出，但我还是想感谢我在 PNC Grow Up Great 公司的长期合作方、思想伙伴和朋友 Sally McCrady 和 Jeanine Fahnestock。Sally、Jennine 和他们一流的团队一直坚定地拥护着我的工作。他们对家访计划的投资提高了我们对科学的理解，也让我看到了许多充满力量的故事。除了对 TMW 中心工作的支持之外，PNC Grow Up Great 公司 17 年来一直坚定地支持幼教事业，他们向世人展示了公司和企业对幼童生活的强大影响。Mildred Oberkotter、Bruce Rosenfield、David Pierson 和奥伯科特基金会的优秀团队将本书视为延续奥伯科特基金会支持听力损失儿童和家庭、对实现孩子前途的承诺这个长远且影响深远的历史的一种方式。有了他们的支持，我才能有更大的梦想，实现我真正相信可以让世界变得更美好的这些目标。Amy Newnam、Teresa Caraway 和 Hearing First 团队为我提供了无尽的指导，并以他们坚定的信念坚定了我：改变是可能的。来自赫默拉基金会的 Caroline Pfohl、Rob Kaufold 和 Rick White，在我刚开始走出手术室时他们就相信我，相信这项工作。我非常感谢他们冒风险接纳一位外科医生和她的想法，也感谢他们对服务孩子和家庭的热情。没有这些同事和无数其他人的支持，就没有真正建立父母联盟的机会。

我在撰写本书时，有一支由出版专业人士和顾问组成的一流团队支持着我。在这里我想向编辑 Stephen Morrow 致以最深切的谢意，他从一开始就相信父母联盟的愿景和需求，他助我将其变为现实。Grace Layer 做出的"隐形劳动"确保了一切工作的顺利进行。Stephanie Cooper、Isabel DaSilva 和 Amanda Walker 在本书的宣传和营销方面鞠躬尽瘁。出色的文案和制作编辑 Joy Simpkins 和 LeeAnn Pemberton 对工作的谨慎和对细节的关注不亚于任何外科医生。Shreve Williams 出版公司的 Elizabeth Shreve 和 Deb Shapiro 进一步升华了本书的理念，并在全美范围内推广这本书。来自无限能量公司的 Alexandra Gordon、Michael Lebakken、Claire Saget、Amanda Reid、Yasmin Hariri、Meredith Hellman、Rebecca Calautti、MJ Deery，以及其他此公司的远见、创造和战略团队从本书中汲取了故事精华，完美地将它们打造成了有凝聚力的故事活动。我还要感谢 Frank William Miller Jr. 和 Jess Rotter，他们设计了此书英文原版的封面！最后，我要感谢 Ana Alza、Clarissa Donnelly-DeRoven、Shiri Gross、Shanika Gunaratna、Marissa Jones 和 Luz Kloz，他们帮我通读了无数份草稿、浏览了无数篇学术论文。

　　我深信没有比芝加哥大学更适合写书的地方了，这是一个培育科学和想法的地方，一个外科医生可以从手术室跨步到社会科学的地方。本书中的想法在很大程度上反映了我的患者、同事以及在这所大学里欣然发生的知识交流。我要感谢 Jeff Matthews，是他给了我写书的灵感（Jeff，我希望我的投资回报率是正的）；我也要感谢 Nishant Agrawal 的持续支持和 Fuad Baroody 多年来鼓舞人心的伙伴关系和友谊。我要感谢儿科听力损失和人工耳蜗植入团队杰出的同事，他们需要忍受一位经常在外闯荡的外科医生：Brittney Sprouse、Katie Murdaugh、Caitlin Egan、Michael Gluth、Megan

Greenya、Michelle Havlik、Ted Imbery、Stacy Pleasant、Samantha Dixon、Katie Swail、Emily Trittschuh、Gary Rogers、Nelson Floresco 和 Robin Mills。我要感谢无数的教授、学生和同事在我写本书时给予了我时间、洞察力和灵感。

最后，我要感谢我的家人。感谢我的父母，他们向我展示了服务他人是最高的使命，教会了我做父母的意义。我也要感谢 John，我的爱人，他是我坚定的支持者，我最热情的拥护者。感谢我的孩子们，他们是我最大的快乐源泉，也是我存在的理由。每天，当我目光落在你们每一个人身上时，这都提醒着我，我这一代人有责任为孩子创造一个我们希望自己拥有的世界，我们有责任为孩子留下爱、机会和正义的遗产，我们有责任建立一个父母联盟。

——达娜·萨斯金德

能帮我的朋友 Dana Suskind 将这本重要的书带到世界上，我感到非常欣慰。她广阔的视野、乐观的精神，以及她对工作的热情和快乐每天都在激励着我。我很高兴她在考虑聘请作家的时候想到了我，给我打了电话。当我说"我来做"时，我们俩都很惊讶。我很高兴我这么说了，我很感谢她给我了这个机会，感谢她让我步入她的世界。

我还要感谢 Stephen Morrow 和在达顿出版社的每个人，感谢他们都相信这本书，并帮忙将它成为现实。感谢我的经纪人 Dorian Karchmar，他是我的坚定支持者，也是我工作的坚定支持者。

一如既往地感谢那些为我提供意见的朋友们，特别是 Moira Bailey、Stephanie Holmes、Elizabeth Schwarz、Leah MacFarlane 和 Suzanne Myers。这一次，我特别感谢 Christine Kenneally、Anya Kamenetz 和 Anya Kamenetz 给予的明智建议和支持。我们每周的 Zoom 通话对我来说是一份礼物。

写这本书的经历让我比以往任何时候都更加感谢我有幸能成为 Ray 和 Joanne Denworth 的孩子，他们给了我一个充满爱的强固的人生起点，无论情境好坏，这对我都大有益处。设想一个父母联盟对我来说也提醒了我自己为人父母的旅程中经历的快乐和挣扎。Jacob、Matthew 和 Alex，我很感激能做你们的母亲，谢谢你们的爱、幽默和耐心，我会尽全力做一个好妈妈！我希望轮到你们做父母的时候，这本书能把世界变成一个更美好的地方，一个对父母更加友好的地方。最后，我要感谢 Mark，他和我共同抚养孩子，感谢你为我们的家所做的一切，也感谢你为我所做的一切。

——莉迪亚·丹沃斯

参 考 文 献

第 1 章

[1] Mandela, N. (1995). Address by President Nelson Mandela at the launch of the Nelson Mandela Children's Fund, Pretoria.

[2] Hart, B., & Risley, T. R. (1995). *Meaningful differences in the everyday experience of young American children.* Paul H Brookes Publishing.

[3] Denworth, L. (2014). *I can hear you whisper: An intimate journey through the science of sound and language* (ch. 22). Dutton. And Romeo, R. R., Segaran, J., Leonard, J. A., Robinson, S. T., West, M. R., Mackey, A. P., . . . & Gabrieli, J. D. (2018). Language exposure relates to structural neural connectivity in childhood. *Journal of Neuroscience, 38*(36), 7870–77.

[4] Hoff, E. (2013). Interpreting the early language trajectories of children from low-SES and language minority homes: Implications for closing achievement gaps. *Developmental Psychology, 49*(1), 4. And Dickinson, D. K., & Porche, M. V. (2011). Relation between language experiences in preschool classrooms and children's kindergarten and fourth-grade language and reading abilities. *Child Development, 82*(3), 870–86.

[5] Hirsh-Pasek, K., Adamson, L. B., Bakeman, R., Owen, M. T., Golinkoff, R. M., Pace, A., . . . Suma, K. (2015). The contribution of early

communication quality to low-income children's language success.

Psychological Science, 26, 1071–83.

[6] https://tmwcenter.uchicago.edu/tmwcenter/who-we-are/history.

[7] Suskind, D. L. (2015). *Thirty million words: Building a child's brain* (pp. 246–47). New York: Dutton.

[8] Suskind, D. L., Leung, C. Y., Webber, R. J., Hundertmark, A. C., Leffel, K. R., Fuenmayor Rivas, I. E., & Grobman, W. A. (2018). Educating parents about infant language development: A randomized controlled trial. *Clinical Pediatrics, 57*(8), 945–53. And Leung, C. Y., Hernandez, M. W., & Suskind, D. L. (2020). Enriching home language environment among families from low-SES backgrounds: A randomized controlled trial of a home visiting curriculum. *Early Childhood Research Quarterly, 50,* 24–35.

[9] https://www.census.gov/data/tables/2020/demo/families/cps-2020.html.

[10] OECD Family Database, Parental Leave Systems. https://www.oecd.org/els/soc/PF2_1_Parental_leave_systems.pdf.

[11] Malik, R., Hamm, K., Schochet, L., Novoa, C., Workman, S., & Jessen-Howard, S. (2018). America's child care deserts in 2018. Report of Center for American Progress, pp. 3–4. And National Institute of Child Health and Human Development (2006). The NICHD study of early child care and youth development, Findings for children up to 4½ years.

[12] Bureau of Labor Statistics, U.S. Department of Labor, Employment characteristics of families—2020. Press Release, April 21, 2021.

13 Donovan, S. A., & Bradley, D. H. (2018, Mar 15). Real wage trends, 1979 to 2017. Washington, DC: Congressional Research Service [cited 2019, Apr 9].

14 Hall, M. & Stephens, L., "Quality Childcare for All," New Economics Foundation report, 2020.; Kitsao-Wekulo, P. & Nampijja, M., "Providing Nairobi's mothers with subsidized day-care will benefit everyone," *The Conversation*, August 6, 2019.

15 Schleicher, A. (2019). *PISA 2018: Insights and interpretations*. OECD Publishing.

16 Chan, J. Y., Wong, E. W., & Lam, W. (2020). Practical aspects of otolaryngologic clinical services during the 2019 novel coronavirus epidemic: An experience in Hong Kong. *JAMA Otolaryngology–Head & Neck Surgery, 146*(6), 519–20. doi:10.1001/jamaoto.2020.0488.

17 Kalil, A., Mayer, S., & Shah, R. (2020, Oct 5). *Impact of the COVID-19 crisis on family dynamics in economically vulnerable households*. University of Chicago, Becker Friedman Institute for Economics Working Paper No. 2020-143, available at SSRN: https://ssrn.com/abstract=3706339 or http://dx.doi.org/10.2139/ssrn.3706339.

18 Lee, E. K., & Parolin, Z. (2021). The care burden during COVID-19: A national database of child care closures in the United States.

https://doi.org/10.1177/23780231211032028.

[19] Shrimali, B. P. (2020). *Child care, COVID-19, and our economic future.* Federal Reserve Bank of San Francisco Community Development Research Brief 2020-5.

[20] Heggeness, M., Fields, J., García Trejo, Y. A., & Schulzetenber, A. (2021). Tracking job losses for mothers of school-age children during a health crisis. United States Census Bureau.

[21] García, J. L., Heckman, J. J., Leaf, D. E., & Prados, M. J. (2020). Quantifying the life-cycle benefits of an influential early-childhood program. *Journal of Political Economy, 128*(7), 2502–41.; and Executive Office of the President of the United States (2014, Dec). *The economics of early childhood investments.*

[22] ReadyNation Report (2019, Jan). Want to grow the economy? Fix the child care crisis.; and S&P Global (2020, Oct 13). Women at work: The key to global growth.

[23] Collins, C. (2019). *Making motherhood work.* Princeton University Press. 7.

[24] UNICEF. (2019). Family-friendly policies: Redesigning the workplace of the future: A policy brief.

[25] King, M. L., Jr. "I've been to the mountaintop" speech, April 3, 1968. Memphis, Tennessee.

[26] Kisilevsky, B. S., Hains, S. M., Lee, K., Xie, X., Huang, H., Ye, H. H., . . . &

Wang, Z. (2003). Effects of experience on fetal voice recognition. *Psychological Science, 14*(3), 220–24.

[27] Kolb, B. (2009). Brain and behavioural plasticity in the developing brain: Neuroscience and public policy. *Paediatrics & Child Health, 14*(10), 651–52. And Fox, S. E., Levitt, P., & Nelson, C. A. III (2010). How the timing and quality of early experiences influence the development of brain architecture. *Child Development, 81*(1), 28–40.

[28] Hoff, E. (2013). Interpreting the early language trajectories of children from low-SES and language minority homes: Implications for closing achievement gaps. *Developmental Psychology, 49*(1), 4. And Weisleder, A., & Fernald, A. (2013). Talking to children matters: Early language experience strengthens processing and builds vocabulary. *Psychological Science, 24*(11), 2143–52.

[29] Nelson, C. A., Zeanah, C. H., Fox, N. A., Marshall, P. J., Smyke, A. T., & Guthrie, D. (2007). Cognitive recovery in socially deprived young children: The Bucharest Early Intervention Project. *Science, 318*(5858), 1937–1940. And Lund, J. I., Toombs, E., Radford, A., Boles, K., & Mushquash, C. (2020). Adverse childhood experiences and executive function difficulties in children: A systematic review. *Child Abuse & Neglect, 106*, 104485.

第 2 章

[1] Tate, C. (Ed.) (1985). *Black women writers at work.* (Oldcastle Books,

England; CR 1983), Chapter: Maya Angelou, p. 7.

[2] Asaridou, S. S., et al. (2020). Language development and brain reorganization in a child born without the left hemisphere. *Cortex, 127*, 290–312.

[3] Isaac Asimov speaking to students at Trinity College, Hartford, CT, April 20, 1988.

[4] Sakai, J. (2020). Core Concept: How synaptic pruning shapes neural wiring during development and, possibly, in disease. *Proceedings of the National Academy of Sciences, 117*(28), 16096–99. And Huttenlocher, P. R. (1979). Synaptic density in human frontal cortex—Developmental changes and effects of aging. *Brain Research, 163*(2), 195–205. Center on the Developing Child, Harvard University. Brain architecture. https://developingchild.harvard.edu/science/key-concepts/brain-architecture/.

[5] Fox, S. E., Levitt, P., & Nelson, C. A. III (2010). How the timing and quality of early experiences influence the development of brain architecture. *Child Development, 81*(1), 28–40.

[6] Niparko, J. K., Tobey, E. A., Thal, D. J., Eisenberg, L. S., Wang, N. Y., Quittner, A. L., . . . & CDaCI Investigative Team. (2010). Spoken language development in children following cochlear implantation. *Jama, 303*(15), 1498–1506.

[7] Knickmeyer, R. C., Gouttard, S., Kang, C., Evans, D., Wilber, K., Smith, J.

K., . . . & Gilmore, J. H. (2008). A structural MRI study of human brain development from birth to 2 years. *Journal of Neuroscience, 28*(47), 12176–82.

[8] Health: Shonkoff, J. P., Boyce, W. T., & McEwen, B. S. (2009). Neuroscience, molecular biology, and the childhood roots of health disparities: Building a new framework for health promotion and disease prevention. *JAMA, 301*(21), 2252–59. And Shonkoff, J. P. (2012). Leveraging the biology of adversity to address the roots of disparities in health and development. *Proceedings of the National Academy of Sciences, 109* (Suppl 2), 17302–7. And National Scientific Council on the Developing Child (2020). *Connecting the brain to the rest of the body: Early childhood development and lifelong health are deeply intertwined* (Working Paper No. 15).

[9] Crime: García, J. L., Heckman, J. J., & Ziff, A. L. (2019). Early childhood education and crime. *Infant Mental Health Journal, 40*(1), 141–51. Income: García, J. L., Heckman, J. J., Leaf, D. E., & Prados, M. J. (2020). Quantifying the life-cycle benefits of an influential early-childhood program. *Journal of Political Economy, 128*(7), 2502–41.

[10] Asaridou, S. S., et al. (2020).

[11] Siman-Tov, M., Radomislensky, I., Knoller, N., Bahouth, H., Kessel, B., Klein, Y., . . . & Peleg, K. (2016). Incidence and injury characteristics of traumatic brain injury: Comparison between children, adults and seniors in Israel. *Brain Iinjury, 30*(1), 83–89.

[12] Feuillet, L., Dufour, H., & Pelletier, J. (2007). Brain of a white-collar worker. *The Lancet, 370*(9583), 262.

[13] Child Trends (2019, Jan 28). Children in poverty. https://www.childtrends.org/indicators/children-in-poverty.

[14] UNICEF, "Child poverty." https://www.unicef.org/social-policy/child-poverty.

[15] Johnson, S. B., Riis, J. L., & Noble, K. G. (2016). State of the art review: Poverty and the developing brain. *Pediatrics, 137*(4). And Chetty, R., et al. The association between income and life expectancy in the United States, 2001–2014. *JAMA, 315*(16), 1750–66. doi:10.1001/jama.2016.4226.

[16] Noble, K. G., & Giebler, M. A. (2020). The neuroscience of socioeconomic inequality. *Current Opinion in Behavioral Sciences, 36,* 23–28. And Luby, J. (2015). Poverty's most insidious damage: The developing brain. *JAMA Pediatrics, 169*(9), 810–11.

[17] Noble, K. G., et al. (2015). Family income, parental education and brain structure in children and adolescents. *Nature Neuroscience, 18*(5), 773–78. See also Kimberly Noble's TED talk from April 2019.

[18] Schnack, H. G., et al. (2014). Changes in thickness and surface area of the human cortex and their relationship with intelligence. *Cerebral Cortex, 25*(6), 1608–17.

[19] National Research Council (US) and Institute of Medicine (US) Committee on Integrating the Science of Early Childhood Development (2000).;

Shonkoff, J. P., Phillips, D. A. (Eds.) *From neurons to neighborhoods: The science of early childhood development.* Washington, DC: National Academies Press (US). Ch. 8, The developing brain.

[20] Suskind, D. L., Leffel, K. R., Graf, E., Hernandez, M. W., Gunderson, E. A., Sapolich, S. G., . . . & Levine, S. C. (2016). A parent-directed language intervention for children of low socioeconomic status: A randomized controlled pilot study. *Journal of Child Language, 43*(2), 366–406.

[21] Noble, K. G., et al. (2012). Neural correlates of socioeconomic status in the developing human brain. *Developmental Science, 15*(4), 516–27. And, Noble, K. G., et al. (2021). Baby's first years: Design of a randomized controlled trial of poverty reduction in the United States. *Pediatrics, 148*(1).

[22] Farah, M. J. (2018). Socioeconomic status and the brain: Prospects for neuroscience-informed policy. *Nature Reviews Neuroscience, 19,* 428–38.

[23] Kim Noble TED Talk. And Noble, K. G., Engelhardt, L. E., Brito, N. H., Mack, L. J., Nail, E. J., Angal, J., . . . & PASS Network. (2015). Socioeconomic disparities in neurocognitive development in the first two years of life. *Developmental Psychobiology, 57*(5), 535–51. And Feinstein, L. (2003). Inequality in the early cognitive development of British children in the 1970 cohort. *Economica, 70*(277), 73–97.

[24] In addition to Kim Noble's work, see Assari, S. (2020). Parental education, household income, and cortical surface area among 9–10

years old children: Minorities' diminished returns. *Brain Sciences*, *10*(12), 956.

[25] Troller-Renfree, S. V., et al. The impact of a poverty reduction intervention on infant brain activity. PNAS,in press .

[26] Children's Defense Fund. (2020). *The state of America's children* annual report.

[27] Attributed, among others, to Bill Clinton at the 2012 Clinton Global Initiative Forum. among others.

[28] Chmielewski, A. K. (2019). The global increase in the socioeconomic achievement gap, 1964 to 2015. *American Sociological Review*, *84*(3), 517-544.

[29] Mooney, T. (2018, May 11). Why we say "opportunity gap" instead of achievement gap. TeachforAmerica.org.

[30] Shaughnessy, M. F., & Cordova, M. (2019). An interview with Jonathan Plucker: Reducing and eliminating excellence gaps. *North American Journal of Psychology, 21*(2), 349–59. And Hardesty, J., Jenna McWilliams, J., & Plucker, J. A. (2014). Excellence gaps: What they are, why they are bad, and how smart contexts can address them . . . or make them worse. *High Ability Studies, 25*(1), 71–80.

[31] Wyner, J. S., Bridgeland, J. M., & DiIulio, J. J., Jr. Achievement trap: How America is failing millions of high-achieving students from lower-income families. Jack Kent Cooke Foundation Report.

[32] Rambo-Hernandez, K., Peters, S. J., & Plucker, J. A. (2019). Quantifying and exploring elementary school excellence gaps across schools and time. *Journal of Advanced Academics, 30*, 383–415. And Plucker, J. (2013). Talent on the sidelines: Excellence gaps and America's persistent talent underclass. Storrs: Center for Education Policy Analysis, University of Connecticut. Retrieved from http://cepa.uconn.edu/mindthegap. And Plucker, J. A., Burroughs, N. A., & Song, R. (2010). Mind the (other) gap: The growing excellence gap in K–12 education. Bloomington, IN: Center for Evaluation and Education Policy.

[33] Moody, M. (2016). From under-diagnoses to over-representation: Black children, ADHD, and the school-to-prison pipeline. *Journal of African American Studies, 20*(2): 152–63.; and Gilliam, W. S. (2005). *Prekindergarteners left behind: Expulsion rates in state prekindergarten systems.* New York: Foundation for Child Development.

[34] Quoted in Howard, J. (1963, May 24). "Doom and Glory of Knowing Who You Are." *LIFE, 54*(21): 89.

[35] Quoted in Snyder, S. (2018, Dec 19). North Philly to Oxford. *Philadelphia Inquirer.*

[36] https://www.temple.edu/about.

[37] Rhodes Trust announcement of Class of 2018, December 12, 2017.

[38] Quoted in Snyder (2018, Dec 19), *The Philadelphia Inquirer.*

[39] UCL Centre for Longitudinal Studies.

[40] Feinstein, L. (2003). Inequality in the early cognitive development of British children in the 1970 Cohort. *Economica, 70* (177), 73–97.

[41] Van Dam, A. (2018, Oct 9). It's better to be born rich than gifted. *The Washington Post.*

第3章

[1] From the video game *Red Dead Redemption II.*

[2] Battaglia, M., & Atkinson, M. A. (2015). The streetlight effect in type 1 diabetes. *Diabetes, 64*(4), 1081–90.

[3] Begley, S. (2019, Jun 25). The maddening saga of how an Alzheimer's "cabal" thwarted progress toward a cure for decades. *STAT.* https://www.statnews.com/2019/06/25/alzheimers-cabal-thwarted-progress-toward-cure/.

[4] John, L. K., et al. (2017, Mar-Apr). "What's the value of a like?" *Harvard Business Review.*

[5] Freedman, D. H. (2010, Dec. 9). "Why Scientific Studies Are So Often Wrong: The Streetlight Effect." *Discover.* https://www.discovermagazine.com/the-sciences/why-scientific-studies-are-so-often-wrong-the-streetlight-effect.

[6] Lessons from high-performing countries: Secretary Duncan's remarks at National Center on Education and the Economy National Symposium, 2011.

[7] Chetty, R., Grusky, D., Hell, M., Hendren, N., Manduca, R., & Narang, J.

(2017). The fading American dream: Trends in absolute income mobility since 1940. *Science, 356*(6336), 398–406.

[8] Bill 79. A Bill for the More General Diffusion of Knowledge, 18 June 1779, *Founders Online,* National Archives.

[9] Schleicher, A. (2019). PISA 2018: Insights and interpretations. OECD Publishing.

[10] Goldstein, D. (2019, Dec 3). It just isn't working: PISA test scores cast doubt on U.S. education efforts. *New York Times.*

[11] Beatty, B. (1995). *Preschool education in America: The culture of young children from the colonial era to the present.* Yale University Press.

[12] John Amos Comenius, *The Great Didactic.* And Maviglia, D. (2016). The main principles of modern pedagogy in "Didactica Magna" of John Amos Comenius. *Creative Approaches to Research, 9*(1).

[13] Hiatt, D. B. (1994). Schools: An historical perspective 1642—. *School Community Journal, 4*(2). Plucknett, T. F. (1930). The Laws and Liberties of Massachusetts. https://www.mass.gov/files/documents/2016/08/ob/deludersatan.pdf; Walker, B. D. (1984). The local property tax for public schools: Some historical perspectives. *Journal of Education Finance, 9*(3), 265–88.

[14] Comenius, J. A. (1898). *Comenius's School of Infancy: An Essay on the Education of Youth During the First Six Years.* Will S. Monroe, ed. (p.81). Massachusetts: Norwood Press.

[15] White, S. H. (1996). The child's entry into the "Age of Reason." In A. J. Sameroff & M. M. Haith (Eds.), *The five to seven year shift: The age of reason and responsibility* (pp. 17–30). Chicago: University of Chicago Press.

[16] Minkeman, P. (2014). Reforming Harvard: Cotton Mather on education at Cambridge. *The New England Quarterly, 57*(2). Sewall, S. (1969). *The selling of Joseph: A memorial.* Ed. Sidney Kaplan. Boston: Univ. of Massachusetts Press. Sewall, S. (1882). *Diary of Samuel Sewall: 1674–1729.* Massachusetts Historical Society.; Graham, J. S. (2000). *Puritan family life: The diary of Samuel Sewall.* Northeastern University Press.

[17] Moran, G. F., & Vinovskis, M. A. (1985). The great care of godly parents: Early childhood in Puritan New England. In A. B. Smuts & J. W. Hagen (Eds.), *History and research in child development.* Monographs of the Society for Research in Child Development, 50(4–5, Serial No. 211), pp. 24–37).

[18] Mather, C. Small offers towards the service of the tabernacle in this wilderness, pp. 59–61. Early English Books Text Creation Partnership Online, 2011.

[19] Earle, A. M. (1899). *Child life in colonial days.* Darby, PA: Folcroft Library Editions.

[20] Graham, J. S. (2000), pp. 111–14.

[21] Suneson, G. (2019, Apr 4). What are the 25 lowest paying jobs in the US?

Women usually hold them. *USA Today*. See also Occupational and

Employment Wages. U.S. Bureau of Labor Statistics (2020, May).

Childcare workers.

[22] Mondale, S., & Patton, S. B. (2001). *School: The story of American public

education* (p.118). Boston: Beacon Press.

[23] Hans, N. (2012). *Comparative education: A study of educational factors

and traditions*. Routledge; Peters, V. (1956). "Education in the Soviet

Union." *The Phi Delta Kappan, 37*(9), 421-425.

[24] National Commission on Excellence in Education. (1983). A nation at risk:

The imperative for educational reform. Washington, DC: U.S.

Government Printing Office. Mehta, J. (2015). Escaping the shadow: A

nation at risk and its far-reaching influence. *American Educator, 39*(2), 20;

Mondale, S., & Patton, S. B. (2001), p. 177.

[25] McCartney, K. & Phillips, D. (2013). Motherhood and child care. In B.

Birns & D. Hay (Eds.), *The different faces of motherhood* (p. 160).

Springer Science and Business Media.

[26] Cohen, A. J. (1996). A brief history of federal financing for child care in the

United States. *The Future of Children, 6*(2), 26–40.

[27] Roosevelt, E. (2017). My Day, September 8, 1945.

[28] Child Care Center Opened by Mayor. (1943, Jan 26). *New York Times*, p. 16.

[29] All cited in Jack P. Shonkoff and Samuel J. Meisels, Early childhood

intervention: The evolution of a concept. (1990). *Handbook of Early*

Childhood Intervention (pp. 13–16). Cambridge University Press.

[30] Thompson, O. (2018). Head Start's long-run impact: Evidence from the program's introduction. *Journal of Human Resources, 53*(4), 1100–1139. https://doi-org.proxy.uchicago.edu/10.3368/jhr.53.4.0216-7735R1.

[31] Children's Defense Fund. (2020). *The state of America's children* annual report.

[32] Wrigley, J. (1989). Do young children need intellectual stimulation? Experts' advice to parents, 1900–1985. *History of Education Quarterly, 29* (1) (Spring), 41–75.

[33] Bureau of Labor Statistics (2002). A century of change: The U.S. labor force, 1950–2050. Monthly Labor Review, May. And Gallup (2021, Mar 8). How have U.S. working women fared during the pandemic?

[34] International Labour Organization and Gallup, December 2017 survey. https://www.ilo.org/infostories/en-GB/Stories/Employment/barriers-women#global-gap; The World Bank Data, ILOSTAT Database. https://data.worldbank.org/indicator/SL.TLF.CACT.FE.ZS

[35] Organisation for Economic Co-operation and Development (OECD). (2020). *Early learning and child well-being: A study of five-year-olds in England, Estonia, and the United States*. Paris: OECD.

[36] Sahlberg, P. (2021). *Finnish Lessons 3. 0: What Can the World Learn from Educational Change in Finland?*. Teachers College Press.

[37] European Commission, EURYDICE, Finland. (2021, Apr). Early childhood

education and care.

第 4 章

[1] Bowlby, J., & World Health Organization. (1952). Maternal care and mental health: A report prepared on behalf of the World Health Organization as a contribution to the United Nations programme for the welfare of homeless children (2nd ed., p. 84). World Health Organization.

[2] Trevathan, W. R., & Rosenberg, K. R. (Eds.) (2016). Costly and cute: Helpless infants and human evolution. Albuquerque: University of New Mexico Press.

[3] Steiner, P. (2019). Brain fuel utilization in the developing brain. *Annals of Nutrition and Metabolism, 75* (Suppl 1), 8–18; Knickmeyer, R. C., et al. (2008). A structural MRI study of human brain development from birth to 2 years. *Journal of Neuroscience, 28*(47): 12176–82.

[4] Bjorklund, D. F. (1997). The role of immaturity in human development. *Psychological Bulletin, 122*(2), 153.

[5] Bryce, E. (2019, Nov 9). How many calories can the brain burn by thinking? *Live Science.*; Gilani, S. A. (2021). Can one burn calories just by thinking? Well, yes . . . a little bit. *Asian Journal of Allied Health Sciences (AJAHS).*; Kuzawa, C. W., et al. (2014). Metabolic costs and evolutionary implications of human brain development. *Proceedings of the National Academy of Sciences, 111*(36), 13010–15.; Kumar, A. (2020, Apr 27). The grandmaster diet: How to lose weight while barely moving. *ESPN.*

[6] Kuzawa, C. W., et al. (2014).

[7] Asrat, T., et al. (1991). Rate of recurrence of preterm premature rupture of membranes in consecutive pregnancies. *American Journal of Obstetrics and Gynecology, 165*(4), 1111–15.

[8] Lester, B. M., Salisbury, A. L., Hawes, K., Dansereau, L. M., Bigsby, R., Laptook, A., . . . & Padbury, J. F. (2016). 18-month follow-up of infants cared for in a single-family room neonatal intensive care unit. *Journal of Pediatrics, 177*, 84–89; Feldman, R., & Eidelman, A. I. (2003). Skin-to-skin contact (Kangaroo Care) accelerates autonomic and neurobehavioural maturation in preterm infants. *Developmental Medicine & Child Neurology, 45*(4), 274–81.

[9] Brito, N. H., et al. (2021, Aug 20). Paid maternal leave is associated with infant brain function at 3-months of age. PsyArXiv.com.

[10] Montez, K., Thomson, S., & Shabo, V. (2020). An opportunity to promote health equity: National paid family and medical leave. *Pediatrics, 146*(3)(Sep), e20201122. doi: 10.1542/peds.2020-1122. Epub 2020 Aug 5. PMID: 32759381.

[11] Montez, K. (2019, Jun 13). Dr. Kimberly Montez: Paid family leave puts babies' lives first. *Winston-Salem Journal.*

[12] Romeo, R. R., Leonard, J. A., Robinson, S. T., West, M. R., Mackey, A. P., Rowe, M. L., & Gabrieli, J. D. (2018). Beyond the 30-million-word gap: Children's conversational exposure is associated with language-related

brain function. *Psychological Science*, *29*(5), 700–710.

[13] Leung, C. Y. Y., Hernandez, M. W., & Suskind, D. L. (2020). Enriching home language environment among families from low-SES backgrounds: A randomized controlled trial of a home visiting curriculum. *Early Childhood Research Quarterly, 50*, 24–35.

[14] Denworth, L. (2019, Apr 10). Hyperscans show how brains sync as people interact. *Scientific American.*

[15] Nummenmaa, L., Putkinen, V., & Sams, M. (2021). Social pleasures of music. *Current Opinion in Behavioral Sciences, 39*, 196–202. Nummenmaa, L., Lahnakoski,J. H., & Glerean, E. (2018). Sharing the social world via intersubject neural synchronisation. *Current Opinion in Psychology, 24*, 7–14.

[16] Stephens, G. J., Silbert, L. J., & Hasson, U. (2010). Speaker–listener neural coupling underlies successful communication. *Proceedings of the National Academy of Sciences, 107*(32), 14425–30.

[17] Piazza, E. A., Hasenfratz, L., Hasson, U., & Lew-Williams, C. (2020). Infant and adult brains are coupled to the dynamics of natural communication. *Psychological Science, 31*(1), 6–17. https://doi.org/10.1177/0956797619878698.

[18] Princeton University press release (2020, Jan 9). Baby and adult brains sync during play, Princeton Baby Lab finds.

[19] Romeo, R. R., et al. (2018). Beyond the 30-million-word gap: Children's conversational exposure is associated with language-related brain function." *Psychological Science, 29*(5), 700–710.

[20] Romeo, R. R., et al. (2021). Neuroplasticity associated with changes in conversational turn-taking following a family-based intervention. *Developmental cognitive neuroscience,* 100967; Gabrieli quoted in Anne Trafton, Back-and-forth exchanges boost children's brain response to language. *MIT News.* February 13, 2018.

[21] Leung, C. Y. Y., Hernandez, M. W., & Suskind, D. L. (2020). Enriching home language environment among families from low-SES backgrounds: A randomized controlled trial of a home visiting curriculum. *Early Childhood Research Quarterly, 50,* 24–35.

[22] List, J. A., Pernaudet, J., & Suskind, D. L. (2021). Shifting parental beliefs about child development to foster parental investments and improve school readiness outcomes. *Nature Communications, 12*(5765). https://doi.org/10.1038/s41467-021-25964-y.

[23] Siegler, A., & Zunkel, E. (2020, Jul). Rethinking federal bail advocacy to change the culture of detention. *Champion* magazine, National Association of Criminal Defense Lawyers, NACDL.org.

[24] Rawls, J. (1971). *A theory of justice.* Belknap Press of Harvard University.

[25] Alexander, M. (2018, Oct 29). What if we're all coming back? *New York Times.*

第 5 章

[1] Eleanor Roosevelt, Voice of America broadcast, November 11, 1951.

[2] Kim, P., et al. (2010). The plasticity of human maternal brain: Longitudinal changes in brain anatomy during the early postpartum period. *Behavioral Neuroscience, 124*(5), 695.

[3] Kim et al.; Rigo, P., et al. (2019). Specific maternal brain responses to their own child's face: An fMRI meta-analysis. *Developmental Review, 51*(Mar), 58–69.

[4] Gettler, L. T., et al. (2011). Longitudinal evidence that fatherhood decreases testosterone in human males. *Proceedings of the National Academy of Sciences, 108*(39), 16194–99.; Storey, A. E., Alloway, H., & and Walsh, C. J. Dads: Progress in understanding the neuroendocrine basis of human fathering behavior. *Hormones and Behavior, 119*, 104660.

[5] Taylor, S. E. (2006). Tend and befriend: Biobehavioral bases of affiliation under stress. *Current Directions in Psychological Science, 15*(6), 273–77.

[6] Centers for Disease Control (1999). Achievements in public health, 1900–1999: Control of infectious diseases. *MMWR Weekly, 48*(29), 621–29.

[7] Wrigley, J. (1989). Do young children need intellectual stimulation? Experts' advice to parents, 1900–1985. *History of Education Quarterly, 29*(1), 41–75.

[8] Watson, J. B. (1928). *Psychological care of infant and child.* New York: W.W. Norton & Co.

[9] Centers for Disease Control (1999), 621–29.

[10] Lareau, A. (2003), *Unequal childhoods: Race, class, and family life* (pp. 429–448). Berkeley: University of California Press. Lareau, A., et al. (2011). Unequal childhoods in context (pp. 333–41), ch. 15 of *Unequal Childhoods*. University of California Press.

[11] Ishizuka, P. (2019). Social class, gender, and contemporary parenting standards in the United States: Evidence from a national survey experiment. *Social Forces, 98*(1), 31–58.

[12] Mecking, O. "American parenting styles sweep Europe." BBC.com, Worklife. Feb. 26, 2020.; Dotti Sani, G. M., & Treas, J. (2016). Educational gradients in parents' child-care time across countries, 1965–2012. *Journal of Marriage and Family, 78*(4), 1083-1096.

[13] Medina, J., Benner, K., & Taylor, K. (2019, Mar 12). Actresses, business leaders and other wealthy parents charged in U.S. college entry fraud. *New York Times*.

[14] Leung, C. Y. Y., & Suskind, D. L. (2020). What parents know matters: Parental knowledge at birth predicts caregiving behaviors at 9 months. *Journal of Pediatrics, 221*, 72–80.

[15] List, J. A., Pernaudet, J., & Suskind, D. L (2021). Shifting parental beliefs about child development to foster parental investments and improve school readiness outcomes. *Nature Communications, 12*(5765). https://doi.org/10.1038/s41467-021-25964-y.

16 ZERO TO THREE, *National parent survey overview and key insights,* published June 6, 2016. See also, Roberts, M. Y., et al. (2019). Association of parent training with child language development: A systematic review and meta-analysis." *JAMA Pediatrics* 173(7), 671–80.

17 Leung, C. Y. Y., & Suskind, D. L. (2020).

18 List, J. A., et al. (2021).

19 Leaper, C., Farkas, T., & Brown, C. S. (2012). Adolescent girls' experiences and gender-related beliefs in relation to their motivation in math/science and English. *Journal of Youth and Adolescence, 41*(3), 268–82; Beilock, S. L., et al. (2010). Female teachers' math anxiety affects girls' math achievement. *Proceedings of the National Academy of Sciences,* 107(5), 1860–63.

20 Berkowitz, T., et al. (2015). Math at home adds up to achievement in school. *Science, 350*(6257), 196–98.

21 Pew Research Center analysis of 2017 Current Population Survey Annual Social and Economic Supplements. Gretchen Livingston, Sept. 24, 2018. Stay-at-home moms and dads account for about one-in-five U.S. parents.

22 Gallup Poll, August 1–14, 2019. Record high 56% of U.S. women prefer working to homemaking.

23 Butea, M. (2020, Dec 8). Helicopter mom vs. Jimmy Buffett dad. *New York Times.*

第 6 章

[1] Mullainathan, S., & Shafir, E. (2014). *Scarcity: Why having too little means too much* (p. 41). Henry Holt and Company.

[2] Rebello Britto, P. School Readiness: A Conceptual Framework. UNICEF, 2012.

[3] Illinois State Board of Education. 2018–2019 Illinois Kindergarten Individual Development Survey (KIDS) Report: A look at kindergarten readiness.; Overdeck Family Foundation (2020, Mar 4). The road to readiness: The precursors and practices that predict school readiness and later school success.; Child Trends (2020, Apr 6). Comparing the national outcome measure of healthy and ready to learn with other well-being and school readiness measures.; Blair, C., & Raver, C. C. (2015) School readiness and self-regulation: A developmental psychobiological approach. *Annual Review of Psychology, 66,* 711–31.

[4] Williams, P. G., & Lerner, M. A. (2019). AAP policy on school readiness. *Pediatrics, 144*(2), e20191766. DOI: https://doi.org/10.1542/peds.2019-1766.

[5] Child Trends (2020, Ap 6). Comparing the national outcome measure of healthy and ready to learn with other well-being and school readiness measures.

[6] Illinois State Board of Education. 2018–2019 Illinois Kindergarten Individual Development Survey (KIDS) Report: A look at kindergarten readiness.

[7] Regenstein, E. (2019, Feb). Why the K–12 world hasn't embraced early learning. *Foresight Law + Policy.*

[8] Tamis-LeMonda, C. S., et al. Early home learning environment predicts children's 5th grade academic skills. *Applied Developmental Science, 23*(2), 153–69.

[9] Duncan, G. J., et al. (2007). School readiness and later achievement. *Developmental Psychology, 43*(6), 1428.; and Engle, P. L., & Maureen M. Black, M. M. (2008). The effect of poverty on child development and educational outcomes. *Annals of the New York Academy of Sciences, 1136,* 243.

[10] Sawhill, I., Winship, S., & Grannis, K. S. (2012, Sep 20). Pathways to the middle class: Balancing personal and public responsibilities. Brookings Institution.

[11] National Scientific Council on the Developing Child (2020). *Connecting the brain to the rest of the body: Early childhood development and lifelong health are deeply intertwined.* Working Paper No. 15.

[12] Mendelsohn, A. L., & Klass, P. (2018). Early language exposure and middle school language and IQ: Implications for primary prevention. *Pediatrics, 142*(4).; Uccelli, P., et al. Children's early decontextualized talk predicts academic language proficiency in midadolescence. *Child Development, 90*(5), 1650–63.; And Demir, Ö. E., et al. (2015). Vocabulary, syntax, and narrative development in typically developing children and children with

early unilateral brain injury: Early parental talk about the "there-and-then" matters. *Developmental Psychology, 51*(2), 161.

[13] Gilkerson, J., et al. (2018). Language experience in the second year of life and language outcomes in late childhood. *Pediatrics, 142*(4).

[14] Gilkerson, J., et al. (2017). Mapping the early language environment using all-day recordings and automated analysis. *American Journal of Speech-Language Pathology, 26*(2): 248–65.

[15] U.S. Department of Agriculture Center for Nutrition Policy and Promotion. (2017). *Expenditures on children by families.* Lino, M., et. al. Miscellaneous report no. 1528-2015, Washington, DC: GPO.

[16] Pew Research Center (2016, Oct). The future of work.

[17] Dervis, K. & Qureshi, Z. "Income distribution within countries: rising inequality," August 16, 2016. Brookings Report.

[18] Ballentine, K. L., Goodkind, S., & Shook, J. (2020). From scarcity to investment: The range of strategies used by low-income parents with "good" low-wage jobs. *Families in Society* 101(3), 260–74.

[19] Abraham, K. G., et al. (2018). Measuring the gig economy: Current knowledge and open issues.; Board of Governors of the Federal Reserve System (2020, May). Report on the economic well-being of U.S. households in 2019.

[20] Duszyriski, M. Gig economy: Definition, statistics & trends 2021 update. zety.com.

21 Puff, J., and Renk, K. (2014). Relationships among parents' economic stress, parenting, and young children's behavior problems. *Child Psychiatry & Human Development, 45*(6), 712–27.

22 NICHD, 2006. And Inside Early Talk, LENA, 2021.

23 Inside Early Talk, LENA, 2021.

24 Kartushina, N., et al. (2021, Mar 5). Covid-19 first lockdown as a unique window into language acquisition: What you do (with your child) matters. https://doi.org/10.31234/osf.io/5ejwu.

25 Early childhood teacher turnover in Nebraska (2018, Dec). Buffett Early Childhood Institute, University of Nebraska.

26 Frank, M. C., Braginsky, M., Yurovsky, D., and Marchman, V. A. (2021). *Variability and consistency in early language learning: The Wordbank Project.* Cambridge, MA: MIT Press.

27 Glass, J., Simon, R. W., & Andersson, M. A. (2016). Parenthood and happiness: Effects of work-family reconciliation policies in 22 OECD countries. *American Journal of Sociology, 122*(3), 886–929.

第 7 章

1 Bill Withers, "Lean on Me."

2 Mischel, W., Ebbesen, E. B., & Raskoff Zeiss, A. (1972). Cognitive and attentional mechanisms in delay of gratification. *Journal of Personality and Social Psychology, 21*(2), 204.

[3] Shoda, Y., Mischel, W., & Peake, P. K. (1990). Predicting adolescent cognitive and self-regulatory competencies from preschool delay of gratification: Identifying diagnostic conditions. *Developmental Psychology, 26*(6), 978.; And Schlam, T. R., Wilson, N. L., Shoda, Y., Mischel, W., & Ayduk, O. (2013). Preschoolers' delay of gratification predicts their body mass 30 years later. *Journal of Pediatrics, 162*(1), 90–93.

[4] Watts, T. W., Duncan, G. J., & Quan, H. (2018). Revisiting the marshmallow test: A conceptual replication investigating links between early delay of gratification and later outcomes. *Psychological Science, 29*(7), 1159–77.

[5] Hughes, C., & Devine, R, T. (2019) For better or for worse? Positive and negative parental influences on young children's executive function. *Child Development, 90*(2), 593–609. And Diamond, A., & Lee, K. (2011). Interventions shown to aid executive function development in children 4 to 12 years old. *Science, 333*(6045), 959–64.

[6] Hughes and Devine (2019).

[7] List, J. A., Pernaudet, J., & Suskind, D. L. (2021). Shifting parental beliefs about child development to foster parental investments and improve school readiness outcomes. *Nature Communications, 12*(5765). https://doi.org/10.1038/s41467-021-25964-y.

[8] Shonkoff, J. P., et al. (2010). Persistent fear and anxiety can affect young children's learning and development. National Scientific Council on the

Developing Child working paper no. 9.; Hughes and Devine, 2019.;

Shonkoff, J. P., et al. (2012). The lifelong effects of early childhood

adversity and toxic stress. *Pediatrics, 129*(1), e232–e246.

[9] National Scientific Council on the Developing Child. (2007.) "Excessive

Stress Disrupts the Architecture of the Developing Brain." Working Paper

3. Cambridge, MA: Center on the Developing Child, Harvard University.

http://developingchild.harvard.edu/index.php/resources/.

reports_and_working_papers/working_papers/wp3/ AND Heather

Sandstrom and Sandra Huerta, "The Negative Effects of Instability on

Child Development: A Research Synthesis," September 2013, The Urban

Institute.

https://www.urban.org/sites/default/files/publication/32706/412899-The-

Negative-Effects-of-Instability-on-Child-Development-A-Research-

Synthesis.PDF.

[10] Cortés Pascual, A., Moyano Muñoz, N., & Quilez Robres, A. (2019). The

relationship between executive functions and academic performance in

primary education: Review and meta-analysis. *Frontiers in Psychology, 10*,

1582.

[11] Blair, C., & Cybele Raver, C. (2015). School readiness and self-regulation:

A developmental psychobiological approach. *Annual Review of

Psychology, 66*, 711–31.; Lin, H-L., Lawrence, F. R., & Gorrell, J.

Kindergarten teachers' views of children's readiness for school. *Early*

Childhood Research Quarterly, 18(2), 225–37.

[12] Fox, N.A., & Shonkoff, J. P. (2012). How persistent fear and anxiety can affect young children's learning, behaviour and health. *Social and economic costs of violence: Workshop summary.* National Academies Press.

[13] Desmond, M., et al. (2013). Evicting children. *Social Forces, 92*(1), 303–327.

[14] Centers for Disease Control and Prevention. Violence Prevention/Injury Center. Preventing adverse childhood experiences.

[15] Hughes, K., Ford, K., Bellis, M. A., Glendinning, F., Harrison, E., & Passmore, J. (2021). Health and financial costs of adverse childhood experiences in 28 European countries: a systematic review and meta-analysis. *The Lancet Public Health, 6*(11), e848–e857.

[16] CDC Violence Against Children and Youth Surveys; UNICEF multiple indicator cluster survey.

[17] Harris, N. B. (2018). *The deepest well: Healing the long-term effects of childhood adversity.* Houghton Mifflin Harcourt.

[18] Harris, 2018. See also, Pierce, L. J., et al. (2019). Association of perceived maternal stress during the perinatal period with electroencephalography patterns in 2-month-old infants. *JAMA Pediatrics, 173*(6), 561–70.

[19] Palma-Gudiel, H., et al. (2015). Maternal psychosocial stress during pregnancy alters the epigenetic signature of the glucocorticoid receptor

gene promoter in their offspring: A meta-analysis. *Epigenetics, 10*(10), 893–902.

[20] Harvard Kennedy School, Government Performance Lab. Chicago, IL homelessness services performance improvement.

[21] Lawson, G. M., et al. (2016). Socioeconomic status and the development of executive function: Behavioral and neuroscience approaches. https://doi.org/10.1037/14797-012.

[22] National Scientific Council on the Developing Child (2010). *Peristent fear and anxiety can affect young children's learning and development* (Working Paper No. 9).

[23] Desmond, M., & Kimbro, R. T. (2015). Eviction's fallout: Housing, hardship, and health. *Social Forces, 94*(1), 295–324.

[24] Haelle, T. (2020, Apr 17). Postpartum depression can be dangerous. Here's how to recognize it and seek treatment. *New York Times*.

[25] American Psychiatric Association. What is postpartum depression?

[26] Mental Health America (2021). The state of mental health in America.; Social Solutions (n.d.). Top 5 barriers to mental healthcare access.

[27] USA FACTS (2021, Jun 9). Over one-third of Americans live in areas lacking mental health professionals.

[28] "Barriers to Mental Health Around the World," www.globalcitizen.org.; WHO Mental Health Atlas, 2014.

[29] Andersson, M. A., Garcia, M. A., & Jennifer Glass, J. (2021). Work-family

reconciliation and children's well-being disparities across OECD countries." *Social Forces, 100*(2), 794–820.

第 8 章

[1] Martin, W. P. (2004). The best liberal quotes ever: *Why the left is right* (p.173). Sourcebooks.

[2] Yockel, M. (2007, May). 100 years: The riots of 1968. *Baltimore Magazine.*; Maryland Crime Investigating Commission (1968). *A report of the Baltimore civil disturbance of April 6 to April 11, 1968.*

[3] Gerald Grant, G. (1965, Apr 18). The vanishing lunch. *Washington Post, Times Herald*, E1.

[4] Martin Luther King Jr. Letter from a Birmingham Jail, April 19, 1963.

[5] Kurlansky, M. (2004). *1968: The year that rocked the world*. Random House.

[6] DeNeen L. Brown, D. L. (2018, Apr 11). The Fair Housing Act was languishing in Congress. Then Martin Luther King Jr. was killed. *Washington Post.*; The Civil Rights Act of 1968, Bullock Texas State History Museum, Austin, TX.

[7] Mondale, Walter. W. (2010). *The good fight: A life in liberal politics* (ch. 5). Scribner.

[8] This account of the making of the CCDA is drawn from: Roth, W. (1976). The politics of daycare: The Comprehensive Child Development Act of 1971. Discussion Papers 369–76. Department of Health, Education, and

Welfare, Washington, DC.; and Mondale, 2010, ch. 5.; Karch, A. (2013). *Early Start: Preschool policies in the United States* (ch. 3). University of Michigan Press.; and Badger, E. (2014, Jun 23). That one time America almost got universal child care. *Washington Post.*

[9] Buchanan is interviewed about his role, in the documentary *The raising of America*, Episode 2, *The veto that killed childcare*, 2015.

[10] Conservative lobbyist Jeff Bell quoted in Rose, E. (2010), *The promise of preschool: From Head Start to universal pre-kindergarten* (ch. 2), Oxford University Press.

[11] The Abecedarian Project, https://abc.fpg.unc.edu/abecedarian-project.

[12] Ramey, C. T., et al. (2000). Persistent effects of early childhood education on high-risk children and their mothers. *Applied Developmental Science, 4*(1), 2–14.

[13] Campbell, F. A., et al. (2002). Early childhood education: Young adult outcomes from the Abecedarian Project. *Applied Developmental Science, 6*(1), 42–57.

[14] Campbell, F. A., et al. (2012). Adult outcomes as a function of an early childhood educational program: An Abecedarian Project follow-up. *Developmental Psychology, 48*(4), 1033.

[15] Barnett, W. S., & Masse, L. N. (2007). Comparative benefit–cost analysis of the Abecedarian program and its policy implications. *Economics of Education Review, 26*(1), 113–25.; Ramey, C. T., et al. (2000). Persistent

effects of early childhood education on high-risk children and their mothers. *Applied Developmental Science, 4*(1), 2–14.

16 Ewing-Nelson, C. (2021). Another 275,000 women left the labor force in January. National Women's Law Center, February 2021 Fact Sheet.; Stevenson quoted in Grose, J. (2021, Feb 4). The primal scream: America's mothers are in crisis. *New York Times.*

17 Centers for Disease Control, December 10, 2020. Covid-19 racial and ethnic health disparities; and The fullest look yet at the racial inequities of Coronavirus (2020, Jul 5). *New York Times.*

18 Buchanan, L., Bai, Q., & Patel, J. K. (2020, Jul 3). Black Lives Matter may be the largest movement in U.S. history. *New York Times.*

19 "The Right Investment?" Justice Policy Institute, February 2015.

20 District Overview, Baltimore City Schools. https://www.baltimorecityschools.org/district-overview.

21 Sonenstein, F. L. (2014). "Introducing the well-being of adolescents in vulnerable environments study: methods and findings." *Journal of Adolescent health 55*(6): S1–S3.

22 Children's Bureau timeline, U.S. Dept. of Health and Human Services, childwelfare.gov.

23 Ladd-Taylor, M. (1992). Why does Congress wish women and children to die? The rise and fall of public maternal and infant health care in the United States, 1921–1929. In Fildes, V., et al. (Eds.), *Women and children*

first: International maternal and infant welfare, 1870–1945 (pp. 121–32). Routledge Revivals.; Barker, K. (1998). Women physicians and the gendered system of professions: An analysis of the Sheppard-Towner Act of 1921. *Work and Occupations, 25*(2), 229–55.; and Moehling, C. M., & Thomasson, M. A. (2012), *Saving babies: The contribution of Sheppard-Towner to the decline in infant mortality in the 1920s.* No. w17996. National Bureau of Economic Research.

[24] Lemons, J. S. (1969). The Sheppard-Towner act: Progressivism in the 1920s. *Journal of American History, 55*(4), 776–86.

[25] *JAMA* (1922). Proceedings of the St. Louis Session. *Journal of the American Medical Association*, 78.

[26] Infant mortality and African Americans (2018). U.S. Department of Health and Human Services, Office of Minority Health.

[27] The story of Dr. Andrus is drawn primarily from: Walker, C. (2018, Oct 8). *Ethel Percy Andrus: One woman who changed America.* AARP.; and Secrest, A. (2018, Jan 5). *A chicken coop: The unlikely birthplace of AARP.* AARP.

[28] Harrington, M. (1962). *The other America: Poverty in the United States.*

[29] Congressional Research Service (2021, Apr 14). Poverty among the population aged 65 and over.

[30] Walker (2018), p. 116.

[31] "Vietnamese single mothers band together to get through Covid-19—and

beyond," Medium.com. July 20, 2020.; United Nations Population Fund, "Teachers and mothers join forces to keep girls in school in Malawi," July 20, 2020. And "A group of mothers in this Malawi community helped keep girls in school during Covid-19," Dec. 2, 2020, Global Citizen.

[32] Early learning Multnomah, from vision to vote. www.preschoolforall.org.; and Miller, C. C. (2020, Nov 6). How an Oregon measure for universal preschool could be a national model. *New York Times.*

[33] Quoted in Secrest, A. (2018).

第9章

[1] Benjamin Franklin, writing anonymously, *Pennsylvania Gazette*, February 4, 1735.

[2] Fleming, P. (2018, Jun 5). *The Accidental Epidemiologist.* Blog, Bristol Health Partners.

[3] Perkins, A. (2016, Aug 26). Back to sleep: The doctor who helped stem a cot death epidemic. *Guardian.*

[4] Fleming, P. (2018).

[5] McKelvie, G. (2016, Jan 30). Anne Diamond has learned to smile again after suffering decades of heartbreak. *Mirror.*; Bristol Points West television interview with Anne Diamond and Peter Fleming, Feb. 10, 2017.

[6] Garstang, J., & Pease, A. S. (2018). A United Kingdom perspective. In J. R. Duncan & R. W. Byard (Eds.), *SIDS sudden infant and early childhood*

death: *The past, the present and the future.* University of Adelaide Press.;
and American SIDS Institute, Incidence.

[7] Fleming, P. (2018).

[8] Gomez, R. E. (2016). *Sustaining the benefits of early childhood education
experiences: A research overview.* Voices in Urban Education, Annenberg
Institute for School Reform at Brown University. ERIC,
https://eric.ed.gov/?id=EJ1101330.

[9] Schuster, M. A., et al. (2000). Anticipatory guidance: What information do
parents receive? What information do they want? *Archives of Pediatrics
& Adolescent Medicine, 154*(12), pp. 1191–98. Silverchair,
https://doi.org/10.1001/archpedi.154.12.1191.

Garg, A., et al. Screening and referral for low-income families' social
determinants of health by US pediatricians. *Academic Pediatrics, 19*(8),
875–83. ScienceDirect, https://doi.org/10.1016/j.acap.2019.05.125.

[10] Maternal and Child Health Bureau (2016, Apr 24). National survey of
children's health. https://mchb.hrsa.gov/data/national-surveys.; and
Osterman, M. J. K., & Martin, J. A. (2018). Timing and adequacy of
prenatal care in the United States, 2016. *National Vital Statistics Reports,
67*(3), 1–14: From the Centers for Disease Control and Prevention,
National Center for Health Statistics, National Vital Statistics System.

[11] Daro, D. Dodge, K. A., & Haskins, R. *The Future of Children, 29*(1).
Universal Approaches to Promoting Healthy Development (SPRING 2019), 3–

16.; and Garner, A. S. (2016). Thinking developmentally: The next evolution in models of health. *Journal of Developmental & Behavioral Pediatrics, 37*(7), 579–84.

[12] Roberts, M.Y., et al. (2019). Association of parent training with child language development: A systematic review and meta-analysis. *JAMA Pediatrics, 173*(7), 671–80.; and *State of the nation: Understanding public attitudes to the early years.* (2020, Nov). Better Care Network.

[13] Sandel, M., et al. (2018). Unstable housing and caregiver and child health in renter families. *Pediatrics, 141*(2). American Academy of Pediatrics. pediatrics-aappublications-org.proxy.uchicago.edu, https://doi.org/10.1542/peds.2017-2199.

[14] Leung, C. Y. Y, & Suskind, D. L. (2020). What parents know matters: Parental knowledge at birth predicts caregiving behaviors at 9 months. *Journal of pediatrics, 221,* 72–80.

[15] Marvasti, F. F., & Stafford, R. S. (2012). From "sick care" to health care: Reengineering prevention into the U.S. system. *New England Journal of Medicine, 367*(10), 889–91. PubMed Central, https://doi.org/10.1056/NEJMp1206230.

[16] Jolly, P., et al. (2013). U.S. graduate medical education and physician specialty choice. *Academic Medicine, 88*(4), 468–74.

[17] Dodson, N. A., et al. (2021). Pediatricians as child health advocates: The role of advocacy education. *Health Promotion Practice, 22*(1), 13–17.

SAGE Journals, https://doi.org/10.1177/1524839920931494.

[18] Interview with Dana Suskind.

[19] Schuster, M. A. et al. (2000, Dec.). "Anticipatory Guidance: What Information Do Parents Receive? What Information Do They Want?" *Arch Pediatr Adolesc Med* 154(12): 1191-1198. https://jamanetwork.com/journals/jamapediatrics/fullarticle/352586.

[20] Leung, C., et al. (2018). Improving education on child language and cognitive development in the primary care settings through a technology-based curriculum: A randomized controlled trial. *Pediatrics, 142*(1) Meeting Abstract, American Academy of Pediatrics, pp. 777.

[21] Roberts, M. Y., et al. (2019). Association of parent training with child language development: A systematic review and meta-analysis. *JAMA Pediatrics, 173*(7), 671–80. Silverchair, https://doi.org/10.1001/jamapediatrics.2019.1197.

[22] Council on Early Childhood. (2014). Literacy promotion: An essential component of primary care pediatric practice. *Pediatrics, 134*(2), 404–09. American Academy of Pediatrics, pediatrics-aappublications-org.proxy.uchicago.edu, https://doi.org/10.1542/peds.2014-1384.

[23] Bradley, E. H., & Taylor, L. A. (2013). *The American health care paradox: Why spending more is getting us less.* Public Affairs.

[24] Fineberg, H. V. Foreword to Bradley and Taylor (2013). ix.

25 Trends in maternal mortality: 2000 to 2017, Executive Summary. https://www.unfpa.org/resources/trends-maternal-mortality-2000-2017-executive-summary. Accessed 2 Sept. 2021.

26 Reitsma, M. B., et al. (2021, June). Racial/ethnic disparities in COVID-19 exposure risk, testing, and cases at the subcounty level in California. *Health Affairs, 40*, no. (6), 870–78.

27 Bradley and Taylor, 2013.

28 Fairbrother, G., et al. (2015). Higher cost, but poorer outcomes: The US health disadvantage and implications for pediatrics. *Pediatrics, 135*(6), 961. https://doi.org/10.1542/peds.2014-3298.; and Bradley, E. H., & Taylor, L. A. (2011, Dec 9). Opinion: To fix health, help the poor. *New York Times.*

29 World Health Organization (WHO) (n.d.). Taking action on the social determinants of health.

30 Garner, 2016.

31 Rachel's story is told on the Family Connects website. https://familyconnects.org/our-stories/.

32 Hishamshah, M., et al. (2010). Belief and practices of traditional post partum care among a rural community in Penang Malaysia. *Internet Journal of Third World Medicine, 9*(2). Internet Scientific Publications.

33 Maternity care—Kraamzorg Het Zonnetje (English). https://kraamzorghetzonnetje.nl/eng/maternity-care/.

[34] Pao, M. (2017, Mar 26). States give new parents baby boxes to encourage safe sleep habits. NPR.

[35] Dodge, K. A., et al. (2013). Randomized controlled trial of universal postnatal nurse home visiting: Impact on emergency care. *Pediatrics, 132*(Suppl 2), S140–S46.; Dodge, K. A., et al. (2019). Effect of a community agency-administered nurse home visitation program on program use and maternal and infant health outcomes: A randomized clinical trial. *JAMA Network Open* 2(11), e1914522–e1914522.; Goodman, W. B., et al. (2021). Effect of a universal postpartum nurse home visiting program on child maltreatment and emergency medical care at 5 years of age: A randomized clinical trial. *JAMA Network Open* 4(7), e2116024–e2116024.

[36] Canfield, C. F., et al. (2020). Encouraging parent-child book sharing: Potential additive benefits of literacy promotion in health care and the community. *Early Childhood Research Quarterly, 50*, 221–29. Earlier studies: High, et al., 1998; Needleman, et al., 1991; Weitzman, et al., 2004; Needleman, et al., 2005; Silverstein, et al., 2002; Sanders, et al., 2000; Golova, et al., 1999.

[37] Connor Garbe, M. et al. The Impact of Reach Out and Read Among New and Returning Patients. (Working manuscript).

[38] www.healthysteps.org.

[39] Center for Health Care Strategies (2018, May). Profile: Expanding

awareness and screening for ACEs in the Bronx: Montefiore Medical Group.

[40] Sege, R., et al. (2015). Medical-legal strategies to improve infant health care: A randomized trial. *Pediatrics, 136*(1), 97–106.

[41] George Kaiser Family Foundation. BEST. www.gkff.org/what-we-do/birth-eight-strategy-tulsa/.

[42] www.getreadyguilford.org.

第 10 章

[1] Thoreau, H. D. *Walden*, p. 164.

[2] Oster, E. (2019, May 21). End the plague of secret parenting. *Atlantic*.

[3] Friedman, M. (1970, Sep 13). The Social Responsibility of Business Is to Increase Profits. *New York Times*, SM, 17.

[4] Williams, J. C. (2020, May 11), The pandemic has exposed the fallacy of the "ideal worker." *Harvard Business Review*.

[5] Hacker, J. S. (2019). *The great risk shift: The new economic insecurity and the decline of the American dream*. Oxford University press.

[6] Benford, E., et al. (2020, Aug 7). The Covid-19 eviction crisis: An estimated 30–40 million people in America are at risk." Aspen Institute.

[7] Hacker, 2019, pp. xi, 3.

[8] Pew Charitable Trusts (2015, Jan 29). The precarious state of family balance sheets.

9 Hacker, 2019, p. xiv.

10 Vollset, S. E., Goren, E., Yuan, C. W., Cao, J., Smith, A. E., Hsiao, T., ... & Murray, C. J. (2020). Fertility, mortality, migration, and population scenarios for 195 countries and territories from 2017 to 2100: a forecasting analysis for the Global Burden of Disease Study. *The Lancet, 396*(10258), 1285–1306.

11 Tavernise, S. (2021, May 5). The U.S. birthrate has dropped again. The pandemic may be accelerating the decline. *New York Times*.

12 Hacker, 2019, p. 83.

13 Fisher, J., & Johnson, N. (2019). *The two-income trap: Are two-earner households more financially vulnerable?* Center for Economic Studies report No. 19-19.

14 Wang, W. (2018, Oct 14). The majority of U.S. children still live in two-parent families. Institute for Family Studies.

15 Dalu, M. C., et al. (2018, Nov 13). Why aren't U.S. workers working?. FRBSF Economic Letter.

16 Kleven, H., et al. (2019). Child penalties across countries: Evidence and explanations." *AEA Papers and Proceedings, 109.*

17 Paquette, D., & Craighill, P. M. (2015, Aug 6). The surprising number of parents scaling back at work to care for kids. *Washington Post*. Results of a *Washington Post* poll.

18 More women than men enrolled in U.S. medical schools in 2017. AAMC. Accessed November 17, 2020.

[19] Delaying: Stack, S. W., Jagsi, R., Biermann, J. S., et al. (2020). Childbearing decisions in residency: A multicenter survey of female residents. *Academic Medicine, 95*(10), 1550–1557. doi:10.1097/ACM.0000000000003549.

Beliefs: Kin, C., Yang, R., Desai, P., Mueller, C., & Girod, S. (2018). Female trainees believe that having children will negatively impact their careers: Results of a quantitative survey of trainees at an academic medical center. *BMC Medical Education, 18*(1), 260. doi:10.1186/s12909-018-1373-1.

Shifflette, V., Hambright, S., Amos, J. D., Dunn. E., & Allo, M. (2018). The pregnant female surgical resident. *Advances in Medical Education and Practice, 9*, 365–69. doi:10.2147/AMEP.S140738;

ob-gyn: Hariton, E., Matthews, B., Burns, A., Akileswaran, C., Berkowitz, L. R. (2018). Pregnancy and parental leave among obstetrics and gynecology residents: Results of a nationwide survey of program directors. *American Journal of Obstetrics & Gynecology, 219*(2), 199.e1–199.e8.

[20] Frank, E., Zhao, Z., Sen, S., & Guille, C. (2019). Gender disparities in work and parental status among early career physicians. *JAMA Network Open, 2*(8), e198340. doi:10.1001/jamanetworkopen.2019.8340.

[21] Quoted in Petersen, A. H. (2020, Nov 11). Culture study, *Substack.*

[22] Schultz's background taken from *My Story*, Howard Schultz personal website.

[23] *Starbucks Commitment to Partners* (2017, Sep 1). Starbucks.com.

[24] Howard Schultz (2020, Sep 11) in A free market manifesto that changed the world, reconsidered. *New York Times.*

[25] Care.com survey: https://www.care.com/press-release-millennials-would-leave-job-for-better-benefits-p1186-q65824324.html.

[26] U.S. Chamber of Commerce Foundation. The bedrock of American business: High-quality early childhood education.

[27] Society for Human Resources Management 2019 report.

[28] Ross, M., & Bateman, N. (2019, Nov). Meet the low-wage workforce. Brookings.

[29] Vogtman, J., & Schulman, K. (2016). Set up to fail: When low-wage work jeopardizes parents' and children's success. National Women's Law Center.

[30] Vogtman and Schulman, 2016, pp. 13–16: Challenges for children: How low-wage jobs can undermine development and school success.; And see also, Matt Barnum, M. (2018, Sep 26). Here's a list of studies showing that kids in poverty do better in school when their families have more money. Chalkbeat.

[31] Cwiek, S. (2014, Jan 27). The middle class took off 100 years ago ... Thanks to Henry Ford? *All things considered*, NPR.

[32] Dean, A., & Auerbach, A. (2018, Jun 5). 96% of U.S. professionals say they need flexibility, but only 47% have it. *Harvard Business Review.*; and Fuller, J. B., & Raman, M. The caring company: How employers can help employees manage their caregiving responsibilities—while reducing costs

and increasing productivity. Harvard Business School, Managing the Future of Work Project. Updated January 2019.; and Li, J., et al. (2014). Parents' nonstandard work schedules and child well-being: A critical review of the literature. *Journal of Primary Prevention, 35*(1), 53–73.

[33] ZERO TO THREE (2021). Parents' just-time work schedules are not working for babies: A policy brief.; Collins, C. (2020, Nov 11), The free market has failed U.S. working parents. Harvard Business Review.

[34] North, A. (2021, Jul 31). The five-day workweek is dead. *Vox.*

[35] Williams, J. C., et al. (2018, Mar). *Stable Scheduling Study: Health outcomes report*. WorkLife Law (University of California, Hastings College of the Law).

[36] Cahusac, E., & Kanji, S. (2014). Giving up: How gendered organizational cultures push mothers out. *Gender, Work & Organization* 21(1), 57–70.

[37] Miller, C. C. (2019, May 15). Work in America is greedy. But it doesn't have to be. *New York Times.*

[38] Houser, L., & Vartanian, T. P. (2012). *Pay matters: The positive economic impacts of paid family leave for families, businesses and the public.* Report of the Rutgers Center for Women and Work.; Paid Leave Fact Sheets, National Partnership for Women and Families.; Bartel, A. P., et al. (2021). *The impact of paid family leave on employers: Evidence from New York*. No. w28672. National Bureau of Economic Research.

[39] Osborne, C., Boggs, R., & McKee, B. (Aug 2021). Importance of father

involvement. Child and Family Research Partnership, LBJ School of Public Affairs, University of Texas at Austin.; Bartel, A. P., et al. (2018). Paid family leave, fathers' leave-taking, and leave-sharing in dual-earner households. *Journal of Policy Analysis and Management, 37*(1), 10–37.; Petts, R. J., Knoester, C., & Waldfogel, J.. (2020). Fathers' paternity leave-taking and children's perceptions of father-child relationships in the United States. *Sex Roles, 82*(3), 173–88.; Rossin-Slater, M., & Stearns, J. (2020). Time on with baby and time off from work. *Future of Children, 30*(2), 35–51.; Choudhury, A. R., & Polachek, S. W. (2019). *The impact of paid family leave on the timing of infant vaccinations.* IZA Institute of Labor Economics.; Popper, N. (2020, Apr 17). Paternity leave has long-lasting benefits. So why don't more American men take it? *New York Times*.; National Partnership for Women and Families (2021). Fact sheet: *Fathers need paid family and medical leave.*

[40] National Partnership for Women and Families. Fact sheet. Johannson, E-A. (2010). *The effect of own and spousal parental leave on earnings* (Working Paper 2010:4). Retrieved 8 June 2021, from Institute of Labour Market Policy Evaluation.

[41] Kendra Scott story drawn from: Q +A with Kendra Scott, *Austin Family Magazine*.; Hawkins, L. (2021, Feb 1). Kendra Scott steps aside as CEO of her Austin company. *Austin American-Statesmen*.; Foster, T. (2018). This entrepreneur hit rock bottom before building a billion-dollar jewelry

empire (with only $500). *Inc.,* Winter, 1029.; Secrets of Wealthy Women

podcast (2019, Jul 17). Kendra Scott: Building a billion dollar jewelry

brand. *Wall Street Journal.*

[42] Beth Ley of Kendra Scott interviewed by *InFocus Texas*, June 9, 2019. How

Kendra Scott promotes a family-friendly workplace.; And Kendra Scott

Family Fund, www.kendrascottfamilyfund.com.

[43] https://bestplace4workingparents.com.

[44] North Carolina's program is Family Forward NC.

https://familyforwardnc.com.

第 11 章

[1] Franklin D. Roosevelt's Committee on Economic Security. Child welfare in

the economic security program. Unpublished CES studies, Social Security

online.

[2] Library of Congress version.

[3] In addition to interviewing Michael and Keyonna multiple times, I reviewed

the court documents for his case.

[4] Luby, J. L. (2015). Poverty's most insidious damage: The developing brain.

JAMA Pediatrics, 169(9), 810–11.

[5] Goldin, C., & Katz, L. F. (2010). *The race between education and technology.*

Harvard University Press.

[6] Chaudry, A. (2016, August). "The Case for Early Education in the Emerging

Economy." *Roosevelt Institute Report*: pp. 3-4; Chaudry A. and Heather
Sandstrom. (2020, Fall). "Child Care and Early Education for Infants and
Toddlers." *Future of Children, 30*(2): p. 1717.

[7] Weissman, D. G., et al. (2021, Nov 30). Antipoverty programs mitigate.

[8] Chaudry, A., et al. (2021). *Cradle to kindergarten: A new plan to combat
inequality*. Russell Sage Foundation.

[9] The top five effective state policies are expanded income eligibility for health
insurance, reduced administrative burden for SNAP, paid family leave,
state minimum wage, and state earned income tax credit. The top six
effective state strategies are comprehensive screening and referral
programs (like Family Connects), childcare subsidies, group prenatal care,
evidence-based homevisiting programs, Early Head Start, and Early
Intervention services. The complete road map is available at
https://pn3policy.org/pn-3-state-policy-roadmap/complete-roadmap/.

[10] Another example is Learning Policy Institute (2021). *Building a national
early childhood education system that works*.

[11] Chaudry et al. *Cradle to Kindergarten*. p. 137.

[12] Family Friendly Policies: A Global Survey of Business Policy, UNICEF
Working Paper. January 2020.

[13] Sarah Butrymowicz, S., & Mader, J. (1916, Mar 29). *How the military
created the best child care system in the nation*. Hechinger Report.; Covert,
B. (2017, Jun 16). The U.S. already has a high-quality, universal childcare

program—in the military. Think Progress.; General John R. Allen, General J. R., &Lyles, General L. (2021, Aug 17). Why the child care crisis is a national security issues. *The Hill.*

[14] Lucas, M. A. (2016, Apr 21). How the military went from having childcare in Quonset huts and stables to being the "premier" system—and why don't more people study it?" Hechinger Report.

[15] Lucas, 2016, Hechinger Report.

[16] Whitebook, M. (1989). *Who cares? Child care teachers and the quality of care in America.* Final Report, National Child Care Staffing Study.

[17] Covert, 2017.

[18] Quoted in Covert, 2017.

[19] Helen Blank of the National Women's Law Center, quoted in Covert, 2017.

[20] Miller, C.C.(2021, Oct6). How other nations pay for child care. The U.S. is an outlier. New York Times.

[21] There are twenty-two tribal communities in New Mexico, but they also collaborate with Fort Sill Apache Nation in Oklahoma, so some sources say twenty-three.

[22] Annie E. Casey Foundation, 2021 Kids Count Data Book, State Trends in Child Well-Being.

[23] https://www.familiesvalued.org.

[24] Anderson, R. (2021, Jan). Returning to work: Three policy steps to strengthen family life during the pandemic recovery. Center for Public Justice.

结语

[1] Douglass, F. *The North Star*. Frederick Douglass Papers at the Library of Congress.